백두산정계와 간도문제 연구

백두산정계와 간도문제 연구

이 화 자 지음

혜안

책머리에

이 책은 백두산정계와 간도문제를 다룬 연구이다. 2019년에 졸저 『백두산 답사와 한중국경사 연구』가 출판된 이후, 조청 국경사 연구를 계속 진행하였으며, 중외 학술지에 여러 편의 논문을 게재하였다. 그간의 논문 13편을 세 개의 주제로 나누어, 제1편은 고지도·지리지 연구, 제2편은 백두산정계 연구, 제3편은 간도문제 연구로 재편성하였다.

조청 국경사 연구에서 1712년 백두산정계가 차지하는 비중이 크다. 오늘날 북한·중국 국경의 형성은 여기에 기원을 둘 수 있으며, 그 이전의 광서(光緖) 감계담판(1885·1887) 및 근대 중일간의 '간도문제' 담판과도 관련이 있기 때문이다. 그러나 중국학계의 경우, 목극등이 세운 정계비의 위치를 놓고 백두산설과 소백산설이 대립하고 있으며, 이른바 정계비의 위치가 소백산에서 백두산 천지 동남 기슭으로 옮겨졌다는 '이비설(移碑說)'이 존재한다. 이에 대한 토론으로 소백산설 논거의 문제점을 찾아내어 논술을 전개하고 반박하였다.

그러한 과정에서 백두산정계에 관한 새로운 자료를 얻게 되었다. 콜레주 드 프랑스에 소장된 『천하제국도(天下諸國圖)』에 수록된 『목극등정계도』는 한국측 정계 지도이고, 나이토 고난(內藤湖南)이 성경(盛京) 상봉각(翔鳳閣)에서 발견한 '만문장백산도'는 중국측의 관련 지도이다. 자료에 대한 발견 또는 재발견을 통하여 백두산정계 연구의 영역을 넓힐 수 있었다.

제1편은 고지도·지리지에 대한 연구이다. 중국측의 '만문장백산도'·한국측의 『목극등정계도』·『서북계도』 등에 대한 고증을 통하여, 지도의 제작 연대를 밝혀냈을 뿐만 아니라, 백두산정계 연구의 높은 사료적 가치를 재천명하였다. 또한 관찬 지리지를 통하여, 조선시대 지리명칭으로서의 '장백산'과 '백두산'에 대해 알아봄과 동시에 목극등 정계 이전 조선에 속하지 않았던 백두산이남 지리범위에 대해서도 알아보았다.

1905년 나이토 고난(內藤湖南)이 성경 상봉각에서 발견한 '만문장백산도'에 나타난 점선, 특히 백두산 이남에 표기된 점선이 한국측 『목극등정계도』와 일치함을 발견하였다. 그리하여 『황여전람도(皇輿全覽圖)』의 동판도(銅版圖)·목판도와의 비교 분석을 통하여, 지도의 제작 연대 및 『황여전람도』와의 관계를 밝혀냈다.

학계의 기존 연구에 힘입어, 콜레주 드 프랑스 소장 『천하제국도』와 규장각 소장 『여지도』 속에 수록된 『목극등정계도』에 대해 재고증하였다. 특히 부록에 나타난 국왕의 묘호를 통해 『천하제국도』의 제작 시기가 1767~1776년이고, 『여지도』의 제작 시기가 조선 헌종대(1835~1849)임을 밝혀냈다. 또한 백두산정계 시 청나라 화원이 그린 「백산도」의 특징에 대한 분석을 통하여 『목극등정계도』와의 관계를 밝혀냈다.

서울대학교 규장각에 소장된 조선왕조의 『서북계도』에 대한 분석도 진행하였다. 지도에 나타난 만주지역의 지리정보와 백두산 일대 지리정보를 한중 양국의 지리지·지도와의 비교를 통하여, 『서북계도』의 양측 모본과 제작 연대에 대해 고증하였다. 기존 연구에서 이 지도가 『고금도서집성(古今圖書集成)』 직방전(職方典) 지도(『황여전람도』의 小

葉본임)를 모본으로 삼고 있다고 한 데 대해, 『황여전람도』의 다른 소엽본인 『강희분부도(康熙分府圖)』 및 『성경통지』(건륭 1년)를 모본으로 삼고 있음을 밝혀냈다.

조선시대 장백산과 백두산의 지리명칭에 대해서도 살펴보았다. 일부 학자의 경우, 조선시대 '장백산' 지리명칭이 오늘날 함경산맥·부전령산맥을 포함한 큰 산계를 가리킨다고 하고, 또 백두산정계 시, 그 밖의 지역이 조선에 속하지 않았다고 주장하였다. 이에 대한 토론으로 조선시대 지리지·지도에 나타난 '장백산'·'백두산' 지리명칭에 대해 살펴보았으며, 이른바 '장백산'은 경성장백산 즉 오늘날 북한 관모봉(해발 2,541미터)을 가리킴을 밝혀냈다. 또한 사료 검토를 통하여, 백두산정계 시, 조선의 관할에 있지 않던 백두산이남·이동 지역은 혜산에서 무산까지 및 백두산에서 경성장백산까지이며, 백두산정계를 통해 이러한 곳이 조선에 귀속되었음을 밝혀냈다.

제2편은 백두산정계 연구이다. 한중 양측 고지도·지리지 및 조선측 일기자료를 이용하여, 목극등이 비석을 세운 입비처(立碑處)의 위치, 그가 정한 두만강 수원·압록강 수원 및 그의 하산 노선 등에 대해 알아봄으로써 이른바 소백산설과 토론을 전개하였다.

목극등 정계 시, 두만강 수원은 하나인 것과 달리 압록강 수원은 두 개 정해졌으니, 즉 동원과 서원이었다. 그 이유를 조선의 정계관이(접반사 朴權) 결석한 가운데, 직위가 낮은 차사원·군관 등이 정계에 참가하여, 목극등과 수원을 다툰 결과이며, 조선의 영토이익을 수호하기 위한 데 있음을 밝혀냈다. 아울러 후세에 논쟁이 되었던 분수령 가운데 가장 남쪽에 위치한 삼지연-이명수선(線)과 1962년 북·중 국경담판 때, 중국측 영토 주장과의 관계에 대해서도 살펴보았다.

소백산설을 주장하는 학자의 경우, 『황여전람도』를 이용할 때, 다만 자신에게 유리한 『성경전도』만 이용하고, 불리한 『조선도』를 회피한 데 따른 문제점, 조선측 사료를 이용할 때 같지 않은 판본의 기록 예컨대 어윤강(서두수임)에서 백두산까지 300리를 5일에 도착하였음을 5리로 착각한 데 따른 문제점, 만문주비주접(滿文朱批奏摺)을 통하여 목극등의 노정을 살필 때, 조선측 일기자료와 지도 등을 결부시키지 않은 데 따른 문제점 등을 지적함으로써, 소백산 이비설의 논거가 잘못되었음을 밝혀냈다.

한편 소백산설의 또 다른 주장은 압록강·두만강 분수령에 대한 해석인데, 백두산정계비의 '서위압록(西爲鴨綠), 동위토문(東爲土門), 분수령에 비를 새겨 기록한다(故於分水嶺上勒石爲記)'에 근거하여, 입비처 동쪽에는 두만강 수원만 있어야 하고 송화강 물줄기가 있어서는 안되며, 이에 부합하는 것이 소백산이라고 주장하였다. 이에 대한 토론으로, '만문장백산도'를 통하여 분수령의 지리형세에 대해 분석하였으며, 소백산이 'T'자형으로 구성된 포달산(布達山) 분수령에 속하지 않음을 들어, 소백산이 분수령이라는 논점을 반박함과 동시에, 목극등이 송화강 상류를 두만강 수원으로 잘못 정한 사실을 들어, 입비처 동쪽에서 송화강 상류를 배재할 수 없으며, 백두산 천지 동록(東麓)이야말로 입비처의 지리형세에 부합됨을 논술하였다.

목극등을 수행하였던 조선 역관 김지남(金指南)의 『북정록(北征錄)』의 사료적 가치와 그 한계에 대해서도 살펴보았다. 일부 학자의 경우 다만 사료에 나타난 글자 표면의 뜻에 따라, 목극등이 정한 '대홍단수상류'를 오늘날 홍단수로 착각하였으나 그보다 더 북쪽에 있는 오늘날 홍토수를 가리켰다. 김지남은 비록 조선측 수역(首譯)이었지만, 그가 연로한 관계로 목극등과 함께 백두산 천지에 올라 수원을 찾고 정계비를 세우는 과정에서 제외되었다. 그리하여 그가 쓴 일기자료를 통하여 목극등이 정한 수원을 이해하는 데는 일정한 한계가 따랐다. 즉 그의 일기를 통하여, 오늘날 홍단수를 배제할 수 있지만, 홍토수·석을수 합류처 위에서 어느 물을 정했는지 판단하기 어렵다.

종전의 연구에서, 전통시대 종번관계 하에서 변강(邊疆)은 존재하지만, 명확한 경계선은 없다는 설이 우세하였다. 그러나 청과 조선의 경우는 이와 달랐다. 백두산정계를 통하여, 압록·두만 양 강을 경계로 함을 비석에 새겨 명문화하였을 뿐만 아니라, 입비처에서 두만강 발원지까지 백여 리에 토석퇴·목책을 설치함으로써 근대 국제법상의 선(線)을 경계로 함에 근접하고 있다. 종번관계 하에서 국경분쟁을 처리함에 있어서는, 상대방의 영토 이익을 배려할 줄 알았으며, 특히 청의 조선에 대한 배려가 돋보였다. 그러나 근대에 이르러 종번관계가 청산된 이후, 상호간의 배려가 없어졌으며, 대한제국의 경우 종전의 관례를 깨고 두만강 이북지역에 대한 영토 확장을 실시하였으며, 월경 개간민을 이용하여, 그들이 개간한 영토를 조선에 편입하고자 시도하였다. 그러나 청의 반대에 부딪혀 결국 실패하고 말았다.

제3편은 중일 간도문제에 대한 연구이다. 일본이 '간도(間島)' 지리개념을 통한 확장 시도에 대해 살펴보았으며, 사이토 스에지로(齋藤季治郎)가 조선통감부에 올린 『간도시찰보고서』를 통하여, 동간도·서간도 범위를 설정하고 특히 토문강=송화강설을 이용하여, 간도를 조선에 귀속시킨 후 일본이 통치하고자 한 야심과 계획에 대해 폭로하였다. '간도' 지리개념은 처음에 조선 변경민에 의해 만들어졌으나, 그 범위가 모호한 까닭으로 일본에게 이용되었으며, 국제법의 '무주지(無主地)' 개념을 적용시켜, 조선 이민을 보호한다는 구실로 두만강 이북지역에 대한 세력 확장을 시도했음을 밝혀냈다.

시노다 지사쿠(篠田治策)의 저서 『백두산정계비』의 논술 체계에 대해서도 살펴보았다. 해방 후 이 책은 한국의 국경인식 특히 간도문제에 대한 인식에 큰 영향을 미쳤다. 그러나 그 속에 들어 있는 침략성에 대한 비판이 부족하다. 시노다의 이른바 백두산정계의 법률적 행위의 요소가 잘못되었다는 주장에 대하여, 목극등이 두만강을 경계로 정했을 뿐만 아니라, 그 이후 조선은 두만강 수원까지 토석퇴·목책을 설치했음을 들어, 이른바 법률 행위의 요소가 잘못되지 않았음을 밝혀냈다. 비록 시노다가 이 사실을 알고 있었음에도 불구하고 근거를 은폐하기에 급급하였으며, 흑석구의 토석퇴만 존재하고 두만강 수원까지 목책이 다 부식된 점을 충분히 이용하여, 두만강 경계를 부정하고 이른바 '중립지대'론을 펼친 것은 일본 정부의 간도확장 정책에 일조하기 위한 데 있음을 밝혀냈다.

1909년 중일간에 체결된 '간도협약'의 부도(附圖)에 대해서도 살펴보았다. 이 부도인즉 '조선인잡거구역도'로서, 일본이 영사관과 분관을 설치하여, 조선인의 영사재판권에 대해 간섭하기 시작한 지역의 범위이기도 하였다. 이 지도가 참고한 모본에 대해 살펴보았으며, 나이토 고난이 만든 「만문장백산도역본」과 비슷한 외형을 갖고 있을 뿐만 아니라, 통감부간도파출소가 실지답사를 통해 만든 간도도(圖) 특히 동간도도(두만강 이북지역)와 유사함을 밝혀냈다.

끝으로 '한변외(韓邊外)'와 간도문제의 관계에 대해 살펴보았다. 일본이 간도문제를 도발한 이후, 이도송화강 지역의 중국 이민 자치구역이었던 '한변외'를 간도 범위에 넣고자 시도하여, 두만강 이북지역을 동간도, 이도송화강 지역을 서간도로 가정하여, 세력 확장을 도모하고자 하였다. 일본의 신문 매체가 그 선두에 섰으며, 한변외를 독립국이라고 칭하여, 두만강 이북 간도와 함께 중국에서 떼어내고자 시도하였다. 그러나 중국의 반대로 이루어지지 못했으며, 한변외가 '간도문제' 담판에 포함되지 못하였다. 이를 통하여 일본이 도발한 간도문제는 궁극적으로 두만강이북 조선 이민 집거지에 국한되었으며, 조선인을 보호한다는 명목으로 세력 확장을 도모하고자 하였던 일본의 간도 확장정책의 특징에 대해 살펴보았다.

이 책은 그 전에 썼던 『조청국경문제 연구』, 『한중국경사 연구』 및 『백두산 답사와 한중국경사』에 이어, 조청 국경사와 간도문제를 더 깊이 연구한 성과이다. 학계의 서로 다른 관점 예컨대 소백산 '이비설'과 토론하는 과정에서, 묻혀 있던 사료를 재발견하여 연구의 영역을 넓힐 수 있었다.

이 책을 출간함에 따라 필자의 정년퇴임 시간도 가까워지고 있다. 학술을 탐구하는 열정은 식을 줄 모르겠으나, 오랜 시간 한 곳에만 몰두하였던 생활 방식이 바뀌게 되는 데 대한 기대감과 안도감도 없지 않다.

앞서 두 권의 책 및 이 책의 출판을 기꺼이 허락해주시고 또 편찬에 많은 심혈을 쏟은 도서출판 혜안의 오일주 사장님과 김태규 님을 비롯한 편집부 선생님들께 진심으로 감사드린다. 이 책이 한중 국경사 연구 및 양국의 영토문제 주장의 벽을 허무는 데 일조할 수 있기를 기대해본다.

끝으로 지금까지 연구에만 집중하고 생활면에서 소홀함이 없지 않았음에도 불구하고, 이를 참아주고 또 지지와 성원을 아끼지 않았던 가족들에게 감사드린다. 특히 이 책을 이 세상에 갓 태어난 사랑하는 손녀 최근희에게 바친다.

2024년 2월

이 화 자

차 례

그림 차례

제1편

고지도·지리지 연구

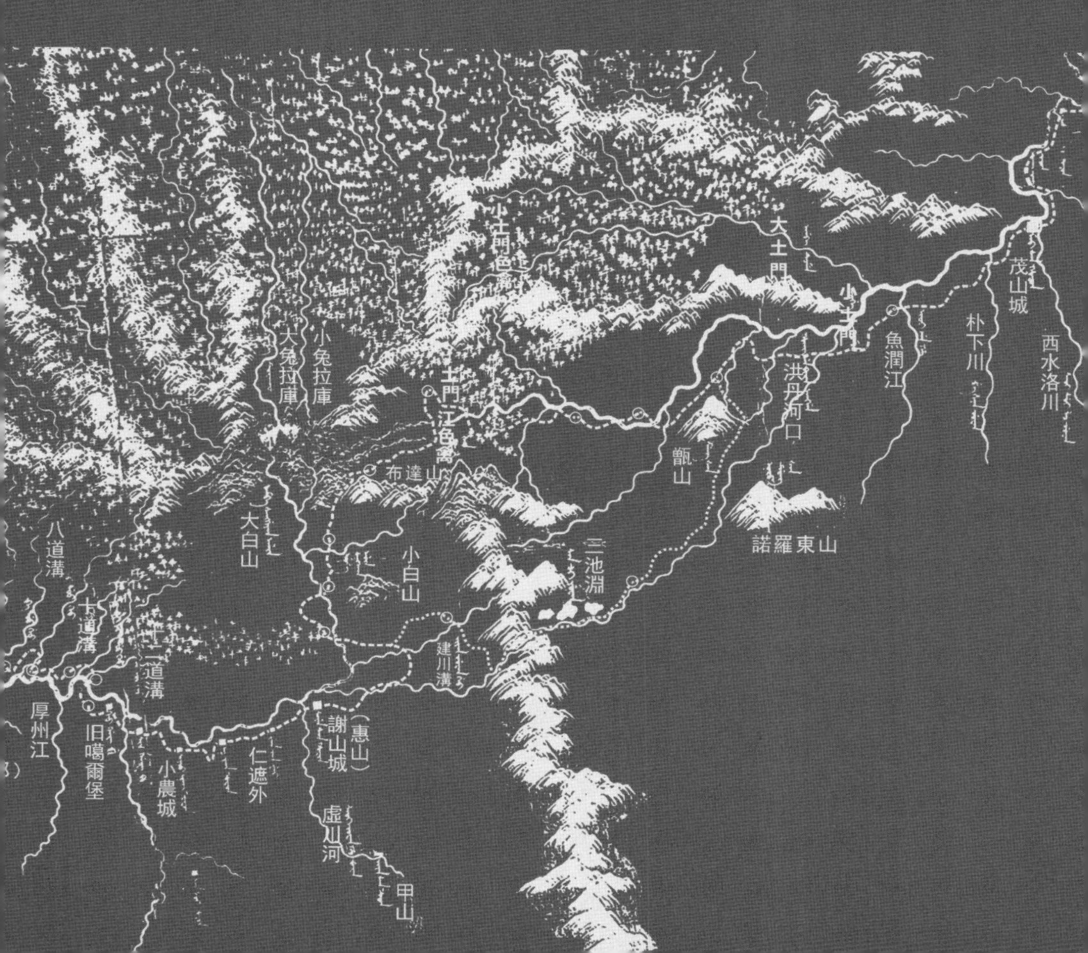

성경 상봉각의 '만문장백산도'에 대한 고증: 강희 『황여전람도』와의 관계

머리말

1905년 일본인 나이토 고난(內藤湖南)이 성경(盛京, 심양임) 상봉각(翔鳳閣)에서 '만문장백산도'(만도라고 약칭함)를 발견하였으며, 이를 간도문제 연구에 이용하였다. 그가 만도의 두만강 유역을 다시 모사하고, 지명을 라틴어로 번역한 후 한자를 병기하였는데, 이것이 만도역본이며 외무성에 올린 『간도문제조사서』의 부도로 삼았다.[1] 또한 그가 만도의 원본을 사진 찍어, 『증보만주사진첩』(1935)에 수록하였으나, 그 이후 상봉각의 원본은 행방이 묘연해졌다.[2] 그리하여 학자들이 연구할 때, 주로 나이토 고난의 사진첩의 부도(그림 1)를 참고하게 되었다.

만도의 제작 연대에 대하여, 일본 학자 이마니시 슌쥬(今西春秋)는

1) 內藤湖南, 『間島問題調査書』(1907) 第六/2, 日本外務省外交史料館, 『間島ノ版図ニ關シ清韓兩國紛議一件』 附屬書(內藤虎次郎囑託及調査報告), アジア歷史資料センター, REEL No.1-0364/0424.

2) 內藤虎次郎, 『增補滿洲寫眞帖』, 京都, 小林寫眞製版所出版部, 1935년.

지도의 내용으로 볼 때, 강희 『황여전람도』의 동판도(銅版圖)와 유사하며, 서양 선교사가 제작한 것이며, 그들이 강희제의 명에 따라 1709년(강희 48)에 대지 측량을 시작하였고, 1710·1711년 초에 만주지역에 대한 측량을 진행하였기에 만도가 이때 제작되었으며, 즉 1712년 목극등 정계 이전에 제작되었다고 보았다. 예컨대 1711년 강희제가 목극등을 백두산에 파견할 때 명하기를, "짐이 전에 잘 계산하고 그림을 잘 그리는 사람을 파견하여, 동북 일대의 산천지리를 하늘의 도수(度數)에 맞게 추산(推算)하고 자세히 그려오도록 하였다."라고 한 것이 만도를 가리키며, 제작연대가 1712년 전이라는 것이었다.[3] 이 밖에 미국학자 마크 C. 엘리엇(Mark C. Elliott)은 만도가 1677년(강희 16) 무묵눌(武默訥)이 백두산을 답사한 성과를 반영하였으며, 제작 연도가 1691년(강희 30)이며,[4] 청조가 백두산 발상지를 중요시함을 보여준 것이라고 주장하였다.[5]

이 두 관점을 보면, 하나는 만도가 1691년 제작한 무묵눌의 답사도 또는 그 이후의 판본이라고 보았고, 다른 하나는 1710~1711년 서양 선교사들이 만든 측량도라고 보았으나, 둘 다 목극등의 국경조사와 관련짓지 않았다. 이 같은 오류가 생긴 것은 만도가 서양 선교사들의 측량도라고 한 데 집착함과 동시에, 지도에 나타난 지리정보를 제대로 분석하지 못한 때문이며, 특히 목극등이 두 차례 유조변을 나가 국경을

---

3) 今西春秋, 「內藤湖南編增補滿洲寫眞帖－特に堂子と長白山圖との寫眞に就いて」, 京都大學 『東洋史研究』, 1935년1(1), 47~56쪽.

4) 『柳邊記略』에 의하면, "강희 30년 형부상서 도납(圖納)이 황지를 받들고 전도를 그렸다"고 하였다(楊賓, 『柳邊紀略』 권1, 長白山, 『中國邊疆文庫』 권8, 黑龍江教育出版社, 2014년, 21쪽).

5) MARK C. ELLIOTT, The Limits of Tart ary: Manchuria in Imperial and National Geographies, The Journal of Asian Studies 59, no.3(August 2000): pp.619~621. 2000 by the Association for Asian Studies, Inc.

조사한 사실을 잘 알지 못한 데 있었다.

위와 같은 문제점을 감안하여, 이 책에서는 '만문장백산도'의 제작연대와 특징에 대해 알아보고자 한다. 우선, 나이토 고난이 만도의 성격을 어떻게 보았는지, 또한 그가 만도를 이용하여 간도문제에 대한 연구를 어떻게 행하였는지에 대해 살펴보고자 한다. 그 다음으로, 만도에 표기된 점선을 분석하며, 특히 압록강·두만강 연안의 왕복 노선과 도강 지점, 백두산 이남의 답사노선과 주숙처 등을 콜레주 드 프랑스 및 규장각에 소장된『목극등정계도』와 대조하여, 만도의 점선이 1711·1712년 목극등이 두 차례 유조변을 나가 조청 국경을 조사한 노선임을 밝혀내며, 아울러 문헌에 기록되지 않은 답사 노선에 대해서도 살펴보고자 한다. 이를 통하여, 서양 선교사뿐만 아니라, 중국측 인원들도 대지 측량에 공헌했음을 알 수 있다. 끝으로, 만도에 나타난 만주어 지명과 대토문강·소토문강 표기 등을『황여전람도』의 동판도(1719)·목판도(1721)와 비교 분석함으로써,[6]『황여전람도』와의 관계를 밝히고자 한다.

1. 나이토 고난과 '만문장백산도'

나이토 고난은 일본의 '간도문제' 도발과 밀접한 관련이 있다. 그가 '오사카아사히신문' 논설위원을 할 때, 일본 참모본부와 외무성의 촉탁이 되어 후자의 경비 지원을 얻어, 1905·1906·1908년 세 차례 중국

6)『황여전람도』의 서로 다른 판본에 대해서는 馮宝琳,「康熙〈皇輿全覽圖〉的測繪考略」,『故宮博物院院刊』, 1985年 1기 ; 汪前進,『淸廷三大實測全圖集』序, 外文出版社, 2007년 ; 李孝聰,『中國古代輿圖調查与研究』, 中國水利水電出版社, 2019년, 193~206쪽 등 참조.

만주지역에 대한 정보 수집과 실지답사를 진행하였으며, 두 편의 『간도문제조사서』를 두 기관에 올렸다.[7] 그의 연구를 통하여, 일본 정부는 조청 국경 및 교섭의 역사와 현황에 대해 알게 되었으며, 중국측을 견제할 수 있는 근거를 얻게 되었다. 한편 나이토의 조청 국경에 대한 연구, 특히 백두산정계 연구는 이 영역의 개척적인 연구로서, 그가 구축한 국경문제 논술체계와 연구방법은 지금까지 한중일 삼국 학계에 영향을 미치고 있다.

1905년 나이토 고난이 처음으로 성경 고궁에 들어가 청나라 궁궐 자료를 조사하였다. 이때 상봉각에 소장된 만주어 지도를 여럿 발견하였는데, 성경도·장백산도·가욕관(嘉峪關)-안서진(安西鎭)도·강저사도(岡底斯圖)·하밀등도(哈密等圖)·갈사하밀등도(噶斯哈密等圖)·갈사하밀강저사도·파리곤토로번등처도(巴里坤吐魯番等處圖)·이리도(伊犁圖)·객목도(喀木圖)·성경절첩여도 등이 포함되었다.[8] 이 같은 궁궐 소장도는 강희·옹정·건륭대의 전국지도 제작과 관련되며, 이 중에서 나이토가 관심 가진 것은 성경도와 장백산도였는데, 백두산정계와 관련될뿐더러, 일본이 도발하고자 한 간도문제와 관련되기 때문이었다. 그는 먼저 만문성경도 사진을 찍은 후 귀국하였는데,[9] 두만강 유역을 모사하여, 만주어 지명을 라틴어로 번역한 후 한자를 병기하여, 참모본부에 올린 『간도문제조사서』(1906)의 부도로 삼았다.[10]

---

7) 名和悅子, 『內藤湖南の國境領土論再考－二〇世紀初頭の清韓國境問題「間島問題」を通じて－』, 東京, 汲古書院, 2012년판, 23~97쪽 ; 『內藤湖南全集』 제6권, 369~453·693~702쪽, 제12권, 31~42쪽, 東京, 筑摩書房, 1972년.

8) 『內藤湖南全集』 제12권, 37~38쪽.

9) 『內藤湖南全集』 제6권, 697쪽.

10) 內藤湖南, 『間島問題調査書』(1906), 『間島ノ版図ニ關シ清韓兩國紛議一件』 附屬書(內藤虎次郎囑託及調査報告), MT14133/10372.

이듬해 나이토가 재차 성경 고궁에 들어가, 만문장백산도·성경절첩여도 등을 사진 찍어 왔다.[11] 이 두 지도 역시 간도문제 연구의 참고자료로 이용하였으며, 외무성에 제출한 두 번째 『간도문제조사서』에 만문장백산도역본을 부도로 삼았다.[12] 1908년에 그는 성경 고궁에서 촬영한 사진과 기타 사진 100여 폭을 공개 출판하였으며, 책 이름을 『만주사진첩』이라고 하였다.[13] 그러나 '만문장백산도'가 들어 있지 않았으며, 그가 세상을 떠난 뒤 이듬해(1935년) 오시부치 하지메(鴛淵一)에 의하여 『증보만주사진첩』(180폭 사진)이 출판될 때, '만문장백산도'(藍寫眞임)가 수록되었다.[14] 그 규격이 36㎝×34㎝(그림 1)였다.

그렇다면, '만문장백산도'를 목격한 나이토 고난은 이 지도의 성격을 어떻게 보았으며, 이를 이용하여 간도문제를 연구하였는가?

우선, 나이토는 목극등의 답사 결과가 '만문장백산도'·'만문성경도' 및 『일통여도』에 반영되었으며, 제소남의 『수도제강』(건륭대)이 이와 부합된다고 주장하였다.[15] 즉 그는 '만문장백산도'가 1712년 목극등 정계 이후에 제작되었음을 알고 있었다. 지도의 제작자에 대해서는 서양 선교사가 만든 작품이며, "만문장백산도·만문성경도가 모두 선교사가 측정한 정확한 지도"라고 주장하였다.[16]

---

11) 『內藤湖南全集』 제12권, 42쪽.

12) 內藤湖南, 『間島問題調査書』(1907) 第六/2, 『間島ノ版図ニ關シ清韓兩國紛議一件』 附屬書(內藤虎次郎囑託及調査報告), アジア歷史資料センター, REEL No.1-0364/0424.

13) 內藤虎次郎, 『滿洲寫眞帖』, 東京, 東陽堂, 1908년.

14) 『內藤湖南全集』 제6권, 579~580쪽.

15) 內藤湖南, 『間島問題調査書』(1907) 第六/1, 『間島ノ版図ニ關シ清韓兩國紛議一件』 附屬書(內藤虎次郎囑託及調査報告), アジア歷史資料センター, REEL No.1-0364/0378.

16) 『內藤湖南全集』 제12권, 42쪽.

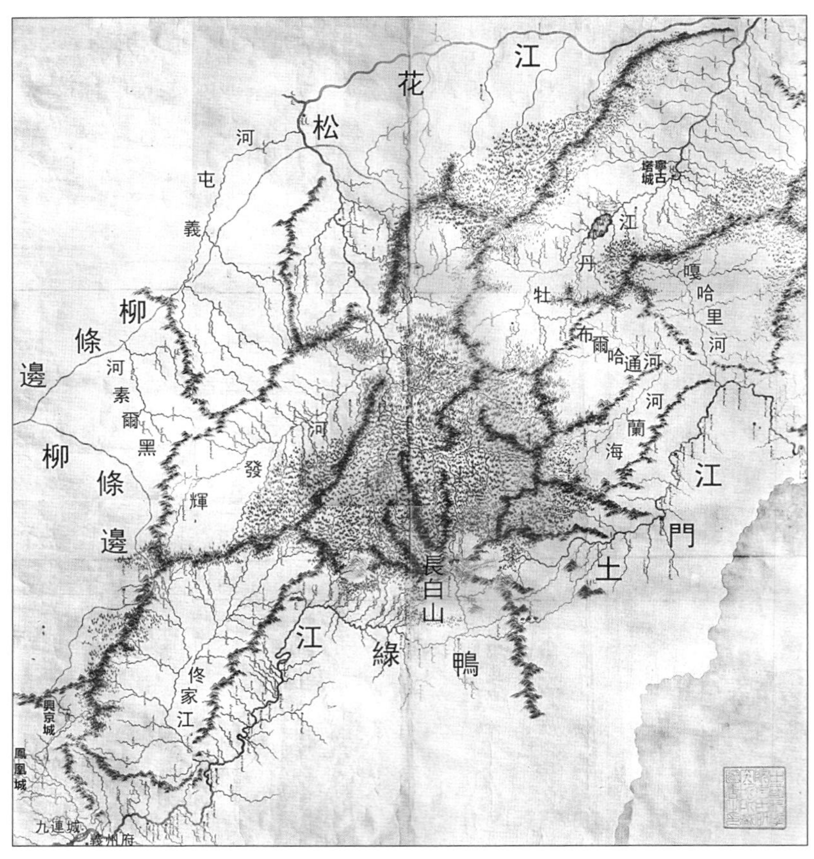

〈그림 1〉 만문장백산도(內藤湖南, 『增補滿洲寫眞帖』 부록. 지도 위 한자는 필자가 표기함)

이처럼 '만문장백산도'를 목극등 정계 결과라고 본 이상, 그는 목극등이 두만강을 경계로 정한 사실을 알고 있었지만, 조청 양국이 두만강을 경계로 함을 인정하지 않았으며, 두만강 이북이 '무인중립지'이며, 중국에 속하지도 않고 조선에 속하지도 않는다고 주장하였다. 그가 제시한 근거는 다음과 같았다.

첫째로, 청초로부터 두만강 이북 와이객(瓦爾喀) 등 번호(藩胡)의 인구를 약탈했을 뿐, 그 땅을 포기하였으며, 청조에서 행정시설을 설치하지 않았다는 것이었다.[17] 둘째로, 목극등 정계 이후, 조선은 두만강 이남지역에 대한 통치를 실시하였지만, 청조는 두만강 이북지역에 행정시설을 설치하지 않은 탓으로 통치구역이 되지 않았다는 것이었다.[18] 셋째로, 프랑스인 당빌의 지도(두만강 이북 점선)와 레이지 비망록을 이용하여, 두만강 이북에 이른바 '무인중립지'가 존재한다고 주장하였다.[19]

나이토의 위 주장은 일본정부의 간도 확장정책에 부합되었으며, 후자를 위한 법리적 및 학리적 근거를 제공하게 되었다.

이뿐만 아니라, 나이토는 '만문장백산도'를 참고하여, 일본의 확장정책의 기반이 되는 간도의 지리범위를 설정하였다. 그의 주장에 의하면, "이는 새로운 개간지로서 간도(墾島)라고 부른다. 부르하퉁하 서쪽에 있으며, 백두산에서 시작하여 하발령으로 뻗어나가 연산(連山)의 끝에 이르며, 두만강까지의 곳(즉 청국이 연길청을 설치한 서남의 넓은

17) 內藤湖南, 『間島問題調查書』(1907) 第二, 『間島ノ版図ニ關シ淸韓兩國紛議一件』 附屬書(內藤虎次郎囑託及調查報告), アジア歷史資料センター, REEL No.1-0364/0275-0294·0319.

18) 內藤湖南, 『間島問題調查書』(1907) 第三, 『間島ノ版図ニ關シ淸韓兩國紛議一件』 附屬書(內藤虎次郎囑託及調查報告), アジア歷史資料センター, REEL No.1-0364/0342·0346.

19) 레이지 비망록에는 다음과 같은 내용이 있다. "봉황성의 동방에 조선국의 서방 경계가 있다. 만주가 중국을 공격할 때, 조선과 싸워 정복하였으며, 그때 장책과 조선 국경 사이에 무인지대를 세울 것을 의정하였는데, 이 국경을 지도상에 점선으로 표기한다." 그러나 뒤 알드의 책에는 선교사의 말을 인용하여, "도문강이 만주와 조선의 분계이며, 훈춘 남쪽에서 바다로 흘러들어간다"고 기록하였다. 레이지의 비망록이 두만강 이북의 답사 노선을 국경으로 착각했을 가능성이 제기된다(內藤湖南, 『間島問題調查書』(1907) 第二, 『間島ノ版図ニ關シ淸韓兩國紛議一件』 附屬書(內藤虎次郎囑託及調查報告), アジア歷史資料センター, REEL No.1-0364/0314-0315 ; 翁文灝, 「淸初測繪地圖考」, 『地學雜誌』 18권 3기, 1930년, 13쪽 참조).

곳)이다. 북간도(北墾島)라고도 부른다."는 것이었다.[20]

이처럼 나이토가 설정한 간도 범위는 조선 이민이 밀집한 해란강 유역을 망라하였으며, 해란강과 인접한 송화강 수계와의 분수령을 경계로 하였다. 한편, 부르하퉁하를 동쪽 경계로 설정한 것은 1902년 청조가 그 이북에 있는 국자가(局子街)에 '연길청(延吉廳)'을 설치하였기에 이를 제외하기 위해서였다. 그렇지 않고 간도 범위에 연길청을 포함시킬 경우, 이른바 '무인중립지'설이 성립될 수 없기 때문이었다. 즉 다시 말하여, 그가 간도 범위를 설정한 의도는 국제법의 이른바 '무주지' 개념을 이용하여 간도 영유권을 탈취하고자 한 것이며, 궁극적으로 간도의 경계선으로서 미래 한중 양국의 국경선을 삼기 위한 것이었다. 일본정부의 간도 확장정책을 돕고 있는 진면모를 여실히 보여주고 있다.

외무성으로 하여금 간도 범위를 제대로 알게 하기 위하여, 나이토는 '만문장백산도'에서 백두산과 두만강 유역을 떼어내어, 만주어 지명을 라틴어로 번역함과 동시에, 『수도제강』·『길림외기』·『성경통지』 등을 참고하여 한자를 병기하였다. 이것이 「만문장백산도역본」(그림 2)이며, 그가 외무성에 올린 『간도문제조사서』에 수록되었다. 한편 간도에 대한 감성적 인식을 얻기 위하여, 1908년 나이토는 두만강 이북지역을 답사하였으며, 『북한길림여행일기』·『간도길림여행담』을 지었다.[21]

요컨대, 나이토 고난은 만문장백산도·만문성경도가 목극등 정계 결과를 반영하였으며, 서양 선교사가 측정한 정확한 지도로서, 『황여

---

20) 內藤湖南, 『間島問題調査書』(1907) 第六/1, 『間島ノ版図ニ關シ淸韓兩國紛議一件』 附屬書(內藤虎次郎囑託及調査報告), アジア歷史資料センター, REEL No.1-0364/0374.

21) 『內藤湖南全集』 제12권, 405~438쪽.

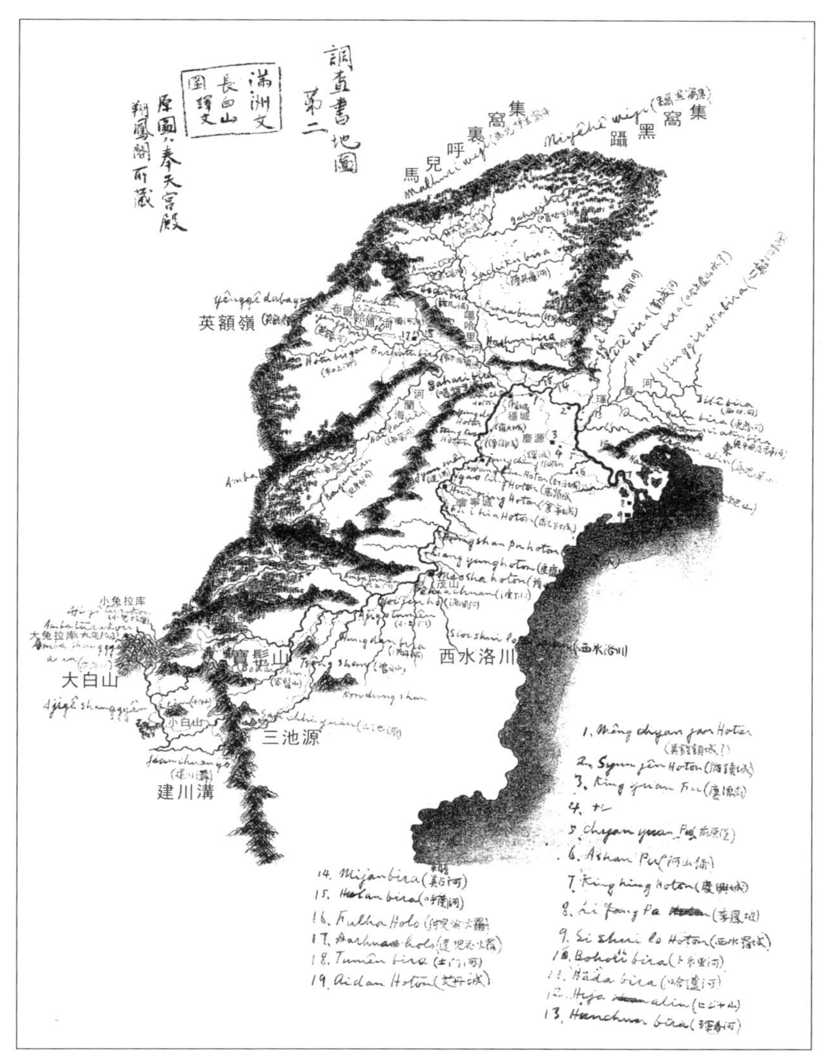

〈그림 2〉 만문장백산도역본(譯本)(內藤湖南, 『간도문제조사서』, 1907년)

전람도』와 관련이 있음을 잘 알고 있었다. 그럼에도 불구하고, 일본정부의 간도 확장정책에 영합하여, 두만강을 경계로 함을 부정하였으며,

이른바 간도 중립지대론을 폈다.

2. 목극등의 제1차 답사 노선

'만문장백산도'에는 많은 점선이 표기되어 있었으며, 특히 각 하천의 본류를 따라 점선이 표기되어 있었다. 조청 국경지역뿐만 아니라, 동쪽으로 가야하·부르하퉁하·해란강 지역, 동북쪽으로 목단강 지역, 서쪽으로 흑이소하(黑爾素河)·의둔하(義屯河)에서 송화강까지 점선이 표기되어 있었다. 아래에 중한 양국 문헌자료를 통하여, 만도에 표기된 목극등의 두 차례 조청 국경을 답사한 왕복 노선 및 학계에 잘 알려지지 않은 기타 노선에 대해 알아보기로 하자.

사료에 의하면, 오라총관 목극등이 황지를 받들고 조청 국경을 조사한 것이 두 차례였다. 제1차 답사가 1711년(강희 50)이고 제2차 답사가 그 이듬해인 1712년(강희 51)이며, 이는 『황여전람도』를 제작하기 위해서였다.[22] 그 이전에 1709·1710년, 강희제가 서양 선교사인 레이지·자르투(杜德美)·프리델리(費隱) 등을 만주지역으로 보내어 대지 측량을 행하게 하였으며, 선교사들의 발자취가 두만강 입구·우수리강·흑룡강 지역에 이르렀으며, 1710년에 『성경전도』·『우수리강도』·『흑룡강구도』 등을 완성하였다.[23] 지도가 강희제에게 바쳐졌을 때, 그는 압록강·

22) 목극등의 국경 조사와 『황여전람도』의 관계에 대해서는 張存武, 「清代中韓邊務問題探源」, 中央研究院近代史研究所 편, 『中央研究院近代史研究所集刊』 제2기, 1971년, 474~475쪽 ; 秦國經, 「18世紀西洋人在測繪清朝輿圖中的活動与貢獻」, 『清史研究』, 1997년 1기, 39~40쪽 ; 서정철, 『서양 고지도와 한국』, 대원사, 1991년, 86쪽, 강석화, 『조선후기 함경도와 북방영토의식』, 경세원, 2000년, 49~50쪽에서 재인용 ; 이화자, 『조청국경문제 연구』, 집문당, 2008년, 148~158쪽 등 참조.

두만강 사이 즉 백두산 지역의 지리가 상세하지 못한 것을 발견하고, 그 이듬해 지방관인 오라총관 목극등으로 하여금 조선인 '이만지(李萬枝)월경사건'을 조사하는 기회를 틈타, 봉황성에 간 후 백두산으로 이동하여 압·두 양강 수원을 조사하도록 하였다.[24)]

'만문장백산도'를 통해 볼 경우, 압록강 중하류 양안에 점선이 표기되어 있는데, 목극등의 제1차 답사 노선이었다(그림 3 참조). 즉 봉황성 변문을 나가, 동남쪽으로 향하며, 초하(草河)·탕산성(湯山城)·탕산하(湯山河)·영아하(永阿河)를 지나 압록강변의 구련성(九連城)에 이르렀는데, 그 맞은편이 조선 의주부였다. 『숙종실록』에 의하면, 목극등이 여기서 압록강을 건너 조선 경내로 들어가려 하였으나, 조선측의 반대로 부득불 중국 경내를 통해 위원으로 향하게 되었다. 그 이유는 황지가 없는 상황에서 청나라 사신으로 하여금 함부로 조선 경내를 통과하게 할 경우, 뒤에 폐단이 생길까 봐 우려했기 때문이었다.[25)]

그 이후의 목극등의 답사 노선은 다음과 같았다. 구련성을 출발하여, 애합하(愛哈河)·아포하(阿布河)를 지나 동쪽으로 향하였으며, 포서하(浦西河)·소자가하(蘇子街河)를 지나 동북으로 향하였으며, 장점하(長店河)·장점(長店)을 지나 북쪽으로 향하였으며, 용점(容店)·대고하(大沽河, 동가강지류임)·소고하(小沽河, 동가강지류임)를 지나 동쪽으로 향하였으며, 대고하(大沽河)·소고하(小沽河)가 합류하는 곳을 지나 동가강변(같은 길로 되돌아감)에 이르렀으며, 동남쪽으로 당석하(唐石河,

---

23) 서양 선교사들의 만주지역에 대한 측량에 대해서는 翁文灝, 「清初測繪地圖考」, 『地學雜志』 18권 3기, 1930년 ; 秦國經, 「18世紀西洋人在測繪清朝輿圖中的活動与貢獻」; 白鴻叶·李孝聰, 『康熙朝〈皇輿全覽圖〉』, 國家圖書館出版社, 2014년, 48~57쪽 참조.

24) 『清聖祖實錄』 권246, 강희 50년 5월 계사, 9~10쪽, 中華書局본 1986년, 제6책, 441쪽 ; 권247, 강희 50년 8월 신유, 9쪽, 中華書局 본, 제6책, 448쪽.

25) 『숙종실록』 권50, 숙종 37년 4월 경진·5월 기축.

동가강지류임)로 향하였으며, 당석하를 따라 내려가 동가강과 합류하는 곳에 이르렀으며, 동가강을 거슬러 올라가 차구(叉溝, 압록강지류임)를 따라 동남으로 향하여 압록강변에 이르렀다. 그 맞은편이 조선의 이산부(理山府)였다.

『숙종실록』에 의하면, 목극등이 이산부 운해천(조선의 파수처)[26]에서 조선 경내로 들어오려 하였으나, 여전히 조선 참핵사와 접반사의 저지를 당했다. 그 이유인즉 여기가 위원 경내가 아니기에 들어올 수 없다는 것이었다. 그리하여 양측이 이틀간 대치하고 있었으며, 목극등은 부득불 압록강을 거슬러 올라가 위원군의 갈헌보에서 압록강을 건너 조선 경내로 들어왔다. 이 도강 지점(갈헌보)이 비록 이산부 근처이지만 위원군에 속했기에 참핵사·접반사가 동의한 것이었다.[27]

도강 후의 노선은 압록강 동남안의 조선 경내를 통해 갔으며, 이는 『숙종실록』의 기록과도 맞아떨어졌다. 위원에 도착한 후 목극등은 계속 압록강을 거슬러 올라가 백두산으로 향하고자 하였지만, 여전히 참핵사·접반사의 저지를 당하여 실패하고 말았다. 비록 목극등이 조선 국왕에게 자문을 보내, 지지를 요청하였으나 여전히 허락되지 않았다. 그가 작은 배를 타고 압록강을 거슬러 올라가다가, 만포 이북 15리에 있는 적동(狄洞)[28]에서 앞니가 부러지는 상처를 당하고 더 이상 앞으로 나아가지 않았다.[29]

'만문장백산도'를 통해 볼 경우, 그가 가장 멀리 간 곳은 폐사군

---

26) 조선의 이산부 운해천 파수처의 위치는『해동지도』理山府圖, 서울대학교 규장각 1995년 영인본, 225쪽 참조.

27) 『숙종실록』 권50, 숙종 37년 5월 갑인·6월 갑술.

28) 적동의 위치에 대해서는『승정원일기』316책, 숙종 12년 6월 3일 및 김정호, 『동여도』, 서울대학교 규장각 2003년 영인본, 제11번 지도 참조.

29) 『숙종실록』 권50, 숙종 37년 6월 갑자·갑술.

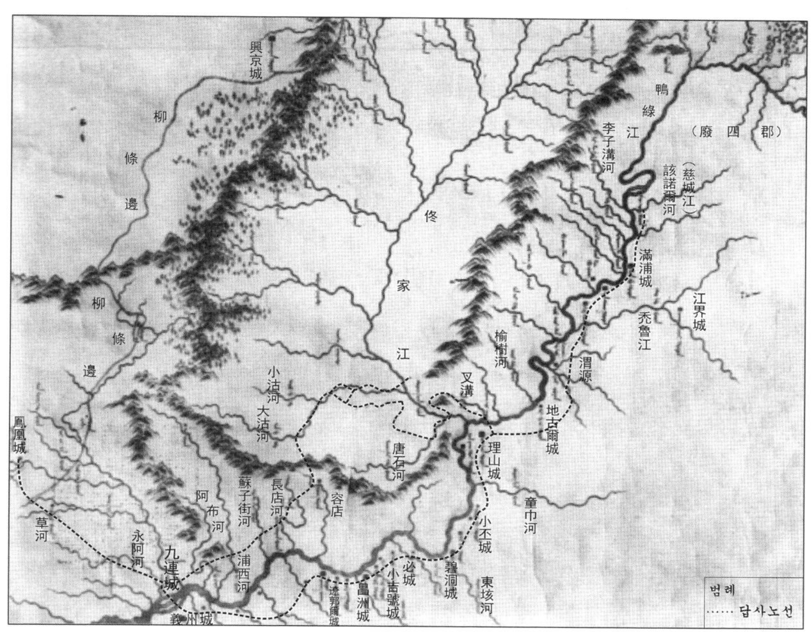

〈그림 3〉 목극등 제1차 사계도(査界圖)(만문장백산도. 점선은 원도에 근거하여 다시 묘사함)

서쪽 끝인 자성강변(gar or bira, 즉 該諸爾河임)이었다. 이처럼 목극등이 폐사군 지역을 통과하지 못한 까닭으로 강 양측이 모두 공백으로 남게 되었으며, 지리정보가 별로 없었다. 『숙종실록』에 의하면, 그가 돌아갈 때는 조선의 동의를 얻어 동남안의 조선 경내를 통해 갔으며, 의주로 돌아간 후 압록강을 건너 봉황성에 갔으며, 열하로 향하여 황제에게 보고하였다고 한다.30) 다시 만도를 통해 보면, 자성강(該諸爾河)으로부터 의주까지 동남안(조선 경내)에 점선이 표기되어 있는데, 목극등의 제1차 답사의 귀로였다(그림 3 참조).

이처럼 청사 목극등 일행이 백두산에 이르지 못하였고, 중국 경내

30) 『숙종실록』 권50, 숙종 37년 8월 을해.

무인지역을 통과하느라 고생이 많았지만, 이로 인하여, 압록강 중하류 지역을 답사하게 되었으며, 특히 동가강 하류와 압록강이 합치는 곳을 자세히 답사하였다. 그 이듬해 목극등이 재차 유조변을 나가 동가강 상류 지역을 조사함과 동시에, 압록강 지류 두도구에서 십이도구까지 자세히 답사하였다. 이러한 답사활동은 『황여전람도』의 제작에 유익한 것이었으며, 압록강 유역의 지리정보를 풍부하게 만들었다. 『황여전람도』를 기초로 만든 『강희분부도(分府圖)』의 경우, 압록강도(圖)가 따로 설정된 것은 목극등의 두 차례 답사 및 그 이전의 늑초(勒楚, 1684년) 등의 답사에 기인한 것이었다.[31]

3. 목극등의 제2차 답사 노선

1712년 목극등은 제2차 국경 조사를 진행하였으며, 백두산에 이르러 압·두 양 강 수원을 조사한 후 정계비를 세웠다. 그러나 목극등 정계에 관한 중국측 자료가 적으며, 단지 『황여전람도』, 제소남의 『수도제강』 및 『청성조실록』에[32] 약간의 기록이 있을 뿐이다. 이와는 대조적으로 한국측 자료가 많은 편이다. 예컨대 접반사 박권(朴權)이 여러 차례 장계를 올렸으며(『숙종실록』에 수록됨), 역관 김지남이 『북정록』(일

31) 1684년(강희 23) 주방협력 늑초(勒楚) 등이 압록강 상류를 통해 백두산 천지로 올라간 내용은 董秉忠 등 편, 『盛京通志』(강희 23), 권9, 山川志·烏喇宁古塔境內·長白山, 41~42쪽 ; 『동문휘고』 원편 51권, 범월, 4쪽, 국사편찬위원회 1978년 영인본 등에 있다. 관련 연구는 이화자, 『한중국경사 연구』, 혜안, 2011년, 181~184쪽 참조.

32) 목극등이 백두산에 가서 국경을 조사한 내용은 『淸圣祖實錄』 권246, 강희 50년 5월 계사, 中華書局본 1986년, 제6책, 441쪽 ; 권247, 강희 50년 8월 신유, 中華書局본 제6책, 448쪽에 기록이 있다.

기)을 지었고, 접반사 박권의 『북정일기(北征日記)』, 홍세태의 『백두산기』 및 청나라 화원이 그린 백두산지도의 모사본(콜레주 드 프랑스 소장 『천하제국도』와 규장각 소장 『여지도』) 등이 남아 있다.

이 중에서 프랑스와 규장각에 수록된 『목극등정계도』(그림 6·7)에는 백두산 이남에 두 갈래 노선이 표기되어 있는데, 북쪽 노선이 목극등이 조선의 젊은 차사원·군관·역관을 데리고 천지에 오른 노선이며, 남쪽 노선이 청조의 2등 시위(侍衛) 포소륜(布蘇倫)과 조선의 연로한 두 사신(접반사·관찰사) 및 역관 김지남 등이 삼지연을 거쳐 무산으로 향한 노선이다. 상상 밖으로 이 두 노선이 만문장백산도에 나타났으며, 이는 지금까지 중국측 자료에서 보기 드문 것으로서, 한국측 자료와의 비교 분석을 통하여, 목극등이 확정한 압·두 양강 수원 및 그의 행진 노선을 알 수 있는 귀중한 자료이다.[33]

'만문장백산도'에 반영된 목극등의 제2차 답사 노선은 다음과 같았다(그림 4 참조). 흥경(yen den hoton)에서 출발하여 왕청변문(旺淸邊門, 유조변임)을 나가, 동쪽으로 영액하(英額河, 동가강지류임)·계탄하(鷄灘河)를 지나 동남으로 동가강 본류에 이르렀으며, 동가강을 거슬러 올라가 홍석라자(紅石拉子)에 이르렀으며, 동쪽으로 하나의 고개(동가강·압록강 분수령)를 지나 압록강 상류 두도구에 이르렀다. 이로부터 압록강을 거슬러 올라갔으며, 차례로 이도구·삼도구·사도구 등을 지나 십이도구(도구란 압록강이북 지류임)에 이르렀으며, 그 맞은편이 조선 폐사군이었다.

'만문장백산도'에 나타난 이 도강지점은 구갈파보 근처로서, 사료를

33) 목극등이 정한 두만강 수원에 대해서는 중국 학계의 주장이 각기 다르다. 어떤 이는 홍토수를 정했다고 하고 어떤 이는 홍단수를 정했다고 하며, 어떤 이는 석을수를 정했다고 한다.

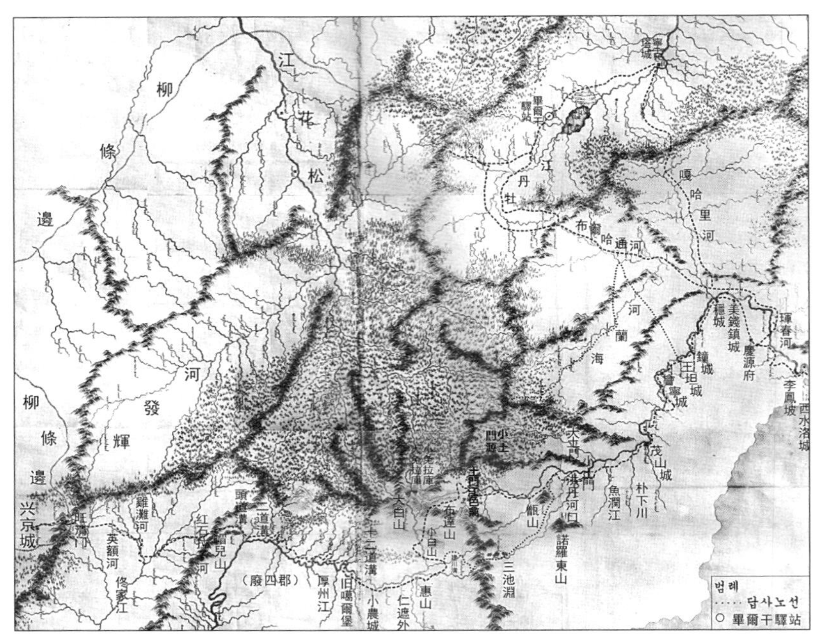

〈그림 4〉 목극등 제2차 사계도(査界圖)(만문장백산도, 점선은 원도에 근거하여 묘사함)

통해 보면 폐사군 동쪽 끝인 후주임을 알 수 있다. 만도의 이 같은 표기는 『숙종실록』·『북정록』의 기록과도 맞아떨어졌다. 『북정록』에 의하면, 목극등이 압록강 두도구에서 십이도구를 조사하기 위하여, 앞뒤로 10일 걸렸으며,[34] 만도에는 10개의 주숙처(열 번째 주숙처가 조선 경내에 있음, 그림 4, 5 참조)가 표기되어 있었다.

다시 만도를 통해 보면, 도강 후의 노선은 압록강을 거슬러 조선 경내를 거쳐 갔으며, 혜산·오시천(압록강 지류임, 지명 표기 없음)·건천구(압록강 지류)를 지난 후 두 길로 나누어 갔다. 하나가 북쪽 노선이

34) 김지남의 『북정록』에 의하면, 목극등이 1712년 4월 19일 두도구를 출발하여, 4월 29일 후주 경내에 도착하였다(김지남, 『북정록』, 4월 26·29일조, 동북아역사재단 편, 『백두산정계비자료집』 6, 2006년, 68~71쪽).

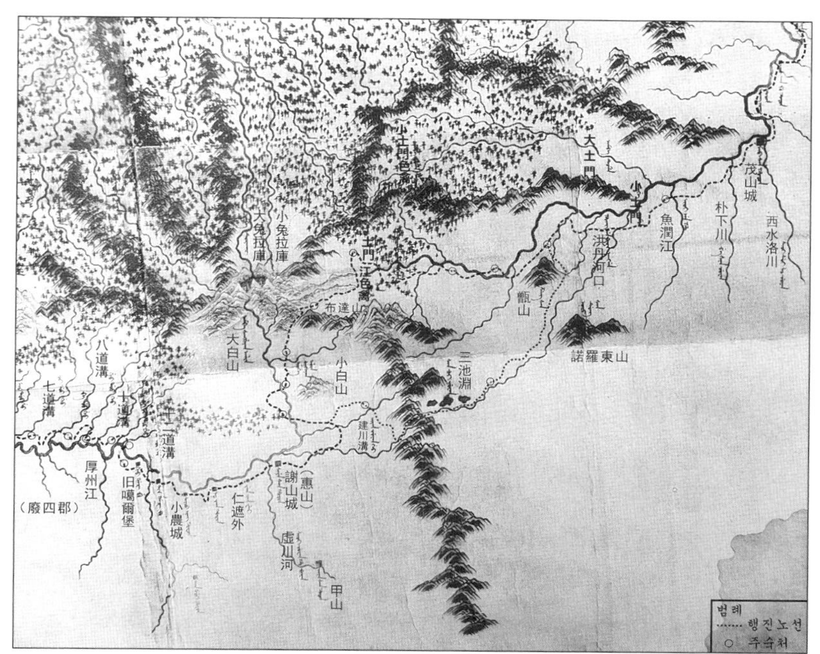

〈그림 5〉 만문장백산도의 백두산 부근도

며, 압록강을 거슬러 올라가 백두산 천지로 향하였는데, 목극등이 조선의 젊은 차사원·군관·역관을 데리고 간 노정이었다. 다른 하나가 남쪽 노선이며, 동남쪽으로 허항령을 지나 삼지연으로 향한 후, 홍단수를 따라 내려가 증산 이북에서 북쪽 노선(목극등의 노선)과 합쳤다. 이것이 청조의 2등 시위 포소륜과 조선의 연로한 접반사, 역관 김지남 등이 통과한 노선이었다. 이상에서 본 만도의 두 노선이 한국측의 『목극등정계도』(그림 6·7), 김지남의 『북정록』 및 박권의 『북정일기』와 서로 맞아떨어졌다.

여기서 주의할 점은 만도에 표기된 목극등의 등산 노선 특히 주숙처가 프랑스도·규장각도와 거의 일치한 것이다. 〈그림 6〉과 같이, 건천구

(建川溝)에서 서로 갈라진 후, 목극등 일행은 압록강을 거슬러 올라가 소백산 서쪽을 지났으며, 백두산 동남 기슭에 이르렀다. 계속하여 흑석구(두개의 가늘고 긴 산 중간임) 동남안을 따라 동쪽으로 갔다가 동북쪽으로 향하여, 긴 산줄기 앞에 이르렀다. 이것이 두만강과 송화강의 분수령이었다. 여기서 동남쪽으로 향하여 두만강 발원지에 이르렀다. 그 사이에 주숙처(작은 동그라미)가 다섯 개 표기되었는데, 규장각도·프랑스도와 유사하다. 다만 두 번째 주숙처가 서로 다르며, 하나는 압록강 동안(만도)에 있고, 다른 하나는 서안(규장각도·프랑스도)에 있었다.

한편 '만문장백산도'가 사실(寫實)적으로 그려져, 목극등이 정한 분수령과 두만강 수원 및 하산 노선을 살필 수 있는 중요한 증거 자료를 제공하였다.

우선, 만도를 통하여 압록강·두만강 사이 분수령을 살펴보기로 하자. 〈그림 5〉와 같이, 백두산 동남 기슭으로부터 동남쪽으로 연장된 산줄기가 있는데, 중간에서 교차되어 남쪽으로 길게 뻗어 나갔다. 이 산줄기에는 만주어로 'bu dai šan'(布達山임)을 표기하였는데, 압록강·두만강 수원의 분수령이었다.

그 다음으로, 만도를 통하여 두만강 발원지를 살펴보기로 하자. 〈그림 5〉와 같이, 백두산과 흑석구의 동쪽에 두만강 발원지가 있는데, 세 갈래 물줄기로 나뉘었으며, 중간의 물줄기에 '토문강색금'(tumen giyang sekiyen) 즉 강원을 표기하였다. 이뿐만 아니라 토문강원과 본류를 굵은 선으로 표기하여 지류와 구별하였다. 오늘날 우리가 알고 있는 두만강 지류를 통해 볼 경우, 세 갈래 물줄기 중에서 북쪽 지류가 오늘날 약류하(弱流河)이고, 중간의 물줄기가 오늘날 모수림하(홍토수의 북쪽 지류임)이며, 남쪽 물줄기가 오늘날 홍토수이다. 모수림하·홍토수가 합류한 후 여전히 홍토수라고 불리므로, 이는 목극등이 홍토수(홍토산수라고도 함)를 두만강 수원으로 정한 사실을 반영하고 있다.[35)]

마지막으로, 만도를 통하여 목극등의 하산 노선을 살펴보기로 하자. 점선을 통해 볼 경우, 목극등 일행은 홍토수를 따라 내려가, 증산 이북에 이르러 남쪽 노선(포소륜·박권 등)과 합쳤으며, 계속 두만강 본류를 따라 내려가 무산에 이르렀다. 그러나 기실 남·북 두 팀이 증산 북쪽에서 만난 것이 아니라, 어윤강변의 설참(設站)한 곳에서 만났다. 그러므로 지도상에 점선이 중첩되는 것은 노선이 중첩될 뿐이지 만난 곳은 아니었다.

『북정록』에 의하면, 남쪽 팀(포소륜·박권 등)은 1712년 5월 11일에 증산 북쪽을 경유하였으며,[36)] 북쪽 팀(목극등 등)은 5월 20일에 여기를 경유하였다.[37)] 무산 아래 노정은 동남안의 조선 경내를 거쳐 갔으며, 두만강이 바다로 들어가는 입구까지 이르렀다. 두만강 하류에서 목극등이 강을 건넌 지점은 경원 근처이며, 그 맞은편이 중국 훈춘이었다. 만도 점선의 이 같은 정보는 『북정록』·『북정일기』의 기록과도 맞아떨어졌다.[38)]

35) 목극등이 두만강 수원을 정할 때, 첫 번째(初派) 물줄기를 수원으로 정하고자 하였으나, 송화강에 흘러들어가는 물줄기를 잘못 지정하였다. 이에 조선은 정확한 두만강 수원에 설책하였는데, 목극등이 정하고자 하였던 초파(初派, 오늘날 모수림하임)에 설책하지 않고, 물의 원류가 더 분명한 두 번째(次派, 오늘날 홍토수임) 물줄기에 설책해 놓았다(『숙종실록』 권52, 숙종 38년 12월 병진 ; 『비변사등록』 65책, 숙종 39년 정월 28일).

36) 김지남, 『북정록』, 5월 11일조, 88~89쪽.

37) 김지남, 『북정록』, 5월 21일조, 96쪽.

38) 만문장백산도의 무산 아래 두만강 동남안에 표기된 점선이 희미하여, 나이토 고난의 '만문장백산도역본'(『間島問題調査書』, 1907년, 삽도)을 참조하였다.

4. 해란강 · 가야하 · 부르하통하의 답사 노선

'만문장백산도'에는 조청 국경을 따라 답사 노선이 표기되었을 뿐만 아니라, 중국 경내 가야하·부르하통하·해란강을 따라 답사 노선이 표기되었다. 이는 그 이전의 사료에서 찾아볼 수 없는 것으로서 만도의 독특한 면을 보여주는 대목이다. 이 세 갈래 길은 모두 조선 경내와 연결되어 있었으며, 하나가 방원(防垣, 만도에 'wang tan hoton' 王坦城이라고 표기함)에서 강을 건너며, 다른 하나가 조선 경원 근처에서 강을 건너 두 갈래로 나뉘어졌다(그림 4 참조). 이 중에서 경원 부근의 도강 노선은 목극등이 제2차 답사 후의 귀국 노선이다. 방원의 도강 노선에 대해서는 자세히 알 수 없지만, 목극등이 두만강을 따라 내려갈 때, 일부 인원을 파견하여 중국 경내를 답사한 일과 관련된다. 그러나 김지남의 일기나 박권의 일기에서 이에 관한 내용은 찾아볼 수 없다. 이 역시 『황여전람도』 편찬과 관련된 지리 조사일 것이며, 만도가 보여준 답사 정보임이 틀림없다.

만도의 해란강에 대한 답사 노선은 다음과 같다. 조선 방원에서 두만강을 건넌 후 서북으로 향하였으며, 산고개('jiyen men', 집연문(集延門)임) 하나를 넘어 해란강 유역으로 들어간 후, 평정산(ping ding Šan)을 지나 부르하통하 유역에 이르렀는데, 이는 부르하통하를 답사하기 위해서였다. 그러나 더 이상 앞으로 나가지 않고, 되돌아와서 평정산을 지나 해란강 유역으로 들어왔으며, 해란강을 거슬러 올라가 발원지를 답사하였다. 만도에는 오늘날 이도하에 대응되는 하천에 '대해란하'('amba hailan bira')를 표기하였는데, 해란강원을 뜻하였다.[39] 특기할 것은 이 답사 노선이 해란강 유역에서 끝나지 않고, 파안하(巴顔河) 상류로부터 흑산·황정자(黃頂子, 분수령임)를 넘어, 이도송화강 유역에 들어갔으며, 백두산 동북파(坡)에 위치한 삼도백하(ajige turakū) 발원지에 이르렀다. 거기에서 백두산 천지에 올랐음이 상상되는 대목이다.[40)]

이 밖에 만도에는 부르하퉁하·가야하를 따라 답사 노선이 표기되었다. 경원 근처에서 두만강을 건넌 후, 계속 강을 따라 서쪽으로 향하다가 두 길로 나뉘어졌다. 하나가 가야하를 거슬러 올라갔으며, 다른 하나가 부르하퉁하를 거슬러 올라갔다.

이 중에서 부르하퉁하 노선을 보면, 본류를 따라 서쪽으로 향하였으며,[41)] 영액하 상류에서 영액령을 넘어 목단강 상류에 이르러 영고탑으로 향하였다. 자료에 의하면, 목극등이 이 길을 통해 영고탑으로 돌아갔다. 예컨대 만문주비주접(滿文朱批奏摺)에 의하면, 성경 장군이 파견한 효기교(驍騎校) 아이구(阿爾久)가 "영고탑 이쪽 필이간하(畢爾幹河) 역참에서 목극등 등과 만났다"고 한다.[42)] 필이간하 역참(그림 4 참조)이란 필이간하가 경박호에 들어가는 입구이며,[43)] 목극등이 여기를 거쳐 영고탑성으로 돌아간 후, 다시 성경과 북경에 가서 황제에게 보고한

---

39) 만문장백산도에는 해란강 상류의 두 갈래 지류 중에서 북쪽 지류에 '大海蘭河'(amba hailan bira)를 표기했으며, 이것이 정원임을 뜻한다. 남쪽 지류가 '巴顔河'이며, 그 수원에 '小海蘭河'(ajige hailan bira)를 표기하여, 지류임을 나타냈다. 그러나 오늘날 해란강 정원은 남쪽 지류인 巴顔海(三道河)이다.

40) 백두산 천지의 등산로에는 네 개의 산비탈(坡라고 칭함)이 존재하며, 이를 일컬어 동파(북한 경내, 압록강상류)·서파(중국경내, 두도송화강상류)·북파(중국경내, 이도송화강상류)·남파(중국 경내, 압록강상류)라고 하였다.

41) 만문장백산도에 표기된 부르하퉁하 수원은 영액하(英額河)와 합류하는 동쪽 지류이며, '卜爾哈兔色禽'(burhatu se kiyen)이라고 표기하였다. 그러나 오늘날 정원은 영액하이다.

42) 中國第一歷史檔案館 편, 『康熙朝滿文朱批奏折全譯』, 中國社會科學出版社, 1986년, 798쪽.

43) 강희 동판도에는 필이간하가 경박호에 들어가는 입구에 '畢爾干驛站'(birgan giyamun)이라고 표기하였다.

것이었다.[44)]

마지막으로, 만도에 나타난 가야하 답사 노선을 알아보기로 하자. 가야하 본류를 따라 북쪽으로 향하여,[45)] 합달하(哈達河) 상류에 이르렀으며, 마아호리령(馬兒呼里嶺)을 넘어 목단강 유역에 들어간 후 영고탑성에 이르렀다. 이는 훈춘에서 영고탑성에 이르는 첩경으로서, 목극등이 일부 인원을 파견하여 이 길을 통해 영고탑성으로 돌아갈 수 있다. 이 밖에 다른 가능성도 제기되며, 1709년(강희 48) 서양 선교사 레이지 등이 지나간 노선일 수도 있다. 기록에 의하면, 선교사들이 대지 측정을 위하여, 훈춘과 두만강 하구에 이르렀고, 영고탑성에서 경위도를 측정했다고 한다. 그럴 경우 그들이 이 첩경을 이용하여 영고탑성에 이른 후, 흑룡강 유역에 가서 측정했을 가능성이 크다.[46)]

5. '만문장백산도'의 특징과 지명 분석

'만문장백산도'는 지본(紙本)으로서 크기를 알 수 없으며, 흑백 지도인지 채석 지도인지도 알 수 없다. 회화식으로 그려졌으며, 백두산(이북) 지역의 울창한 산림을 표현하였을 뿐만 아니라, 주위에 분포된 산맥·수계를 자세히 그리고 있다. 백두산을 표현한 것도 사실에 가까우며, 여러 봉우리로 둘러싼 우뚝 솟은 산과 그 중간에 있는 고산 호수(천

44) 中國第一歷史檔案館 편, 『康熙朝滿文朱批奏折全譯』, 798쪽.

45) 만문장백산도에서 가야하의 정원은 합달하(哈達河)의 아래쪽에 있으며, 세 물줄기 중의 중간 물줄기에 '嘎哈里色禽'(gahari sekiyen)을 표기하였다. 이는 오늘날 가야하의 본류 및 정원과 비슷하다.

46) 承志, 「〈皇輿全覽圖〉東北大地測繪考－以滿文檔案爲中心」, 沈衛榮 주편, 『西域歷史語言研究集刊』 제10집, 北京, 科學出版社, 2018년, 507~515쪽 ; 翁文灝, 「清初測繪地圖考」, 13~19쪽 참조.

지)를 사실대로 그리고 있다.

만도의 지리범위를 살펴보면, 서쪽으로 유조변에 이르며, 북쪽으로 송화강과 목단강의 합류처에 이르며, 동쪽으로 두만강 하구 및 조선의 함경도에 이르며, 남쪽으로 함경도·평안도에 이르렀다. 그러나 나이토 고난이 촬영할 때, 네 변을 다 찍지 못한 관계로 잘려나간 흔적이 보였다. 한편 만도를 통하여 조선의 지리범위를 살펴보면, 압록강·두만강 연안 지명이 있을 뿐, 내지는 다 공백으로 남아 있었다. 기실 지도가 표현한 내용은 영고탑 장군 소속 지역과 조선의 북부 지역이다. 만약 『강희분부도(分府圖)』(『황여전람도』의 小葉本임)의 '오라도(烏喇圖)'·'영고탑도'·'압록강도'[47] 및 『조선도』의 북부(의주에서 영흥까지) 지역을 합쳐놓을 경우, 만도의 지리범위와 일치한다.[48] 그러므로 나이토가 명명한 이른바 '만문장백산도'가 실제 지리범위와 맞지 않으며, '영고탑조선변경도'라고 하는 것이 실제와 더 부합된다.

만도의 외형을 놓고 볼 때, 하천의 모양이나 산맥의 방향에 있어서, 『황여전람도』와 비슷하며, 특히 동판도(銅版圖)와 비슷하다. 다만 만도에는 경위도가 표기되어 있지 않았다. 아래에 만도에 나타난 압록강·두만강 및 백두산 일대의 지명을 『황여전람도』의 동판도(강희 58)·목판도(강희 60, 福克司 영인본)와 비교 분석하여, 양자 관계를 알아보기로 하자.

만도의 압록강·두만강과 백두산 일대 지명은 다음과 같은 세 가지로 나눌 수 있다. 첫째로, 만주어로 쓴 중국어 발음이며, 이 종류의 지명이 가장 많다. 예를 들어, 압록강 상류 두도구(teo doo geo)·이도구(el doo

47) 『內府地圖』 상책, 北平民社 1934년 영인본, 9~16쪽.
48) 만문장백산도를 촬영할 때, 네 변이 잘려나간 흔적이 보이며, 원도에 우수리강이 포함되었는지 여부를 알 수 없다.

geo) 및 십이도구(ši el doo geo) 등이며, 이는 전형적인 중국어 발음이다. 이 밖에 대부분 조선 연안 지명도 중국어 발음으로 표기하였다. 예컨대 창성(cang ceng hoton)·벌등성(fa deng hoton)·만포성(man pu hoton)·독로강(tu lu bira)·갑산성(jiya šan hoton)·서수라천(sioi šui lo cuwan)·회령성(hūi ning hoton)·동관성(tung guwan hoton)·종성(jung ceng hoton)·영달성(yung da hoton)·온성(wen ceng hoton) 등이다.

둘째로, 한국어 발음과 비슷한 지명이다. 예컨대 경원부(king yuwan fu)·경흥부(king hing hoton)·지굴성(di guel hoton, 直洞堡임)[49]·료굴성(liyoo guel hoton, 廟洞堡임)[50] 등이다. 여기서 굴(guel)이란 한국어의 동(洞)을 뜻하며, 한국어 발음을 모방한 것이다. 이 밖에 두만강 하류의 리봉파(li fung po, 李鳳坡임) 역시 한국어 발음을 모방한 것으로서 이유포(鯉游浦)를 가리킨다.[51] 또한 압록강변에 갈올비라(gar or bira, 該諾爾河, 慈城江임)라는 지명이 있는데, 어떤 한국어 발음을 본 딴 것인지 알 수 없다.

셋째로, 만주어 의역(意譯) 지명이다. 예를 들어 소백산을 '아지거 상견 아린'(ajige šanggiyan alin)이라고 하였고, 백두산을 '암바 상견 아린'(amba šanggiyan alin, 大白山임)이라고 하였으며,[52] 대토문을 '암바 토문'(amba tumen), 소토문을 '아지거 토문'(ajige tumen), 토문강원을 '토문강 색금'(tumengiyang sekiyen), 홍단하구를 '홍단 삐라 앙가'(hūngdan bira angga)라고 표기하였다.

---

49) 한진서, 『해동역사』 속집 14권, 지리고 14, 산수 2, 340쪽, 경인문화사 1989년 영인본.

50) 한진서, 『해동역사』 속집 14권, 지리고 14, 산수 2, 341쪽.

51) 서울대학교 규장각 소장 『경흥부읍지』, 소장번호: 규10993, 5쪽.

52) 강희 동판도 및 옹정 13배(排)도의 경우 백두산을 'amba šanggiyan alin'(大白山)이라고 표기하였으며, 목판본(한문판)은 '長白山'이라고 표기하였다.

이상에서 본 만도의 지명 표식이 동판도와 유사하지만, 후자의 지명 표기가 더 많다. 예를 들어 만도의 압록강 하류 창성 아래 네 곳이 비어 있으며, 작은 네모 칸이 있을 뿐 문자가 없는 데 비해, 동판도는 그 중의 두 곳 즉 iju hoton(의주)와 soju(?)를 표기하였다.

이 밖에 만도와 동판도의 지명 표식이 약간 달랐다. 예를 들어, 만도에 허천하를 'sioi cuwan ho bira'라고 표기한 데 비해, 동판도에는 'hioi cuwan ho bira'라고 표기하였다. 만도에 갑산성을 'jiya šan hoton'이라고 표기하였고, 동판도에는 'kiya šan hoton'이라고 표기하였으며, 만도에는 건천구를 'jiyan cuwan geo'라고 표기하였고 동판도에는 'giyan cuwan geo'라고 표기하였으며, 만도에 박하천을 'pe šiya cuwan'이라고 표기하였고 동판도에는 'po siya cuwan'이라고 표기하였으며, 만도에 서수라천을 'sioi šui lo cuwan'이라고 표기하였고 동판도에는 'sioi šui lok cuwan'이라고 표기하였으며, 만도에 리봉파를 'li fung po'라고 표기하였고 동판도에는 'li fung poo'라고 표기하였으며, 만도에 해낙이하(該諾爾河)를 'gar or bira'라고 표기하였고 동판도에는 'gai or bira'라고 표기하였으며, 만도에 구갈파보를 'gio gar pu'라고 표기하였고 동판도에는 'jio gar pu'라고 표기하였다.

위에서 열거한 지명의 특징은 중국어와 한국어 발음 사이에서 왔다 갔다 하였다. 예를 들어 만도의 'sioi'(虛)·'jiya'(甲)·'jiyan'(建)·'lo'(洛) 등은 중국어 발음이며, 동판도의 'hioi'·'kiya'·'giyan'·'lok' 등은 한국어 발음이다. 이 밖에 만도의 'gio'(旧)가 한국어 발음이고 동판도의 'jio'가 중국어 발음이다.

이상 만도와 동판도의 압록강·두만강 연안 지명이 목판도(한문 지도)와 일일이 대응된다. 그럼에도 불구하고 목판도의 경우, 음이 비슷하지만 한자가 틀린 것이 많이 발견된다. 예를 들어, 목판본의 '敖登城'의 정확한 한자가 '於汀城(어정성)'이며, '大吉魯城'의 정확한 한자가 '大吉号城(대길호성)'이며, '小巨流城'의 정확한 한자가 '小吉号城(소길호성)'이며, '必城'의 정확한 한자가 '碧團(벽단)'이며, '必東城'의 정확한 한자가 '碧潼城'(벽동성)이며, '大丕城'의 정확한 한자가 '大坡儿'(대파아)이며, '小丕城'의 정확한 한자가 '小坡儿'(소파아)이며, '東金河'의 정확한 한자가 '童巾河'(동건하)이며, '山陽會'의 정확한 한자가 '山羊會'(산양회)이며, '未源'의 정확한 한자가 '渭源'(위원)이며, '發登城'의 정확한 한자가 '伐登城'(벌등성)이며, '滿蒲城'의 정확한 한자가 '滿浦城(만포성)'이며, '張烋城'의 정확한 한자가 '江界城'(강계성)이며, '旧噶爾堡'의 정확한 한자가 '旧乫坡堡'(구갈파보)이며, '新噶爾堡'의 정확한 한자가 '新乫坡堡'(신갈파보)이며, '小辰城'의 정확한 한자가 '小農城'(소농성, 만도에는 siyoo nung hoton이라고 표기함)이며, '諾言城'의 정확한 한자가 '羅暖'(나난)이며, '因禪衛'의 정확한 한자가 '仁遮外'(인차외)이며, '謝山'의 정확한 한자가 '惠山'(혜산)이며, '良雍'의 정확한 한자가 '梁永'(양영)이며, '王坦城'의 정확한 한자가 '防垣城'(방원성, 만도에 wang tan hoton이라고 표기함)이며, '雍大城'의 정확한 한자가 '永達城'(영달성)이며, '美賤城'의 정확한 한자가 '美錢城'(미전성)이며, '循鎮城'의 정확한 한자가 '訓戎城'(훈융성)이며, '前原堡'의 정확한 한자가 '乾原堡'(건원보)이다.

위에서 열거한『황여전람도』목판본의 한자 착오는 다음과 같은 이유 때문일 것이다. 하나는 만주어를 한자로 번역할 때 착오가 발생하였으며,[53] 다른 하나는 조선측에서 제공한 '조선전도'의 정보가 간략하

53) 『황여전람도』의 조선 연안 지명이 중국어로부터 만주어로 번역되었으며, 그 반대가 아님을 증명할 수 있는 예가 다음과 같다. 압록강 상류의 '小辰'의 정확한 한자가 '小農'이며, 만주어로 'siyoo nung hoton'이라고 표기하였는데, 이는 정확한 발음이다. 거꾸로 만주어로부터 중국어로 번역되었을 경우, '小辰'과 대응되는 만주어가 'siyoo cen hoton'이다. 즉 다시 말하여, 목판본은

며, 특히 압록강·두만강 연안 지명이 상세하지 못한 관계로, 지도 제작자가 참고할 수 없어서 생긴 착오일 것이다.[54] 기록에 의하면, 『황여전람도』 중의 『조선도』는 목극등이 국경을 조사한 지도와 조선에서 제공한 '조선전도'를 한데 묶어 놓은 것이며, 이 작업은 선교사에 의해 진행되었다고 한다.[55] 이 과정에서 한자의 착오가 발생했으나 교정을 보지 못한 채로 오늘날까지 이어진 것일 수 있다.

이 밖에, 만도·동판도·목판도의 대·소토문강에 대한 표기에 대해 주의할 필요가 있다. 잘못된 표기가 점차 수정되는 과정을 반영하고 있기 때문이다. 전술했듯이, 만도에는 두만강 본류와 수원을 굵은 선으로 표기했을 뿐만 아니라, 중간 물줄기에 '토문강색금'(tumen giyang sekiyen)을 표기함으로써, 수원과 본류가 분명하게 드러났다. 그러나 문자 표기가 잘못되어, 본류(홍기하 입구 근처)에 '소토문'을 표기한 데 비해, 지류(홍기하)에 '대토문'을 표기하였다. 만약 '대토문'과 '소토문'의 위치를 바꿔놓을 경우, 그림과 문자가 일치해지며, 목극등이 홍토수를 수원으로 정한 사실과도 부합된다.[56]

만주어의 'siyoo nung hoton'을 중국어로 번역하는 과정에서 '小農'을 '小辰'으로 잘못 쓴 것이다.

54) 뒤 알드의 「조선왕국의 지리적 관찰」(『中華帝國全志』)에 의하면, 청조정에서 파견한 달단 귀족(a tartar lord)이 조선에서 지도를 가져왔는데, 조선왕궁 내의 지도라고 하였다. 이 밖에 『숙종실록』 기록에 의하면, 목극등이 1713년 부사의 신분으로 조선에 와서 조선왕궁에 소장되었던 '조선전도'를 가져갔다고 하였다. 조선은 산천 지리에 관한 정보가 누설되는 것은 막기 위하여, 그에게 상세한 비변사지도를 주지 않고, 너무 상세하지도 소략하지도 않은 지도를 주었다고 하며, 이 지도의 백두산 수계가 잘못된 곳이 여럿 발견된다고 하였다(Duhalde, 『The general history of China』, London, 1741년, 381~384쪽 ; 『숙종실록』 권54, 숙종 39년 윤5월 병진·계유·6월 정축).

55) 기록에 의하면, "조선지도는 이 나라 왕궁 내 소장 지도를 양국 국경에서 선교사가 교정하였다"고 한다(뒤 알드 저·葛劍雄 역, 「測繪中國地圖紀事」, 『歷史地理』 제2집, 上海人民出版社, 1982년, 212쪽 참조).

56) 『황여전람도』와 관련된 지도에 대·소토문강이 표기된 것은 목극등 정계 시,

만도의 대·소토문강에 대한 착오가 동판도에 이르러 일부 수정되었다. 즉 지류(홍기하)에 있던 '대토문'이 삭제되고, 본류(홍기하입구)에 '소토문'만이 남아 있었다. 이는 만도의 영향임이 틀림없다. 그 이후 목판도에 이르러서는 이 같은 착오가 철저히 수정되었다. 즉 본류의 '소토문'이 삭제되어 지류인 홍기하에 옮겨졌으며, 홍기하 발원지의 '소토문원'과 맞아떨어졌다. 그러나 아쉽게도 두만강 본류에 '대토문'을 표기하지 않고, 또 다른 지류(석을수)에 '토문강'이란 세 글자를 표기하였다. 이에 대해 일부 학자의 경우, 석을수가 두만강 정원이고 경계를 나누는 하천이라고 주장하였다. 그러나 '토문강색금'을 표기한 홍토수야말로 목극등이 정한 두만강 수원이고 경계를 나누는 하천이었다.

이상과 같이, 만도의 대·소토문강의 착오가 동판도·목판도에서 수정되는 과정을 통하여, 만도의 제작 연대가 동판도·목판도보다 이르다는 것을 알 수 있다. 만도에는 목극등이 두 차례 조청 국경을 답사한 노선이 표기되어 있기에, 1712년 이후 제작되었음을 알 수 있다. 그 하한이 『황여전람도』가 완성된 1717년(강희 56)이다. 즉 다시 말하여, 만도의 제작 연대가 1712~1717년이다. 만도는 서양 선교사들의 만주지역에 대한 측량도의 기초 위에서 목극등이 조청 국경을 재조사한 결과를 반영한 지도이며, 『황여전람도』 제작을 위한 초고라고 할 수 있다.

그와 접반사 박권 사이에 두만강 수원을 놓고 논쟁한 것과 무관하지 않다. 목극등이 홍토수가 정원이라고 한 데 비해, 박권은 그 북쪽의 홍기하를 정원이라고 주장하였다. 그러나 후에 박권이 한발 물러나, 목극등이 정한 홍토수를 정원으로 인정하게 되었다. 이처럼 양측 주장이 엇갈림과 동시에 홍토수가 흘러내려 형성된 두만강 본류의 물이 홍기하와 크게 차이나지 않기 때문에, 본류와 지류를 구분하기 위하여, 지도에 대토문강과 소토문강을 표기한 것이라고 생각된다(『북정록』, 5월 21일조, 96~98쪽 ; 『숙종실록』 권51, 숙종 38년 6월 을묘).

6. 맺는말

나이토 고난이 성경 상봉각에서 '만문장백산도'를 발견하였으며, 이를 통해 간도문제를 연구하였다. 만도 및 기타 문헌자료를 통하여, 그는 목극등이 두만강을 경계로 정했으며, 만도가 그 결과를 반영했음을 알고 있었다. 그럼에도 불구하고 일본정부의 간도 확장정책에 부응하여, 두만강 경계를 부정함과 동시에 두만강 이북에 이른바 '무인중립지'가 존재한다고 주장하였다. 이뿐만 아니라 간도 가정 지리범위를 조선 이민이 밀집한 해란강 유역에 설정하였으며, 1902년 청조가 설치한 '연길청'을 제외시켰다. 그 목적은 국제법의 이른바 '무주지' 개념을 두만강 이북지역에 적용시켜, 중국과의 담판을 통하여 간도의 영토권을 탈취하고자 하였으며, 최종적으로 간도의 경계선으로서 조청 양국의 국경선을 삼고자 하였다. 즉 나이토가 강희대의 측량도를 이용하여, 일본의 간도 확장정책을 돕고 있음을 여실히 보여주었다.

만도에는 하천의 수계를 따라 점선이 표기되어 있었으며, 이는 일반도로 정보라고 하기 보다는 『황여전람도』 제작을 위한 답사 노선이었다. 여기에는 1711·1712년 목극등이 두 차례 조청 국경을 조사한 노선이 포함되며, 제2차 답사를 통하여, 목극등이 백두산에 이르러 압록강·두만강 수원을 찾고 분수령에 비를 세워 정계하였다. 중국측 정계자료가 부족한 상황에서, 만도의 재발견은 목극등 정계 연구의 귀중한 자료로서, 한국측 자료 예컨대 콜레주 드 프랑스 소장 『천하제국도』·규장각 소장 『여지도』 속의 『목극등정계도』 및 김지남의 『북정록』 등과 비교 분석할 수 있다.

만도에는 문헌에 잘 나타나지 않은 답사노선도 포함되었으며, 예컨대 해란강·부르하통하·가야하·목단강 및 백두산 동북파(坡) 등의 답사 노선이다. 이 중에서 경원 근처에서 두만강을 건너 부르하통하를 거슬러 올라가며, 경박호의 필이간역참을 통해 영고탑성에 도착한 노선은 목극등의 귀국 후의 답사 노선이었다. 이 밖에 가야하를 거슬러 올라가 마아호리령을 넘어 영고탑성에 이르는 길은 그 이전의 서양 선교사들의 대지 측량 노선일 가능성이 크다.

이로써 강희대 만주지역에 대한 측량은 서양 선교사들의 경위도 측정을 통한 공로가 인정될뿐더러, 목극등을 포함한 중국측 인원들의 실지답사 공헌도 크며, 특히 하천의 본류를 따라 수원을 답사한 것은 주로 중국측이 담당하였다. 이로써 중서 양측 인원들이 공동으로 『황여전람도』의 눈부신 성과를 이루었음을 알 수 있다. 그러나 사료의 제한으로 말미암아, 서양 선교사들의 공헌에 대해서는 높이 평가한 반면, 중국측 인원들의 실지답사에 대한 연구가 부족하다. 그런 면에서 만도의 재발견은 『황여전람도』 연구의 새로운 시각을 열어준 것이라고 할 수 있다.

요컨대 만도에는 목극등의 두 차례 답사노선이 표기되었기에, 1712년 목극등 정계 이후에 제작되었음을 알 수 있다. 이 지도의 하천모양과 지명표식에 있어서, 『황여전람도』의 동판도·목판도와 비슷하며, 다만 경위도가 표기되지 않았을 따름이다. 한편 만도의 지리정보가 일부 공백으로 남아 있었으며, 동남쪽의 조선 내지와 서북쪽의 유조변 밖이 그러하였다. 또한 압록강 하류의 지명표식도 동판도·목판도에 미치지 못하였다. 이 밖에 만도의 대·소토문강 착오가 동판도·목판도에 이르러 점차 수정되는 과정을 통해서도 만도의 제작연대가 후자보다 이르며, 그 제작 하한이 『황여전람도』가 완성된 1717년(강희 56)이라고 할 수 있다. 즉 만도는 서양 선교사들의 만주지역에 대한 대지 측량의 기초 위에서 목극등이 조청 국경을 재조사한 결과를 반영하였으며,

『황여전람도』 제작을 위한 초고임이 확실하다. 지리범위를 놓고 볼 때, 주로 영고탑장군 소속 지역과 조선 변경의 지리정보를 나타내고 있었기에, '영고탑조선변경도'라고 부르는 것이 더 적합하다. 이에 비해, 나이토 고난이 명명한 '만문장백산도'의 경우, 지도의 실제 범위와 내용에 맞지 않았다.

콜레주 드 프랑스 소장 『천하제국도』와 규장각 소장 『여지도』의 비교 연구

머리말

2010년 국립중앙도서관이 파리에서 진행한 '국외한국고문헌조사' 중에 콜레주 드 프랑스에 소장된 『천하제국도(天下諸國圖)』를 발견하였다. 이는 프랑스 동방학자인 모리스 꾸랑이 1890~1892년 한국 체류 시에 수집한 자료였다. 2013년 한국 학자 정대영은 콜레주 드 프랑스를 방문하고 쓴 논문에서, 『천하제국도』가 규장각 소장 『여지도(輿地圖)』(고4709-1)와 유사함을 발견하였다.[1] 그는 두 지도집을 비교 분석하였으며, 네 가지 서로 다른 점이 존재함을 밝혔다. 첫째, 두 지도집의 배열순서가 다르다. 둘째, 두 지도집의 제작 시기가 다르다. 즉 규장각 소장 『여지도』의 제작 시기가 1735~1767년(영조 11~43)이고, 프랑스 소장 『천하제국도』의 제작 시기가 1767~1795년(영조 11~정조 19)이라는 것이었다. 셋째, 두 지도집의 『조선팔도도』 뒤에 있는 군현 순서가

1) 정대영, 「콜레주 드 프랑스(Collège de France) 소장 天下諸國圖 연구」, 『한국고지도연구』 제5권 제2호, 2013년. 정대영, 「콜레주 드 프랑스(Collège de France)의 고지도를 찾아서」, 『문헌과 해석』 71호, 2015년, 151~162쪽.

다르다. 넷째, 『천하제국도』에는 새로 증가된 내용이 포함된다는 것이었다. 이로써 그는 규장각 소장 『여지도』의 제작 시기가 프랑스 소장 『천하제국도』보다 이르거나 또는 두 지도집이 동일한 모본이 존재할 것이라고 보았다.[2)]

이보다 앞서 백두산정계에 대한 연구가 진행되면서, 규장각 『여지도』 속에 포함된 『목극등정계도』에 대한 관심이 모아졌다. 연구 결과 이 지도가 백두산정계 시 청나라 화원이 그린 '백산도'의 모본임이 밝혀졌다.[3)] 그 근거로서, 지도의 제기에 '강희 51년 숙종 38년 목극등정계 시 모사'라는 기록이 있을뿐더러, 지도에 표기된 두 갈래 길이 조선 수행 역관인 김지남이 쓴 『북정록』과 접반사 박권이 쓴 『북정일기』와 일치하기 때문이었다. 그러나 기존 연구에서는 규장각 『여지도』의 제작 시기를 고증해내지 못하였다. 이 점에 있어서 정대영의 논문은 개척적인 연구라고 할 수 있다.

정대영은 두 지도집에 나타난 지명 변화 및 간지(干支)를 통하여 제작 시기를 고증하였는데, 규장각 『여지도』의 제작 시기가 잘못된 것이 발견된다. 그는 『여지도』 부록 직관(職官)에 나타난 '영종을묘(英宗乙卯)'를 통하여, 제작 시기가 1735년(영조 11)이라고 하였지만, 이는 잘못된 것이었다. 왜냐하면 '영종'의 묘호가 나타남은 영조시대의 작품이 아님을 말해주며, 국왕의 묘호가 그의 생전에 나타날 수 없기 때문이다.

위와 같은 문제점을 감안하여, 이 글은 프랑스 소장 『천하제국도』와 규장각 소장 『여지도』의 제작 시기를 재고증하고, 두 지도집에 나타난

2) 정대영, 「콜레주 드 프랑스(Collège de France) 소장 天下諸國圖 연구」, 65쪽.

3) 이상태 등, 『조선시대 선비들의 백두산 답사기』, 혜안, 1998년, 92~93쪽 ; 강석화, 『조선후기 함경도와 북방영토의식』, 63~73쪽 ; 이화자, 「백두산정계의 표식물: 흑석구(黑石溝)의 토석퇴에 대한 새로운 고찰」, 『동방학지』 제162집, 2013년.

『목극등정계도』를 비교 분석함과 동시에, 청나라 화원이 그린 '백산도'와의 관계를 밝혀냄으로써, 백두산정계 연구에 대한 사료적 가치를 재조명하고자 한다. 이를 통하여 이른바 정계비가 소백산에서 백두산 천지 근처로 이동되었다는 '이비설'을 반박하고자 한다.

1.『천하제국도』와『여지도』의 비교 및 제작 시기

콜레주 드 프랑스 소장『천하제국도』와 규장각 소장『여지도』는 유사한 지도집으로서, 지도의 구성과 내용에 있어서 비슷하다. 다만 지도의 배열순서가 좀 다르며, 다음과 같은 지도가 포함되었다. 즉『천하제국도』·『중국도』(『명양경십삼성도(明兩京十三省圖)』)·『유구도(琉球圖)』·『일본도(日本圖)』·『동국팔도대총도』·『조선팔도도』·『성경여지전도(盛京輿地全圖)』(강희 23년『성경통지』의 삽도) 및『목극등정계도』 등이다. 이 중에서『성경여지전도』와『목극등정계도』를 제외한 다른 지도의 경우, 조선시대 13장본의 '천하여지도류팔도지도(天下輿地圖類八道地圖)'에 자주 나타났으며,[4] 예컨대 국립중앙도서관에는 여러 질의 13장본 '천하여지도류팔도지도'가 소장되어 있었다. 이로써『천하제국도』와『여지도』의 가장 큰 특징이 성경지도와 백두산정계 지도를 포함한 것임을 알 수 있다.

위에서 보았듯이 정대영은 두 지도집의 네 가지 서로 다른 점을 지적하였는데, 이 밖에도 두 지도집의 명칭이 다르다. 예컨대 프랑스본의 경우 지도집의 총칭이 없다. 상·하 두 책으로 나뉘며, 상책에『천하

4) 정대영,「콜레주 드 프랑스(Collège de France) 소장 天下諸國圖 연구」, 57쪽.

제국도』라고 표기하였고(그중 한 폭의 지도가 『천하제국도』임), 하책에 『함경황평양서도(咸鏡黃平兩西圖)』·『경내각사직품열록부(京內各司職品列錄附)』라고 표기하였다. 결국 정대영은 상책의 명칭으로서 전체 지도집을 대체하였으며, 『천하제국도』라고 불렀다. 이와는 대조적으로 규장각 소장본은 전체 지도집의 명칭이 존재하며, 『여지도(輿地圖)』라고 표기하였다. 상·하 책으로 나뉘지 않고, 앞뒤 면을 모두 점련하여 하나의 지도첩을 이루었다.[5] 이 밖에 두 지도집은 모두 채색 필사본으로서 규격이 좀 다르다. 프랑스본이 30㎝×17.5㎝이고, 규장각본이 31.8㎝×21.2㎝이다.

정대영은 규장각 소장 『여지도』의 제작 시기를 1735~1767년 즉 영조 11~영조 43년이라고 하였는데, 다음과 같은 문제점이 발견된다. 프랑스본에 기록된 '금상을묘(今上乙卯)'가 규장각본에 이르러 '영종을묘(英宗乙卯)'로 바뀐 것은 규장각본이 영조시기의 작품이 아님을 말해준다. 앞에서 말했듯이, 국왕의 묘호가 그의 생전에 나타날 수 없기 때문이다. 이 밖에 두 지도집의 부록에 있는 직관(職官) '각능전참봉(各陵殿參奉)'조를 통해서도 제작 시기를 알 수 있다. 그 내용을 살펴보면, 조선왕조 태조로부터 당대 국왕(왕후 포함)까지의 능호(陵號)·능지(陵址) 및 기일(忌日)을 기록하였는데, 프랑스본의 경우 경종과 그 왕후까지만을 기록하였다. 이에 비하여 규장각본은 경종 이후의 국왕과 왕후의 능호를 보충하였으며, 영종·정종·순종·익종 등 국왕이 포함되었다. 이로써 규장각 『여지도』의 제작 시기가 18세기 영조대가 아닌 19세기 헌종대임을 알 수 있다. 즉 헌종 재위기인 1834~1849년이다.

그렇다면 프랑스 소장 『천하제국도』의 제작 시기는 언제인가? 정대

---

5) 규장각 소장 『여지도』는 절첩식 지도이며 총 39장으로 구성되었다. 지도의 각 면의 앞뒤에 그림 또는 글이 있다.

영은 1767~1795년 즉 영조 43~정조 19년이라고 하였지만,[6] 제작 하한이 정조대에 이르지 못한다. 이 지도집의 부록에는 '금상을묘'(영조 11년, 1735)라는 기록 외에, 영조대를 상징하는 여러 기록이 보였다. 예컨대 '당조분무(當朝奮武)'라는 공신호가 있는데, 이는 영조 4년(1728)에 이인좌(李仁佐)의 난을 평정한 후 오명항(吳命恒) 등에게 내린 공신호로서 영조대에 한한다. 이 밖에 '만녕전 당저영정(萬寧殿 當宁影幀)'이라는 것은 영조의 초상화를 보전하던 전각의 명칭이다. 여기서 '당조'란 영조대를 가리키며, '당저' 역시 국왕 영조를 가리킨다. 이로써 『천하제국도』의 제작 시기가 영조대임을 알 수 있다. 이처럼 『천하제국도』에는 영조 및 그 이후의 국왕 묘호가 보이지 않으며, 그 앞의 경종까지이므로 영조대의 작품임이 확실하다.

다시 프랑스 소장 『천하제국도』의 지명 변경에 대해 알아보자. 정대영의 연구에 의하면, 경상도의 '안음(安陰)'·'산음(山陰)'이 1767년에 '안의(安義)'·'산청(山淸)'으로 변했는데, 이 지도집은 그러한 변화를 반영하여, '안의'·'산청'으로 표기했기에 1767년 이후의 작품이라는 것이다.[7] 이 점에 대해서는 필자도 동의한다. 이는 지도집의 제작 상한이다. 그러나 하한에 대해 다시 살펴볼 필요가 있다. 1777년에 평안도의 '이산(理山)'이 '초산(楚山)'으로 변했는데, 이 지도집은 여전히 '이산'으로 표기했기에 1777년 이전의 작품이다. 여기서 한발 더 나아가, 영조의 재위기가 1776년까지임을 고려할 때, 지도집의 하한이 1776년이다. 즉 다시 말해 프랑스 소장 『천하제국도』의 제작 시기는 1767~1776년(영조 43~52) 영조대이며, 정조대에 이를 수 없다.

---

6) 정대영, 「콜레주 드 프랑스(Collège de France) 소장 天下諸國圖 연구」, 65쪽.
7) 정대영, 「콜레주 드 프랑스(Collège de France) 소장 天下諸國圖 연구」, 65~66쪽.

이처럼 『천하제국도』와 『여지도』는 지도의 구성과 내용에 있어서 유사하지만, 지도집의 총칭, 지도의 배열순서, 조선팔도의 군현 순서 및 제작 시기가 다르다. 『천하제국도』의 제작 시기가 1767~1776년이고, 『여지도』의 제작 시기는 그보다 늦은 1834~1849년이다. 『천하제국도』가 『여지도』를 베낀 것이 아니라, 더 이른 시기의 공동 모본(母本)에 근거하여 재편되었을 것으로 생각된다.

2. 『천하제국도』와 『여지도』 속의 『목극등정계도』

프랑스 소장 『천하제국도』와 규장각 소장 『여지도』에는 『목극등정계도』가 포함되어 있는데, 이는 중요한 발견이라고 하지 않을 수 없다. 기존 연구에서 학자들은 다만 규장각 소장 『여지도』 속에 백두산정계지도가 들어 있는 줄로 알았다.[8] 두 폭의 『목극등정계도』를 비교해 볼 경우, 지리범위·산천형세 및 지명표식에 있어서 매우 유사하다. 동일한 모본에 근거하여 제작되었음이 확인된다. 그럼에도 불구하고 두 지도는 약간의 차이가 났다. 예컨대 제기의 내용, 백두산의 형태 및 지명표식이 좀 다르다. 아래에 두 폭의 『목극등정계도』(그림 6·7)를 비교 분석하여, 그 차이점에 대해 알아봄과 동시에 잘못 판독되었던 지명 표식을 시정하고자 한다.

두 폭의 『목극등정계도』(그림 6·7)는 백두산 남쪽 지리형세를 표현하고 있다. 압록강 상류와 두만강 상류 지역을 상세히 그렸는데, 서쪽의 혜산에서 시작하여 동쪽으로 무산에 이르렀으며, 북쪽의 백두산에서

8) 2006년 개인 소장 지도집에서도 『목극등정계도』가 발견되었다고 한다. 그러나 상세한 상황은 알 수 없다.

시작하여 남쪽으로 장백산(경성에 있는 관모봉)에 이르렀다. 북쪽의 송화강 수계는 간략하게 처리되었으며, 다만 발원지와 동쪽의 몇 갈래 물줄기만 그렸다.

이 두 지도의 가장 두드러진 특징은 1712년 백두산정계 노선을 그린 것이다. 두 갈래로 나뉘는데, 한 갈래가 접반사 박권 등이 지나간 남쪽 노선이고,[9] 다른 한 갈래가 청나라 오라총관 목극등이 지나간 북쪽 노선이다.[10] 이 두 길에는 작은 동그라미와 삼각형으로 일행의 주숙처를 나타내고 있는데, 김지남의 『북정록』과 박권의 『북정일기』와 맞아떨어졌다. 백두산 답사 및 정계 결과를 지도로서 표현하고 있다.

두 폭의 『목극등정계도』(그림 6·7)를 비교할 경우, 다음과 같은 네 가지 차이점이 발견된다.

첫째, 두 지도의 제기 내용이 다르다. 프랑스본(그림 6)의 경우, '壬辰穆克登胡定界時所模'라는 글귀가 적혀 있는 데 비해, 규장각본(그림 7)에는 '康熙五十一年 我肅宗三十八年壬辰 穆胡克登定界時所模 朴權定界使'라는 더 상세한 내용이 적혀 있다. 사료에 의하면, 목극등 정계 시 청나라 화원이 두 폭의 백두산 지도를 그렸는데, 하나는 숙종에게 전하였고, 다른 하나는 강희제에게 상주(上奏)하였다.[11] 그 이후 중국측 지도의 행방은 알 수 없지만, 조선측 지도의 모사본이 남게 된 것이다.

둘째, 두 지도의 지명표식이 좀 다르다. 프랑스본(그림 6)의 경우, 비석 오른쪽에 '옥관(玉關)'이라고 표기하였지만, 규장각본(그림 7)에

---

9) 박권과 김지남 등 연로자들이 경유한 노선에 관해서는 김지남의 『북정록』과 박권의 『북정일기』에 상세한 기록이 있다.

10) 목극등이 경유한 노선에 관해서는 김지남의 『북정록』과 박권의 『북정일기』 참조.

11) 김지남, 『북정록』, 5월 21·23일·24일조, 96~102쪽 ; 박권, 『북정일기』, 5월 24일조, 『백두산정계비자료집』(6), 2006년, 122쪽.

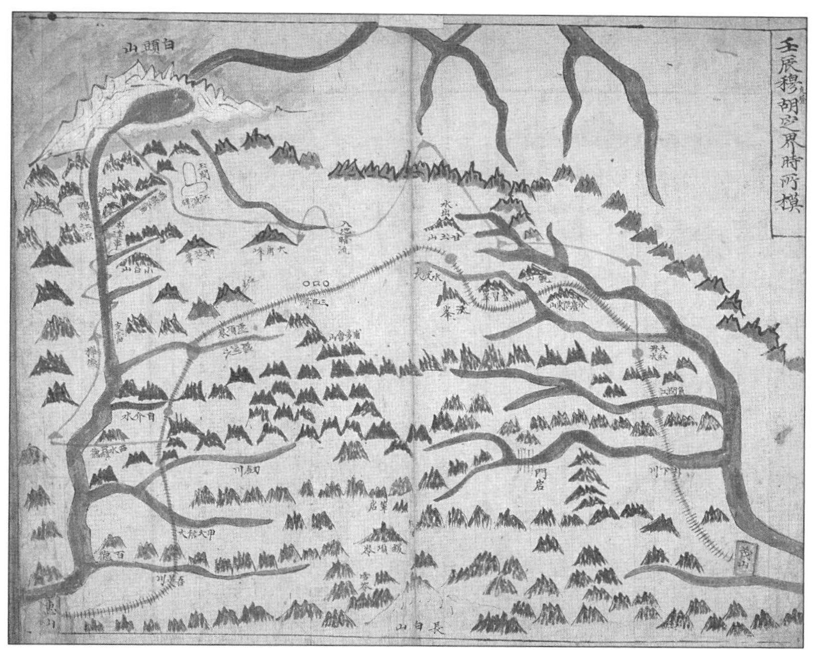

〈그림 6〉『목극등정계도』(『天下諸國圖』, 1767~1776, 콜레주 드 프랑스 소장, 국립중앙도서관 웹자료)

는 '옥문(玉門)'이라고 표기하였다. 기존의 연구에서 필자는 '옥문'을 '토문'으로 잘못 해석했는데 시정하는 바이다. 단지 규장각도(그림 7)를 놓고 볼 때, 비석 옆에 있는 '옥문'을 이해하기 어렵다. 그러나 프랑스도(그림 6)의 '옥관'을 연결시켜 생각해볼 경우, '옥문'이 맞다. 이는 정계비가 세워진 곳을 중국 한나라의 서쪽 관문인 옥문관(玉門關)에 비유하고 있으며, 국경의 중요한 관문으로 인식하고 있음을 말해준다.

이 밖에 프랑스본에는 비석 아래쪽에 '江源碑'를 표기하고 있으나, 규장각본에는 '江原碑'라고 잘못 표기하였다. 여하튼 이곳이 압록강·두만강 수원이 갈라지는 분수령임을 보여주며, 비문의 이른바 "서쪽으로 압록이고 동쪽으로 토문이며, 분수령에 돌을 세워 기록한다"를 뜻하였다.

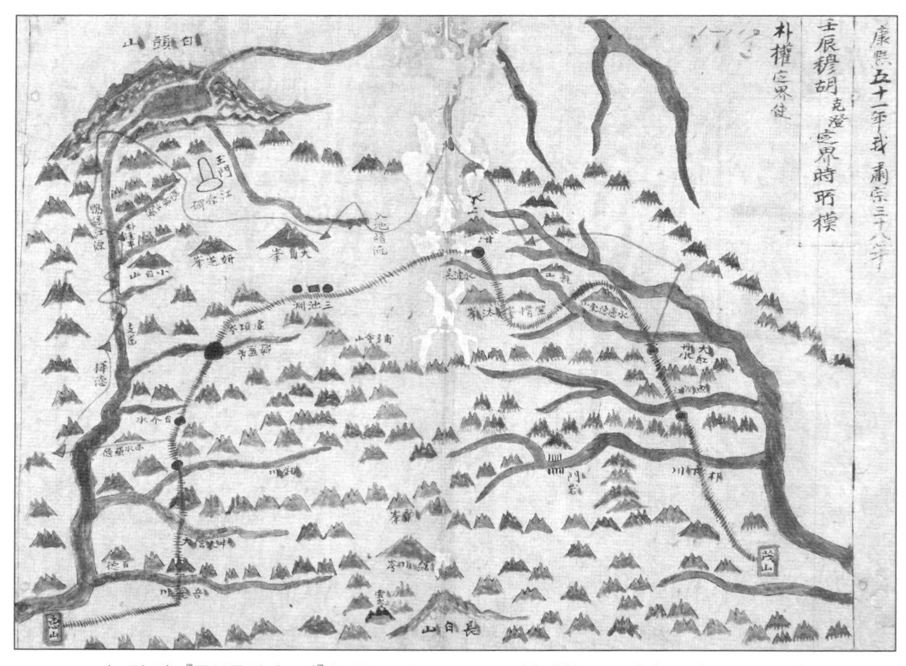

〈그림 7〉『목극등정계도』(『輿地圖』, 1834~1849, 서울대학교 규장각 소장, 규4709-1)

기타 지명에 있어서도 두 지도는 약간 다르다. 프랑스본에는 '완항령(緩項嶺)' 북쪽에 '연암(葦巖)'을 표기하고 있지만, 규장각본에는 '연봉(葦峰)'이라고 표기하였다. 1766년 백두산을 답사하고 쓴 서명응의 시문집에도 '연암'이라고 기록하였다. 그의 『유백두산기』에는 "동남으로 연암이 보이고, 동쪽으로 보다산(보다회산임)이 보이며, 동쪽으로 침봉이 보이고, 북쪽으로 소백산이 보인다."고 기록하였다.[12] 또한 그의 『백두산시』에는 "저 보다회산의 바위가 실로 백두의 자제로다. 여러 산봉우

12) 東南見葦巖 東見寶多山 東北見枕峰 北見小白山(서명응, 『유백두산기』, 『보만재집』 권8, 23쪽, 민족문화추진회 편, 『(영인표점)한국문집총간』 233책, 1999년, 223쪽).

리가 줄서 있는 것이 마치 선녀가 향주머니를 달고 있는 것과 같도다. 동남으로 연암을 기대고 있는 것이 마치 제왕의 속차(屬車) 행렬과 비슷하도다."라는 시구가 전한다.[13] 백두대간을 묘사한 글귀이다.

한편 두 지도는 동일한 착오가 발견되기도 한다. '수노은동산(水盧隱東山)' 중의 '수(水)'자가 연문(衍文)으로서 '노은동산'이 정확하다. 압록강 상류에 '신대신대(申大信大)'라고 한 것은 '신대신수(申大信水)'의 착오이다.[14] 이로써 두 지도가 동일한 모본의 착오를 답습하고 있음을 알 수 있다.

셋째, 백두산을 그린 것이 좀 다르다. 프랑스본(그림 6)의 경우, 백두산과 그 남쪽의 장백산(경성 관모봉)을 흰색으로 그렸다. 이 두 산의 해발고도가 높고 여름이 짧으며, 사계절 머리 위에 흰 눈을 이고 있기 때문이다. 이에 비해 규장각본(그림 7)은 백두산과 장백산(경성 관모봉)을 모두 푸른색으로 그렸다.

백두산 부근 수계를 그린 것도 좀 다르다. 다 아시다시피, 백두산은 3대 수계 즉 압록강·두만강·송화강의 발원지이다. 이 중에서 북류하는 송화강만이 천지물과 연결되어 있고(폭포로 떨어져 이도백하를 형성함), 다른 두 수계는 천지물과 연결되지 않았다. 이 두 지도의 공통점은 압록강 서원(西源)을 천지물과 연결시킴과 동시에, 두만강 수원은 천지물과 연결시키지 않았다. 그 차이점에 대해 생각해보면, 규장각본의 경우 좀 늦은 시기 작품으로서 송화강이 천지에서 발원함을 알고 있었기에 양자를 이어놓았을 것이다. 그렇다면 두 지도가 압록강 서원

13) 巖巖彼寶多 實爲此山冑 群巒列在傍 仙女珮容臭 東南依輦巖 象以屬車副(서명응, 「백두산시」, 『보만재집』 권1, 24쪽, 민족문화추진회 편, 『(영인표점)한국문집총간』 233책, 1999년, 82쪽).

14) 박권, 『북정일기』, 5월 7일조, 119쪽.

을 천지물과 이어놓은 까닭은 무엇일까? 이는 목극등을 수행하여 천지에 올랐던 조선의 차사원·군관·역관이 압록강 서원을 경계로 할 것을 다툰 것과 무관하지 않다고 생각된다.

넷째, 두 지도의 보존 상태가 다르다. 프랑스본은 제작 시기가 이르지만 보존 상태가 양호하다. 규장각본은 좀 먹은 곳이 여럿 보이며, 어떤 글은 판독하기 어렵다. 예를 들어, 프랑스본(그림 6)의 경우, 두만강 용출처(湧出處)에 '감토산(甘土山)'이라고 표기하였지만, 규장각본(그림 7)에는 '감(甘)'자만 보일 뿐, 다른 글자는 판독할 수 없다. 이 밖에 프랑스본은 감토산 위에 '수출(水出)'이라는 글이 뚜렷이 보이지만, 규장각본은 어렴풋하다. 이른바 두만강 물이 복류하다가 감토산 근처에서 땅위로 솟아난다는 뜻을 표현하고 있다. 이는 『숙종실록』의 기록과 맞아떨어진다. 그 상세한 내용인즉, "감토봉(쌍목봉 또는 쌍두봉임) 아래 약 일식(一息)에서 땅속에서 솟아나 무릇 3파인데 두만강이라고 한다."이다.[15] 여기서 일식이란 약 30리(12.6㎞)이며,[16] 두만강 용출처 즉 발원지가 쌍목봉 동쪽 약 30리에 있는 홍토수임을 알 수 있다.[17]

이상에서 보았듯이, 두 폭의 『목극등정계도』는 소수의 지명과 백두산 표현이 다를 뿐, 기타 내용은 매우 유사하므로 동일한 모본에 근거해

---

15) 甘土峰下一息許 始自土穴中湧出 凡三派 而爲豆滿江云(『숙종실록』 권51, 숙종 38년 5월 정유).

16) 조선시대 사용된 尺은 주로 黃鐘尺·營造尺·布帛尺·周尺·造禮器尺 등이 있다. 이 중에서 주척은 里程·거리를 측정하는 데 사용되었다. 조선시대 1주척은 약 20㎝이며, 1步=6尺, 1리=350步이므로, 1리는 약 420m이다(한국학중앙연구원 편, 『한국민족문화대백과사전』 도량형, 1988~1991년 ; 인터넷 네이버 지식백과 및 이종봉, 「조선후기 도량형제 연구」, 『역사와 경계』 53, 2004년 참조).

17) 사료에 나오는 감토봉(甘土峰)을 쌍목봉(쌍두봉)에 비정한 연구는 이화자, 『백두산 답사와 한중국경사』, 혜안, 2019년, 129~161쪽 참조.

서 제작되었음을 알 수 있다. 두 지도는 백두산 남쪽과 동쪽에 위치한 압록강·두만강 상류의 지리형세를 표현하고 있으며, 가장 두드러진 것이 정계비의 위치, 압록강·두만강 수원 및 목극등 정계 시 두 갈래 노선을 그린 것이다. 백두산정계 결과를 지도로서 표현하고 있다.

3. 『목극등정계도』와 청나라 화원이 그린 '백산도'와의 관계

사료에 의하면, 목극등 정계 시 그를 동행하였던 청나라 화원이 연로의 산수 형세를 지도로 그렸으며, 특히 백두산 주위의 지리형세를 지도로 그렸는데 '백산도(白山圖)'라고 불렀다. 역관 김지남의 요청에 따라 목극등이 '백산도'를 조선에 증여하게 되었는데, 동일한 지도를 두 폭 그려서 하나는 국왕에게 전하도록 하고, 다른 하나는 강희제에게 상주(上奏)하였다.[18] 후자의 경우 『황여전람도』를 그리기 위한 기초 작업이었다.

아래 문헌 자료를 통하여 청나라 화원이 그린 백산도의 특징에 대해 알아봄과 동시에 『목극등정계도』와 비교하여 양자 관계를 밝혀보기로 하자.

첫째, '백산도'의 지리범위는 백두산 남쪽 조선 지역을 표현하였다. 예컨대 목극등이 무산에서 역관 김지남에게 이르기를 "이는 백산 남쪽 조선 지방 도본입니다. 두 본을 그려 하나는 황제에게 상주하고 다른 하나는 마땅히 국왕에게 보낼 것입니다. 아직 다 그리지 못했으며, 다 그린 후 내보낼 것입니다. 당신(김지남임)이 중신(박권·이선부를

18) 『숙종실록』 권51, 숙종 38년 5월 정유 ; 김지남, 『북정록』, 5월 8일·21일·23일·24일·25일조, 87·97~102쪽 참조.

가리킴)에게 고하여, 돌아간 후 국왕에게 알리시오."라고 하였다.[19)]

박권의 일기에도 '백산도'의 지리범위를 알 수 있는 내용이 들어 있었다. 그는 백두산정계를 통하여 조선에서 얻은 땅의 범위를 다음과 같이 기술하였다.

> 오시천에서 어윤강에 이르고, 장백산(경성 관모봉임)이북 백두산이남 주위의 천여 리 땅이 우리나라 땅이었다. 그러나 『여지승람』과 『북관지』에서 '피지(彼地)'라고 기록하였기에, 우리나라의 채렵자들은 월경의 법을 어길까 두려워 마음대로 왕래할 수 없었다. 지금 계한이 이미 정해졌으므로, 연변의 사람들이 이러한 곳이 모두 우리나라 경내임을 알게 되었다. 그 사이 서수라덕·허항령·완항령 등 곳과 보다회산의 좌우 전후가 모두 삼전이고, 초서(貂鼠)가 산출된다. 백두산 아래 이른바 천평·장파 등 곳은 자작나무가 우뚝 서 있는 것이 일망무제하다. 만약 삼갑(삼수·갑산임)·무산 세 읍의 백성으로 하여금, 이곳에서 채취하는 것을 허락할 경우 의식(衣食)이 충족해질 것이다.[20)]

즉 동쪽의 압록강 상류 오시천에서 시작하여, 서쪽의 두만강 상류 어윤강에 이르며, 남쪽의 경성 관모봉에서 시작하여 북쪽의 백두산에

---

19) 此是白山以南朝鮮地方圖本也 畵出二本 一則歸奏皇上 一則當送國王 而繕寫未完 完後出給 你告重臣 歸達國王前可也(김지남, 『북정록』, 5월 23일조, 100쪽).

20) 自吾時川至魚潤江 長白山以北 白頭山以南 周圍千餘里之地 本是我國之土 而以輿地勝覽及北關志中 皆以彼地懸錄之 故我國人之採獵者 恐犯潛越之禁 不敢任意往來是白如乎 今則界限旣定 沿邊之人皆知此地明爲我境 其間西水羅德 虛項嶺 緩項嶺等地 及甫多會山左右前後 皆是蔘田是白遣 貂鼠則在在產出是白乎□ 白頭山下所謂天坪長坡等地 樺木簇立 一望無際 三甲茂山三邑之民 若許採於此中 則衣食自可饒足是白在果(박권, 『북정일기』, 130~131쪽).

이르기까지 모두 조선 영역이 되었다는 것이다. 다시 말하여 백두산 남쪽이 모두 조선 경내라는 뜻이다. 이는 목극등이 앞에서 말한 이른바 "이는 백산 남쪽 조선 지방 도본(圖本)입니다."와 연결시켜 볼 경우, 백산도의 지리범위에 속함을 알 수 있다. 또한 이를 『목극등정계도』의 지리범위와 비교해 볼 경우 거의 일치한다.

둘째, '백산도'에는 복류하는 두만강 물줄기와 수원이 그려져 있었다. 기록에 의하면, 어윤강변에서 목극등과 박권이 두만강 수원에 대해 논의할 때, "목극등이 산도(山圖)를 꺼내어 일일이 가리키며 말하기를, '내가 조선 사람들과 산에 있을 때 형세를 자세히 살펴보았고, 산을 내려온 후 수원을 두루 찾아보았으며, 이 물 외에는 실로 다른 물이 없습니다.'"라고 하였다.[21] 여기서 목극등이 말하는 두만강 수원이란 홍토수를 가리키며, 박권이 다툰 두만강 수원은 임강대 근처에서 두만강에 합류하는 오늘날 홍기하를 가리킨다.[22] 이 밖에 두만강 발원지까지 설책(設柵)하는 일에 대해 논의할 때, "총관(목극등임)이 지도를 꺼냈으며, 두 사신(박권·이선부임)으로 하여금 자리에 가까이 하도록 하여, 일일이 가리키면서 그 사이 거리가 멀고 가까움, 물이 끊기는지 여부에 대해 누누이 말한 것이 천백번에 이르렀다."는 것이었다.[23] 이처럼 두 사람의 대화는 두만강 단류처(斷流處)에 설표하기 전의 일이므로, 백산도에는 토석퇴·목책 등 인공 표식물이 그려져 있지 않을 것으로 짐작된다. 이는 『목극등정계도』를 통해서도 확인된다. 〈그림

21) 穆克登卽出山圖 一一指示 曰 我與鮮人在山時 詳察形勢 下山後 遍尋水源 此水之外 實無他水(김지남, 『북정록』, 5월 21일조, 96~98쪽).

22) 박권이 다툰 진정한 두만강 수원이란 임강대 근처에서 두만강에 합류하는 오늘날 홍기하임을 밝힌 연구는 이화자, 『백두산 답사와 한중 국경사』, 169쪽 참조.

23) 總管卽出山圖 令二使離席近前 親手一一指示 其間道里遠近 斷流與否 縷縷言說 不啻千百(김지남, 『북정록』, 5월 23일조, 99쪽).

6·7〉과 같이, 물이 땅속에서 흐르는 곳(入地暗流)과 물이 솟아나는 곳(水出)만 그렸을 뿐, 후세 지도에 전하는 토석퇴·목책 등 인공 표식물은 그리지 않았다.

셋째, '백산도'의 동쪽 지리범위가 무산에 이르렀다. 그렇지 않을 경우 목극등이 무산을 지나자마자 백산도를 조선측에 넘겨줄 리가 없었다.[24] 그렇다면 서쪽 범위가 혜산에 이르는 것일까? 이에 대한 상세한 기록은 없다. 다만 목극등이 조선의 두 사신에게 보낸 자문(咨文)에서, "무산과 혜산에 가까운 물이 없는 곳에", "방비를 견고하게 설치하여, 여러 사람들로 하여금 변계가 있음을 알게 하고, 감히 월경하지 못하도록 해야 합니다."[25]라는 내용으로 보아, 두 나라 경계가 모호한 곳은 백두산 남쪽 무산·혜산 사이이므로 백산도에 이곳 지리형세를 그렸을 가능성이 크다. 즉 다시 말하여, 목극등 정계 결과를 지도로서 표현함으로써 후세에 사실무근이지 않도록 함과 동시에 어느 한쪽에서 비석을 움직이는 것을 막고자 하였다. 문헌 자료(목극등의 자문과 두 사신의 답서)[26] 외에 지도 자료를 증거로서 남기고자 한 의도가 엿보인다.

넷째, '백산도'에는 두 개의 압록강 수원이 존재하며, 하나가 동원이고 다른 하나가 서원이다. 기록에 의하면, 처음에 '백산도'에는 하나의 압록강 수원만이 그려져 있었는데 동원이었다. 그러나 조선측에서 지도를 넘겨받은 후 잘못되었음을 발견하였다. 천지 근처의 압록강

---

24) 김지남, 『북정록』, 5월 24일조, 101~102쪽 ; 박권, 『북정일기』, 5월 24일조, 122쪽.

25) 『동문휘고』 원편 권48, 疆界, 1책, 907쪽 참조. 김지남의 『북정록』, 5월 28일조(101~102쪽)에도 동일한 내용의 목극등 자문이 들어 있다.

26) 목극등의 자문과 조선의 두 사신의 답서는 『동문휘고』 원편 권48, 疆界, 제1책, 907쪽 참조.

물줄기가 두 개 있는데, 동원에만 '압록강원'을 표기하고 서원에는 표기하지 않았다. 이에 접반사 박권은 조선의 영토가 감축될 우려가 있어 조선에 불리하다고 여겨, 역관 김지남을 목극등에게 보내 이를 논의하도록 하였다. 김지남이 서울로 돌아간 후 국왕에게 고할 길이 없다고 하자, 목극등은 부득이 지도의 압록강 서원에 '압록강원'이라는 네 글자를 적어 주도록 하였다. 이 물줄기인즉 목극등이 백두산에 있을 때, 조선의 차사원·군관·역관이 압록강 동원과 함께 비석을 세울 것을 요구하여 거절당한 물줄기였다.[27]

한편 『목극등정계도』를 통해 볼 경우, 압록강 서원이 천지물에 닿아 있었으며, 두만강 물줄기(복류하는 물줄기)와 '인(人)'자 형을 이루어, 비문에 이른바 '서위압록, 동위토문'이라는 뜻을 구현하였다. 즉 압록강 서원이 경계임을 나타낸 것이다. 그 이후 목극등은 조선측 지도에만 '압록강원'을 표기하고, 황제에게 올릴 주본(奏本)에는 이를 표기하지 않을 경우 성실하지 못하다고 여겨, 황제에게 올릴 주본에도 서원에 '압록강원'을 표기하였다.[28] 이로써 청나라와 조선 양측 지도에 두 개의 압록강원이 존재하게 되었으며, 동원이 백두산 남쪽에서 발원하고, 서원이 그 서북쪽에서 발원하였다.[29]

이상에서 보았듯이, 백산도에는 압록강 동원과 서원이 있고, 두만강 수원은 단류(斷流)하는 물과 솟아나는 물이 있으며, 지리범위는 동쪽으로 두만강 상류 무산에 이르고, 서쪽으로 압록강 상류 혜산에 이르며, 주로 백두산 남쪽 조선의 지리형세를 표현하였다. 백산도의 이 같은 특징은 두 폭의 『목극등정계도』와도 일치한다. 이로써 청나라 화원이

27) 김지남, 『북정록』, 5월 24일조, 101~102쪽.
28) 김지남, 『북정록』, 5월 25일조, 102쪽.
29) 김지남, 『북정록』, 5월 24일조, 101~102쪽.

그린 '백산도'가 『목극등정계도』(그림 6·7)의 모본(母本)이라고 할 수 있다. 특히 후자의 제기에 '임진 목호 극등 정계 시 모사'라고 한 것은 양자의 관계를 잘 보여주는 대목이다. 비록 오늘날 백산도의 원본은 찾아볼 수 없지만, 콜레주 드 프랑스 소장 『천하제국도』와 규장각 소장 『여지도』에 그 모사본이 전함으로써 백두산정계 연구의 귀중한 영상 자료를 남기게 되었다.

4. '이비설'에 대한 분석

정계비가 이동되었다는 '이비설'은 1885·1887년 을유·정해 공동감계 때 중국측 감계 대표가 처음 발설한 것이다. 즉 정계비가 천지 동남쪽에 있는 소백산이나 그 동남쪽에 있는 삼지연에서 천지 근처로 이동되었다는 것이다.

이비설을 내놓게 된 이유는 다음과 같았다. 첫째로 정계비 동쪽에 있는 흑석구(복류처)가 두만강 수원과 연결되지 않고 송화강 지류와 가까이 있어, 비문에 이른바 "서위압록, 동위토문, 분수령에 돌을 세워 기록한다"와 부합되지 않았기에, 비석의 위치가 이동되었다고 보았다. 조선 사람들의 이른바 토문·두만 2강설도 여기서 연유된 것이다.

둘째로 정계비 위치가 천지 가까이에 있어 청의 발상지로 간주되는 백두산에 구애될 뿐만 아니라 송화강에 구애되므로 그 남쪽에 있는 소백산이나 삼지연을 분수령으로 삼아 경계를 나누고자 하였다.

요컨대 이비설의 이면에는 흑석구를 송화강 상류로 보는 지리인식이 깔려 있었으나, 목극등 정계 시에는 흑석구를 두만강 수원이 복류하는 부분으로 인식하여 경계로 정했으며, 그 동남 기슭에 토퇴·석퇴를

설치하였다.[30)]

조선측도 흑석구를 송화강 상류로 간주하였다. 그럴 경우 비문의 이른바 '동위토문'이란 두만강을 가리키는 것이 아니라 송화강 상류를 가리키며, 조청 양국은 두만이 아닌 토문을 경계로 한다고 주장하였다. 즉 토문·두만 2강설이다. 그 배경에는 19세기 60~70년대 이후 함경도 변민들의 두만강 이북 간도 지역으로의 월경 개간 및 대규모 이민이 이루어진 것과 연관된다. 두만강이 아닌 토문강을 경계로 할 경우, 조선 변민들에 의해 개간된 두만강 이북 간도지역이 조선에 속하게 됨으로, 종성·회령의 지방관과 변민들은 2강설을 지지하였다. 1883년 서북경략사로 함경도 지역에 파견되었던 어윤중(魚允中)이 백두산에 사람을 보내 답사한 후, 토문·두만 2강설을 내놓게 되었다.[31)]

이처럼 1885년 제1차 감계담판 때, 조청 양측 대표는 두만강을 경계로 하는지 여부를 놓게 치열하게 다퉜다. 중국측 대표는 두만강을 경계로 함을 강하게 주장함과 동시에, 정계비가 삼지연이나 소백산에서 천지 근처로 옮겨졌다고 하여, 조선측의 '토문강=송화강'설을 반박하였다. 그러나 제1차 공동 감계를 통하여 조선측 주장에 변화가 생겼다. 조선측 감계 대표였던 이중하가 두만강 상류 홍토산수(홍토수) 근처에서 답사할 때, 숲 속에서 목책의 흔적을 발견하였다. 이를 통해 그는 정계비·흑석구와 두만강 사이에 토석퇴·목책이 이어졌음을 알게 되어, 토문·두만 2강설을 포기하였다. 즉 다시 말하여 토문·두만이 동일한 강임을 알게 된 것이다. 그 경과를 그의 비밀보고서인 '추후별단

---

30) 이화자, 「중국·북한 국경 답사기: 백두산 토퇴군(土堆群)의 새로운 발견」, 『문화역사지리』 24-3, 2012 ; 이화자, 「백두산정계의 표식물: 흑석구(黑石溝)의 토석퇴에 대한 새로운 고찰」, 『동방학지』 162집, 2013년 6월.

31) 김노규, 『북여요선』, 양태진, 『한국국경사연구』, 법경출판사, 1992년, 350쪽.

(追後別單)'에 기록하고 있다.[32)]

1887년 제2차 감계담판 때, 조선측은 토문·두만이 동일함을 인정하였고, 정계비·흑석구 및 홍토산수로써 경계를 정할 것을 요구하였지만, 받아들여지지 않았다.[33)] 청측 대표는 여전히 흑석구를 송화강 상류로 간주하였고, 정계비의 위치를 옛 경계로 인정하지 않았다. 그리하여 천지 동남쪽에 있는 삼지연과 홍단수를 잇는 선으로써 경계를 정할 것을 요구하여, 홍단수의 합수목에 비석 열 개를 갖다 놓았다.[34)] 이에 대해 조선측이 강하게 반대하자 청측은 한발 물러나 그 북쪽에 있는 소백산과 석을수로써 경계를 정할 것을 요구하였다. 결국 양측 대표는 합의에 이르지 못하고 담판이 무산되었다. 그 이후 길림장군이 광서제에게 올린 주문에서 소백산·석을수를 따라 "화하금당고(華夏金湯固) 하산대려장(河山帶礪長)"이라는 '십자비(十字碑)'를 세울 것을 요구하였지만, 조선측의 반대로 이루어지지 못하였다.[35)]

여하튼 두 차례 감계담판을 통하여 양측은 홍토수·석을수 합류처 이하에서 두만강을 경계로 함에는 합의를 보았지만, 발원지에 대해서는 여전히 합의를 보지 못하였다. 청측은 끝까지 백두산 천지 근처에 있는 입비처를 옛 경계로 인정하지 않았고, 이로 인하여 후세에 이비설이 재발할 가능성을 열어놓게 되었다.

러일전쟁 이후 일본이 간도 귀속문제를 외교 현안으로 제기함에

---

32) 이중하, 『추후별단』, 1885년, 『토문감계』(규21036)에 수록됨.

33) 1885·1887년 을유·정해 감계에 대해서는 이화자, 『한중국경사 연구』, 123~172쪽 ; 이화자, 『백두산 답사와 한중 국경사』, 182~208쪽 참조.

34) 이중하, 『정해장계』, 1887년, 『토문감계』(규21036)에 수록됨.

35) 고려대학교 아세아문제연구소 편, 『구한국외교문서』 제8권, 청안1, 고려대학교출판부, 1970년, 437·445쪽 ; 『琿春副都統衙門檔案』(摘錄), 吉林將軍衙門來文, 광서 14년 5월 29일, 楊昭全·孫玉梅 주편, 『中朝邊界沿革及界務交涉史料匯編』, 吉林文史出版社, 1994년, 1230~1232쪽 참조.

따라, 1907년 중일간에 간도문제를 둘러싼 담판이 시작되었다. 이에 맞서기 위해, 청나라 동삼성 총독이었던 서세창(徐世昌)이 연길변무방판(延吉邊務幇辦) 오록정(吳祿貞)을 백두산에 보내어 국경을 답사하게 하였다. 그가 쓴 보고서에는 두만강을 경계로 함을 강하게 주장함과 동시에 이비설을 재차 제기하였다. 즉 비석이 조선 개간민에 의해 소백산에서 백두산 천지 근처로 옮겨졌다고 보았다.[36] 또한 소백산·석을수를 따라 세웠던 '십자비'가 조선 개간민에 의해 파괴되었다는 이른바 '훼비설(毁碑說)'을 내놓기도 하였다.[37] 이 같은 주장은 후세 학자들에게 영향을 미쳐, 이른바 이비설과 훼비설이 끊이지 않았다. 어떤 이는 소백산 이비설을 주장하는가 하면, 어떤 이는 삼지연으로부터 비석이 여러 차례 옮겨져 백두산 천지 근처에 이르렀다고 주장하였다.[38]

후세 학자들의 이비설은 을유·정해 감계 및 그 이후 오록정의 주장과 일맥상통하는 것으로서, 단지 비석의 위치가 비문의 내용과 일치하지 않다는 이유로 정계비의 위치를 의심하거나 흑석구가 경계임을 부정하고 있지만, 이는 백두산정계의 진실을 왜곡하는 것으로써 반드시 극복되어야 한다. 중국측 정계 자료의 부족도 이비설을 부추기는 요인으로 작용하였다.

중국측 정계 자료를 살펴보면 다음과 같다. 『청성조실록』에 1711년과 1712년 목극등을 백두산에 보낸다는 두 조목 외에,[39] 강희 『황여전람

36) 吳祿貞, 『延吉邊務報告』, 李澍田 주편, 『長白叢書』 初集, 吉林文史出版社, 1986년, 70~72쪽.

37) 吳祿貞, 『延吉邊務報告』, 73~74쪽.

38) 陳慧, 『穆克登碑問題硏究-淸代中朝圖們江界務考證』, 中央編譯出版社, 2011년, 165~177쪽.

39) 『淸聖祖實錄』 권246, 강희 50년 5월 계사, 中華書局, 1986년, 제6책, 441쪽 ; 권247, 강희 50년 8월 신유, 제6책, 448쪽.

도』에 정계 결과가 반영되어 있다. 그 외 제소남의 『수도제강』은 『황여전람도』에 근거하여 서술되었고,[40] 『청회전도(淸會典圖)』에 두만강 수원과 압록강 수원에 대한 기록이 있다.[41] 이 밖에 나이토 고난이 1905년 성경 상봉각에서 발견한 만문장백산도가 『황여전람도』의 기초도이며, 목극등의 두 차례 답사 및 백두산정계 결과를 반영하고 있음이 확인된다.

위와 같은 양측 자료를 통하여, 목극등이 세운 정계비가 천지 동남 기슭에 있으며, 그가 정한 두만강 수원은 흑석구 하류에 가까운 홍토수이고, 압록강 수원은 동원과 서원으로 나뉘며, 동원이 흑석구 서쪽에 있는 연지천이고, 서원이 시령하(時令河, 오늘날 북·중 국경)[42]임이 확인된다.

여하튼 이비설은 을유·정해 감계 때 중국측 대표가 처음 발설하였다. 이는 천지 귀속문제와 직결된 것으로써, 청의 발상지로 간주되는 천지를 중국 영토에 포함시키고자 하여, 양국 경계를 그 동남쪽에 있는 소백산 또는 삼지연으로 정하고자 하였다. 한편 흑석구를 잇던 목책이 다 부식되어 없어져, 정계비·흑석구와 두만강 사이가 끊기게 된 것도 정계비 위치를 의심하고 이비설을 부추기는 요인으로 작용하였다.

백두산정계 연구에 있어서 양측의 문헌자료 외에 지도 자료의 중요성이 돋보인다. 조선측 지도 자료의 경우, 프랑스 및 규장각 소장 『목극등정계도』와 같이 정계비의 위치를 천지 동남 기슭에 그리고 있다. 비록 중국측에는 정계비의 위치를 그린 지도를 찾지 못하였지만,

---

40) 齊召南, 『水道提綱』 권26, 東北海諸水·土門江, 『景印文淵閣四庫全書』, 臺灣商務印書館, 1986년 영인본.

41) 『欽定大淸會典圖(嘉慶)』 권91, 輿地, 文海出版社, 1992년 영인본, 3176쪽.

42) 1962년에 체결된 『中朝邊界條約』과 1964년 체결된 『中朝邊界議定書』 참조(서길수, 『백두산 국경 연구』, 여유당, 2009년, 부록).

'만문장백산도'와 같이, 목극등 답사의 두 갈래 노선을 그린 것이 조선측 『목극등정계도』와 거의 일치한다. 이를 통하여, 목극등이 정한 압록강·두만강 수원이 그가 경유한 노선에 있으며, 두 강원 사이가 분수령이고 입비처임을 알 수 있다. 이 밖에 『황여전람도』에는 '토문강색금' 즉 두만강수원을 표기하고 있어, 목극등이 정한 두만강 수원이 홍토수임이 확인된다. 이로써 이른바 정계비가 소백산 또는 삼지연에서 천지 근처로 이동되었다는 이비설은 설자리를 잃게 된다.

5. 맺는말

콜레주 드 프랑스 소장 『천하제국도』와 규장각 소장 『여지도』는 조선시대 13장본 '천하여지도류팔도도'에다가 1684년(강희 23)에 편찬된 『성경통지』의 『성경여지전도』와 『목극등정계도』가 포함되었다. 이로써 지도 제작자가 중국 동북 지역과 조선 북부 변경에 대해 중시하고 있음을 알 수 있다. 이는 영조대 '영고탑패귀설'로 대표되는 청에 대한 위기의식이 강했던 사회적 분위기와 맞아 떨어진다. 두 지도집에 나타난 지명 변화를 살펴보고, 또 프랑스본에는 영조 이전의 국왕 묘호(경종까지)만 나타날 뿐, 그 이후의 국왕 묘호가 나타나지 않는데 비해, 규장각본에는 영조 이후의 국왕 묘호 즉 정종·순종·익종 등의 국왕 묘호가 나타남을 고려할 때, 프랑스본은 영조대의 작품으로서 1767~1776년에 제작되었으며, 규장각본은 그 이후 헌종 재위기인 1834~1849년에 제작되었음을 알 수 있다.

두 폭의 『목극등정계도』의 모본은 목극등 정계 시 청나라 화원이 그린 백산도일 가능성이 크다. 동일한 모본을 근거로 제작되었지만,

서로 다른 시기의 작품으로서 지명 표식이나 백두산을 그린 것이 차이가 난다. 예를 들어 하나는 입비처에 '옥관'이라고 표기하였고, 다른 하나는 '옥문'이라고 표기하였다. 이는 입비처를 한나라 서쪽 관문인 옥문관에 비유하여, 국토의 끝부분이고 국경의 중요한 관문임을 나타낸 것이다. 백두산을 그린 것도 약간 다르다. 하나는 흰색으로 그렸고 다른 하나는 녹색으로 그렸다. 지명에 있어서도 약간 다르다. 하나는 '연암'이라고 표기하였고 다른 하나는 '연봉'이라고 표기하였다. 동일 모본의 착오를 답습한 점도 발견되며, '수노은동산'의 '수'자가 연문(衍文)으로서 노은동산을 가리키며, '신대신대'는 '신대신수'의 착오이다.

이처럼 두 폭의 『목극등정계도』는 목극등 정계 시 조선에 넘겨준 백산도에 근거하여 모사되었을 것이며, 이는 제기의 내용을 통해서도 확인된다. 비록 제작 시기가 다르지만 거의 동일한 내용을 담고 있어서 상호 보완되며, 문헌 자료의 부족함을 보충할 수 있다. 특히 설책(設柵) 이전의 정계 사실을 보여주는 귀중한 영상 자료이다.

이른바 비석이 소백산에서 백두산으로 옮겨졌다는 이비설은 처음에 을유·정해 감계 때 중국측 감계 대표에 의해 발설되었는데, 흑석구를 잇던 목책이 다 부식되어 비문에 이른바 '서위압록, 동위토문'과 맞지 않기 때문이었다. 다른 한편으로 정계비의 위치가 백두산 천지 가까이에 있어서 청의 발상지로 간주되는 백두산에 구애된다고 여겨, 그 남쪽에 있는 삼지연 또는 소백산을 경계로 하고자 한 의도가 깔려 있었다. 이 같은 주장은 1907년 연길변무방판이었던 오록정을 거쳐 후세 학자들에게 영향을 미치게 되었다.

이비설은 목극등 정계의 진실을 왜곡하는 것으로서 반드시 극복되어야 한다. 양측에 남아 있는 문헌자료와 지도 자료를 통하여 정계비의 위치, 압록강·두만강 수원을 밝힐 수 있다. 중국측 지도 자료의 경우 비록 정계비 위치가 표기되어 있지 않지만, '토문강색금'이라는 문자 표기가 있어서, 목극등이 정한 두만강 수원이 오늘날 홍토수임이 확인된다. 또한 성경 상봉각에서 발견된 '만문장백산도'의 경우 『황여전람도』의 기초도로서, 백두산 천지 남쪽에 표기한 두 갈래 길이 조선측 지도인 『목극등정계도』와 거의 일치한다. 이로써 목극등의 답사 노선이 천지 가까이에 있으며, 이른바 소백산·삼지연 이비설은 설자리를 잃게 된다.

조선왕조의 『서북계도(西北界圖)』: 청나라 지도·지리지와의 관계

머리말

『서북계도』(서울대 규장각 소장: 고4709-89)는 조선시대 '피아(彼我)' 류 관방지도에 속한다. 여기서 피란 청조를 가리키며, 아란 조선왕조를 가리킨다. 중국 영역이 포함될 뿐만 아니라, 조선 영역도 포함되었다. 1706년 이이명(李頤命)이 만든 『요계관방도(遼薊關防圖)』와 유사한 지도로서,[1] 청과 조선 사이 육지와 바다가 인접한 지역의 관방 형세를 나타냈다. 『서북계도』의 제작 연대가 『요계관방도』보다 늦으며, 청과 조선 사이 접경 지역의 도시·도로·진보(鎭堡)·역참·유조변 변문·봉수 등의 지리 정보를 나타내고 있을 뿐만 아니라, 점선으로 양국의 육상·해상 경계를 표시하고 있어 관방지도이자 국경지도라고 할 수 있다.

『서북계도』가 참고로 한 양측 모본에 대하여, 일부 학자의 경우,

1) 병조판서 이이명이 명나라 선극근(仙克謹)이 지은 『주승필람(籌勝必覽)』과 청조의 『산동해방지도(山東海防地圖)』 및 『성경통지』(강희 23) 등을 참고하고 또 조선의 관북과 관서 지역을 보충하여 『요계관방도』를 만들었다. 비단 위에 채색으로 필사하였으며, 길이 600㎝이고 너비 136㎝이다. 서울대학교 규장각에 소장되어 있다.

정상기(鄭尙驥)의 『동국지도』에 근거하여 편찬하였으며, 『고금도서집성(古今圖書集成)』(1728년) 직방전(職方典) 지도 및 조선 관찬 『해동지도』(1750년대)를 참고한 것이라고 주장하였다.[2] 필자의 경우 조선도의 모본에 대해서는 동의하지만, 중국도의 모본에 대해서는 의견이 다르다. 왜냐하면, 『서북계도』의 만주 3장군 지역 지도가 『고금도서집성』 직방전 지도와 일치하지 않기 때문이다. 특히 『고금도서집성』에 포함되지 않은 '우수리강도(烏蘇里江圖)'·'압록강도' 및 '흑룡강도'의 내용이 들어 있었다. 즉 『고금도서집성』 직방전 지도가 『서북계도』의 모본이 아님을 말해준다.

또한 일부 학자는 『고금도서집성』이 조선왕실 도서관이었던 규장각에 소장되어 있어 일반인이 열람할 수 없음을 들어, 『서북계도』가 관찬지도임을 주장하지만, 이에 대해서도 필자는 의견을 달리 한다. 앞에서 말했듯이, 『고금도서집성』 직방전 지도가 『서북계도』의 모본이 아니며, 일부 조정 관원들이 왕실 도서관에 들어가서 자료를 열람할 수 있기 때문에, 사찬 지도의 가능성을 배제할 수 없다. 또한 『서북계도』의 필체가 거칠고 단조로운 색으로 그려져 관찬지도의 특성을 갖추지 못한 점도,[3] 사찬지도의 가능성을 열어놓고 있다.

위와 같은 문제점을 감안하여, 이 글은 『서북계도』의 중국측 지도의 모본에 대해 살펴보고자 하며, 『황여전람도』의 소엽본(小葉本) 및 『성경통지』의 지리정보가 『서북계도』에 의해 흡수된 상황을 분석함으로써, 지도의 제작 연대를 재고증하고자 한다. 이를 통하여 청초(淸初)에 진행된 지리 조사 성과가 『황여전람도』의 소엽본과 『성경통지』의 서로 다른 판본을 통하여 조선에 미친 영향에 대해 알아보고자 한다.

2) 배우성, 『조선후기 국토관과 천하관의 변화』, 일지사, 1998년, 246~267쪽.
3) 배우성, 『조선후기 국토관과 천하관의 변화』, 248~249쪽.

『서북계도』의 왼쪽 상단과 오른쪽 하단에는 제기(題記)가 들어 있다. 청조의 만주 3장군 영역의 지리정보뿐만 아니라, 여진부락 또는 청군의 군사 정벌 노선을 그리고 있으며, 즉 조선에서 일컫는 '적로(賊路)'이다. 제기에 대한 분석을 통해서도 지도의 제작 배경을 알 수 있으며, 제작 연대를 고증하는 데 도움이 된다.

『서북계도』의 정계비 위치가 소백산 근처에 표기된데 대해, 일부 학자의 경우, 목극등이 소백산에 정계비를 세운 새로운 증거라고 보았지만,[4] 이는 조선 고지도 중에 극히 드문 사례에 속하며, 단지 중국 지도와 관련된 소수 '피아'류 지도에 나타나는 현상이며, 중국 지도의 영향 특히 『강희분부도(分府圖)』(『황여전람도』 소엽본)의 영향을 받았을 가능성이 크다. 이에 대해 중국측 지도의 모본을 분석함으로써 정계비가 소백산 근처에 표기된 원인에 대해서도 살펴보고자 한다.

1. 『서북계도』의 중국도의 모본(母本)

『서북계도』는 절첩식 채색 필사본이며, 6첩으로 구성되었다. 지도를 접어놓을 경우 여섯 개의 작은 책자가 되고, 펼쳐놓을 경우 하나의 완전한 지도이다. 1첩을 8면으로 접을 수 있으며, 1면의 규격이 23.5㎝·17㎝이다. 6첩을 펼쳐 놓을 경우 전체 지도의 크기가 141(23.5×6)㎝·136(17×8)㎝이다. 지도의 앞 표면에 '西北界圖'라는 네 글자가 씌어져 있는데, 전체 지도의 명칭이다.

『서북계도』의 내용을 보면, 조선의 서북 지역을 표현하였을 뿐만

4) 李少鵬, 「康熙時期穆克登碑初立位置新證」, 『中國邊疆史地研究』, 2019년 1기.

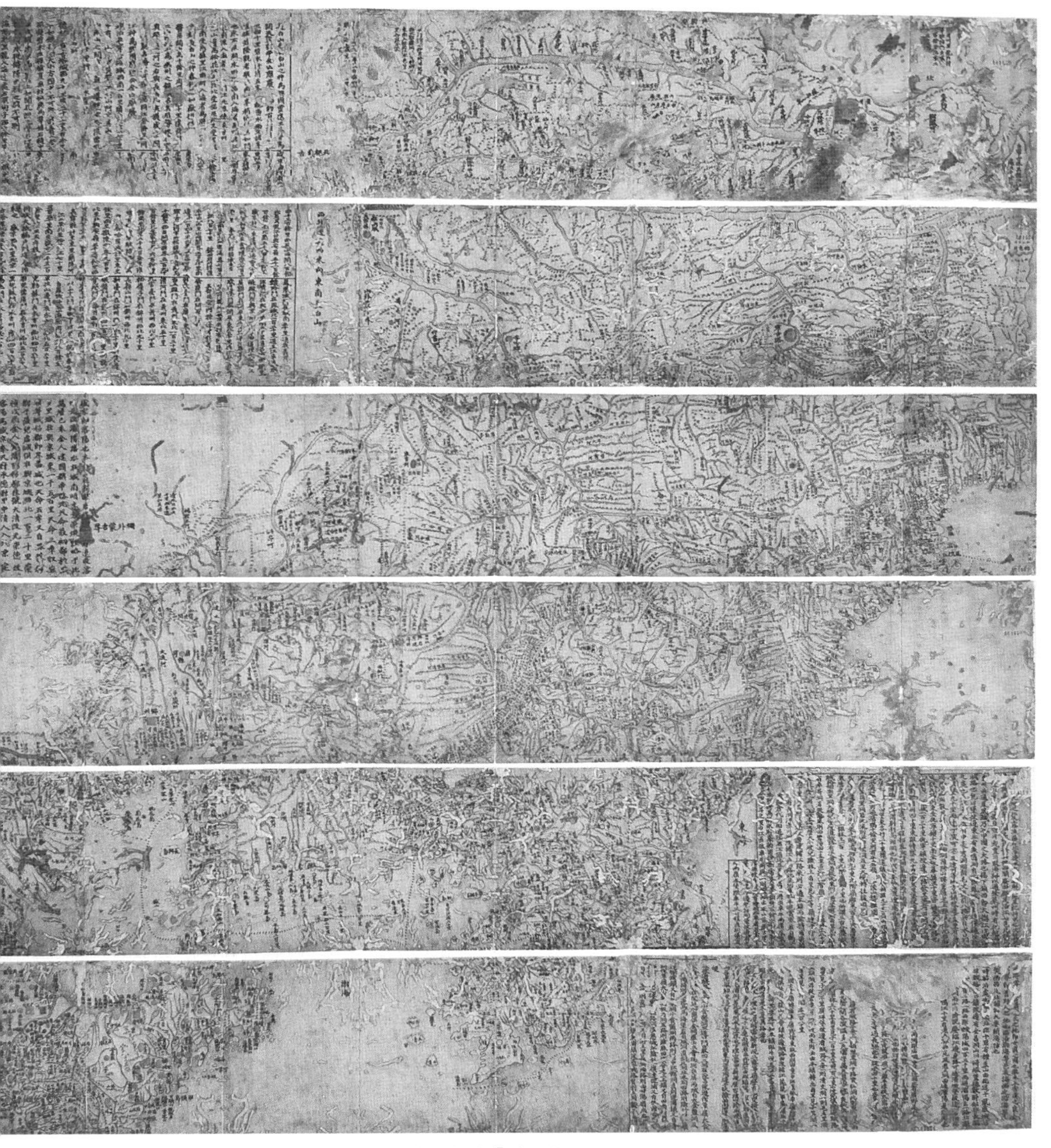

〈그림 8〉『서북계도』
(양보경 등 편, 『백두산 고지도집-한국 고지도 속의 백두산』, 동북아역사재단, 2016년, 23쪽)

아니라, 육지와 바다로 연결된 중국 지역을 표현하고 있다. 이 중에서 조선도는 함경도·평안도·황해도의 일부를 그렸으며, 중국도는 흑룡강(黑龍江)·영고탑(寧古塔)·봉천(奉天) 3장군 지역과 발해를 둘러싼 부주현(府州縣) 및 요동반도·산동반도를 그렸다. 또한 점선으로 두 나라 경계를 표현하고 있기에, 『서북계도』라는 명칭이 붙게 되었다.

다시 『서북계도』의 만주 3장군 지역을 살펴보면, 하천의 외형이나 산천의 이름에 있어서, 강희 『황여전람도』(1717)와 매우 유사하며, 이는 조선의 '피아'류 지도에서 보기 드문 현상이다. 주지하다시피, 『황여전람도』는 청조의 궁궐에 보관되어 있어서 일반인이 볼 수 없었다. 그러나 『황여전람도』의 소엽본이 민간에 유포되었을 뿐만 아니라, 연행사를 통하여 조선에 전해졌다. 예컨대 『고금도서집성』 직방전 지도와 『강희분부도(康熙分府圖)』가 그러하다.[5]

이 중에서 『고금도서집성』은 1777년 연행사로 북경에 갔던 서호수(徐浩修)가 구입하여, 조선왕실 도서관이었던 규장각에 보관하였다.[6] 『강희분부도』가 언제 조선에 유입되었는지 알 수 없지만, 이 판본이 청나라 민간에서 유포되었고, 또 조선 사신이 1년에 여러 차례 북경에 다녀온 점을 고려할 때, 편찬된 지 얼마 안 되어 조선에 유입되었을

---

5) 『황여전람도』의 소엽본은 여러 판본이 존재하며, 첫째는 『강희분부도』로서 1함(函) 8책, 강희 목각본이며, 227폭의 지도로 구성되었으며, 중국과학원 도서관에 소장되어 있다. 둘째는 『고금도서집성』 직방전 지도로서 216폭의 부(府)지도가 포함되며, 진몽뢰(陳夢雷)·장정석(蔣廷錫)이 편찬한 것으로서, 1728년(옹정 6)에 동활자로 인쇄되었다. 셋째는 1934년 이병위(李炳衛)가 영인출판한 『내부지도(內府地圖)』이며, 222폭의 지도로 구성되었다. 넷째는 『강희내부분성분부도(康熙內府分省分府圖)』로서, 8책 231폭이 포함되었으며, 1939년 석인본이 존재한다. 맨 앞에 하손동(夏孫桐)의 서가 들어 있으며, 하버드대학교 연경도서관에 소장되어 있다(汪前進, 「康熙雍正乾隆三朝全國總圖的繪制」, 『淸廷三大實測全圖集』 序, 外文出版社, 2007년 참조).

6) 『정조실록』 권3, 정조 1년 2월 경신 ; 권11, 정조 5년 6월 경자(배우성, 『조선후기 국토관과 천하관의 변화』, 247~248쪽에서 재인용).

것으로 생각된다.

이처럼 『서북계도』가 참고한 것은 『강희분부도』이며, 『고금도서집성』 직방전 지도가 아니라고 하는 이유는 전자가 '우수리강도'·'압록강도'를 포함한 반면, '흑룡강도'를 포함하지 않아서, 『서북계도』의 모본 조건에 부합되기 때문이다. 즉 다시 말해, 『서북계도』의 흑룡강도가 『황여전람도』와 다르다는 말인데, 그렇다면 『서북계도』의 흑룡강도의 모본은 어떤 지도인가?

『서북계도』의 흑룡강도를 살펴보면, 하천의 외형과 지명의 한자 표기에 있어서, 1736년(건륭 1)에 편찬된 『성경통지』의 강역도와 비슷하며, '흑룡강장군소속형세도'와 '성경여지전도'를 참고하고 있다. 다만 흑룡강이 바다로 흘러들어가는 입구의 방향이 약간 다르며, 『서북계도』가 참고한 것은 『성경통지』(南流)가 아니라, 『강희분부도』의 '산해여지전도(山海輿地全圖)'(東北流)이다. 여하튼 『서북계도』의 흑룡강 부분은 『성경통지』와 『강희분부도』를 동시에 참고하였다.

한편 『성경통지』의 여러 판본 중에서,[7] 『서북계도』가 참고한 것은 1736년(건륭 1)본이며, 1784년(건륭 49)본이 아니었다. 이는 지명의 한자 표기를 통해 알 수 있다. 예를 들어, 『서북계도』의 흑룡강 서안에 다음과 같은 지명이 표기되었다. 古雅克薩城·烏爾蘇河·鄂爾多渾河·鄂爾河·大格爾必齊河·卓洛克七河·格爾必齊河 등이다. 이뿐만 아니라, 격이필제하(格爾必齊河) 동안에 '러시아경계비'(鄂羅斯界碑라고 표기함)를 표기하였는데, 1689년 네르친스크조약에 의해 세워진 국경비를 가리켰

7) 청조는 여러 차례에 걸쳐 『성경통지』를 편찬했는데, 다음과 같은 판본이 존재하였다. 강희 23년(1684) 동병충(董秉忠) 등이 편찬한 32권본, 옹정 12년(1734) 왕하(王河)·여요(呂耀) 등이 편찬한 33권 초본, 건륭 1년(1736) 왕하(王河)·여요(呂耀) 등이 편찬한 48권본, 건륭 49년(1784)에 아계(阿桂) 등이 편찬한 130권본(『四庫全書』에 수록됨, 한자 표기가 많이 수정됨) 등이다.

다.[8] 『서북계도』의 위 한자 표기는 1736년본 『성경통지』와 일치한 반면, 1784년본 『성경통지』와 달랐다. 후자의 경우 위 한자를 鄂爾多庫爾河·安巴吉爾巴齊河(安巴는 만주어로 크다는 뜻, 즉 大格爾必齊河를 가리킴)·濟魯克齊河·吉爾巴齊河 등으로 표기하였다.

이 밖에 『서북계도』의 봉천·영고탑 지도를 보면, 하천의 외형과 산천의 명칭, 특히 지리 명칭의 한자 표기가 『강희분부도』의 '성경전도'·'영고탑도'·'압록강도'·'봉천부북분도'·'봉천부남분도'와 유사하였다.

다시 『서북계도』의 동가강(佟加江, 압록강 지류임) 수계를 보면, 다음과 같은 명칭이 보였다. 즉 佟加江源·伊爾哈雅範(山)·哈爾敏河·額爾敏河·紅石拉子·吳兒江·馬察河·清河·拉哈·瓦爾哈什·李雅達河·董鄂('薑鄂'으로 잘못 표기함)·阿母八鴉兒滸·阿幾个鴉兒滸('阿幾羅鴉兒滸'로 잘못 표기함)·小沽·大沽·唐石河 등이다. 이 같은 명칭은 『강희분부도』의 '압록강도'와 일치하며, 『고금도서집성』 직방전 지도의 경우 '압록강도'가 포함되지 않았기 때문에 위 명칭이 없다. 그러므로 『고금도서집성』 직방전 지도가 비록 『황여전람도』의 소엽본이지만, 『서북계도』의 모본이 아니며, 『강희분부도』가 진정한 모본이었다.

『서북계도』의 우수리강 부분도 『강희분부도』를 참고하였으며, 수분하·흥개호(興凱湖)·우수리강을 포함하여, 그 사이에서 동해로 흘러들어 가는 크고 작은 하천의 외형과 지명표기가 비슷하였다. 여기서 한 가지 주의할 점은 『서북계도』의 적지 않은 지명이 잘못 표기된

---

8) 건륭 1년·건륭 49년의 『성경통지』를 보면, '格爾必齊河(吉爾巴齊河라고도 함)'와 '大格爾必齊河(安巴吉爾巴齊河라고도 함)'의 위치가 거꾸로 되었다. 서쪽에 있는 것이 大格爾必齊河(비석이 있음)이고 동쪽에 있는 것이 格爾必齊河여야 맞다(강희 『황여전람도』의 '黑龍江中圖', 1943년 福克司 영인본 참조). 『서북계도』 역시 『성경통지』를 참고하여, 格爾必齊河와 大格爾必齊河의 위치를 잘못 표기하였다.

것이다. 예컨대 呼閑哈達을 '呼蘭哈達'로 잘못 썼고, 烏鷄米河를 '烏鳴米河'로, 甫爾單城을 '甫爾單河'로, 南爾單城을 '南爾單河'로, 木下河를 '水下河'로, 渾大河를 '渾木河'로 잘못 베끼었다. 이처럼 외형이 비슷한 한자를 잘못 베낀 것은 참고한 저본의 글자가 희미한 데서 연유된 것이었다. 이는 다른 한편으로, 『서북계도』가 정교한 관찬지도가 아니라 서투르게 만들어진 사찬지도임을 말해준다.

이처럼 『서북계도』는 만주 3장군 지역뿐만 아니라, 발해(渤海)를 둘러싼 중국 지역을 표현하고 있으며, 『강희분부도』의 '금주부도(錦州府圖)'·'직예전도(直隷全圖)'·'영평부도(永平府圖)'·'순천부도(順天府圖)'·'하간부도(河間府圖)' 등을 참고하였다. 이 밖에 요동반도의 '봉천부남분도(奉天府南分圖)', 산동반도의 '산동전도(山東全圖)'를 참고하기도 하였다.

특히 『서북계도』의 발해 연안 해안선의 굴곡과 크고 작은 섬의 명칭이 『강희분부도』와 일치한다. 예컨대 요동반도 남단의 동에서 서로 다음과 같은 섬이 포함되었다. 대고산(大孤山)·왕가도(王家島)·팔차도(八岔島)·해양도(海洋島)·석성도(石城島)·무명도(無名島)·대학자도(大鶴子島)·탑련도(塔連島)·소장산도(小長山島)·사리도(舍利島)·장자도(長子島)·해선도(海仙島)·광록도(光祿島)·대장산도(大長山島)·과피도(瓜皮島)·갈등도(葛藤島)·광두도(光頭島)·마안도(馬鞍島)·고루도(古婁島) 등이다. 이는 『강희분부도』의 '봉천부남분도'와 일치하였다.

이 밖에 『서북계도』의 「조선도」에는 서북 3도 즉 함경도·평안도·황해도가 포함되었으며, 그 모본이 정상기의 『동국지도』였다. 서북 3도의 윤곽과 하천의 모양 및 산천 명칭이 『동국지도』와 비슷하였다. 다만 압록강변의 이른바 '적로(賊路)'(명초 여진부락의 침공 노선과 후금(청)의 침공 노선임)와 강 건너편 여진부락의 명칭이 『해동지도』

의 평안도 군현지도를 닮고 있으며, 이에 대해서는 후술하기로 하자.

요컨대『서북계도』의 중국도의 모본은『강희분부도』와『성경통지』(건륭 1) 강역도를 참고하였으며, 조선도의 모본은 정상기의『동국지도』이며, 압록강변의 '적로'에 관해서는『해동지도』를 참고하였다. 이를 통해, 18세기 초 한중 양국 지리정보를 반영하고 있으며, 특히『청일통지』와『황여전람도』 편찬을 위한 지리 조사 성과를 반영하고 있음을 알 수 있다.

2. 제기(題記)의 내용

절첩식『서북계도』를 펼칠 경우, 왼쪽 상단과 오른쪽 하단에 제기가 있다(그림 8 참조). 왼쪽 상단(1~3폭)에는 청조의 만주 3장군 영역에 대한 내용이 포함되는바, 예컨대 명승지·동서남북 지리범위·유조변 변문(邊門)·성경(盛京) 연혁 등에 관한 내용이다. 오른쪽 하단(5~6폭)에는 압록강변의 '적로'에 관한 내용이다. 이를 통하여, 18세기 조선 선비들의 청에 대한 인식을 엿볼 수 있을 뿐만 아니라, 지도의 제작 연대를 이해하는 데도 도움이 된다.

제1폭의 제기는 만주 3장군 지역의 명승지에 관한 내용으로서, 장백산(長白山, 백두산임)·의무려산(醫巫閭山)·송화강·경박호(鏡泊湖)·덕림석(德林石)·해안(海眼) 등이 포함되며, 청의 발상지와 연관된 명승지였다.

예컨대 장백산(백두산임)에 관해서는 금(金)대로부터 청대에 이르기까지, 이 산을 왕으로 봉했을 뿐만 아니라, 황제로 봉했으며, '장백산신'으로 모셔 국가에서 제사를 지냈다는 내용이었다. 의무려산은 유주

(幽州)의 진산(鎭山)으로서 장백산과 함께 성경(盛京)을 보호하고 있다는 것이었다. 혼동강(混同江)은 "금대에 혼동강신으로 모셨고, 흥국응성공(興國應聖公)에 봉했으나, 금이 망하자 묘가 폐기되었다"는 것이었다.

이 밖에 영고탑 부근의 화산 분출과 관련된 자연 경관을 묘사하였는데, 즉 경박호·덕림석·해안이다. 이 중에서 경박호와 덕림석은 18세기 조선의 '피아'류 지도에 자주 등장하였으며, 예컨대 『요계관방도』(1706)[9]·『조선여진분계도』(1750년대)[10]·『서북강계도』(18세기중기)[11]·『서북피아양계만리일람지도』(18세기중기)[12]·『서북피아교계도(西北彼我交界圖)』[13] 등이 그러하다. 이처럼 영고탑에 대한 관심이 높았던 것은 이를 청조의 발상지로 간주하여, 이른바 '영고탑패귀설'이 유행하기 때문이었다. 즉 청이 오랑캐로서 비록 중원에 들어갔지만 머지않아 옛 소굴인 영고탑으로 쫓겨날 것이라는 설인데, 조선의 '화이관'(華夷觀)의 전형적인 표현이었다.[14]

제2폭의 제기는 상단과 하단으로 나뉘며, 상단에는 성경통부(盛京統部)·봉천장군·봉천부·금주부·영고탑장군·흑룡강장군의 동서남북 지리범위와 거리에 대해 기록하였다. 하단에는 유조변의 변문에 관한 정보가 기록되었으며, 세 부분으로 나뉘었다. 첫째로, 성경병부(兵部) 관할 하의 6개 변문이다. 즉 봉황성문(鳳凰城門)·애하문(靉河門)·흥경변문(興京邊門)·감창문(堿廠門)·영액문(英額門)·위원보문(威遠堡門) 등

9) 『해동지도』, 서울대학교 규장각 1995년 영인본, 상책, 11쪽.
10) 『해동지도』 상책, 8쪽.
11) 이찬 편, 『한국의 고지도』, 범우사, 1991년, 50쪽.
12) 이찬 편, 『한국의 고지도』, 62쪽.
13) 양보경 등 편, 『백두산 고지도집—한국 고지도 속의 백두산』, 동북아역사재단, 2016년, 37쪽.
14) '영고탑패귀설'에 관해서는 배우성, 『조선후기 국토관과 천하관의 변화』, 64~77쪽 ; 이화자, 『조청국경문제 연구』, 253~269쪽 참조.

이다. 이러한 유조변문이 조선의 강변 읍진(의주·옥강·창성·이산·만포·폐사군)과 서로 통함을 기록하였다.

둘째로, 봉천부 관할의 11개 변문이다. 즉 발고문(發庫門)·창무대문(彰武臺門)·백토창문(白土廠門)·청하문(淸河門)·구관대문(九官臺門)·송령자문(松嶺子門)·장령산문(長嶺山門)·신대문(新臺門)·연반문(碾盤門)·관방문(寬邦門)·명수당소문(明水堂小門) 등이다. 이들 변문과 근처에 있는 개원·광녕·의주(금주부임)·금주성과의 거리를 기록하였는데, 이것이 성경 노변(老邊)이다.

셋째로, 영고탑장군 소속 6개 변문을 기록하였다. 즉 반랍산문(半拉山門)·극륵소문(克勒蘇門)·포이덕고문(布爾德庫門)·흑아소문(黑兒蘇門)·역둔문(易屯門)·발특합문(發忒哈門) 등이다. 이들 변문과 영길주(永吉州)와의 거리를 기록하였는데, 이것이 길림 신변(新邊)이다.

이상 유조변 변문에 관한 정보는 『성경통지』의 병방(兵防)·병제(兵制) 등을 참고하였으며, 잘못 베낀 내용도 발견된다. 예컨대 봉황성 변문이 성의 남쪽 10리에 있는데, "성의 남쪽 30리에 있다"[15]고 잘못 베꼈다.

제3폭의 제기는 성경 즉 심양의 연혁에 관한 내용이다. 즉 누르하치가 후금을 세운 후 무순·심양을 공격하였고, 심양으로 천도하여 성경이라고 칭하였으며, 1644년 청군이 산해관으로 쳐들어가 북경에 수도를 정했다는 내용이었다. 그러나 발생한 일과 연대를 착각한 내용도 보이며, 예컨대 누르하치가 천명(天命)연간에 오도리성에 수도를 정했다고 하였으나, 실은 허투아라 즉 흥경에 수도를 정하였다.[16] 또한 누르하치

15) 阿桂 등 편, 『성경통지』(건륭 49년) 권33, 奉天府關隘·鳳凰城邊門, 7쪽.

16) 만력 15년(1587) 누르하치가 푸아라(佛阿拉)성을 수축하여 건주여진의 수도로 삼았으며, 만력 31년(1603) 허투아라성에 천도하였으며, 천명 6년(1621) 요양

가 후금을 세우고 연호를 천명이라고 정한 것이 1616년이고, 황제를 칭한 것이 1619년인데, 모두 1619년(萬曆 己未)이라고 혼동하였다. 이밖에 후금이 심양으로 천도한 것은 1625년(明 天啓 5년, 후금 天命 10년)인데, 1628년(崇禎 戊辰)이라고 착각하기도 하였다.

이상과 같이 『서북계도』의 만주 3장군지역의 명승지·지리범위·유조변 변문 및 성경의 연혁에 대한 내용은 주로 건륭 1년 『성경통지』를 참고하였으며, 원문을 그대로 베끼거나 간략하게 요약해 놓았다. 그 내용으로 볼 때, 지도 제작자가 청조의 발상지 및 관방형세에 중점을 두고 있고, 명청 왕조의 교체 사실을 자연스럽게 받아들이고 있으며, 청에 대한 폄하 의식이 그다지 강하지 않음을 엿볼 수 있다.

제5~6폭의 제기는 압록강변의 '적로'에 대한 내용이다. 명초 여진부락의 조선에 대한 침공 노선 또는 그 이후 후금·청의 침공 노선을 기록하였다. 주지하다시피, 조선 초기 서북 변경을 개척한 것은 여진인을 구축한 기초 위에서 이루어졌으며, 그들과의 충돌과 전투가 끊이지 않았다. 여진인의 반격으로 조선은 부득불 압록강변에 세웠던 사군(四郡)을 폐기하여 '폐사군'이 형성되었다. 이른바 '적로'라는 것은 이 같은 역사기억을 되살리는 것으로서, 그 내용이 『해동지도』(18세기 중기)의 제기와 비슷하였다. 즉 『해동지도』 평안도의 '의주부도'·'창성부도'·'벽동군도'·'이산부도'·'위원군도' 등을 참고하였다.

재미있는 것은 『해동지도』 제기의 '청인(淸人)' 또는 '채렵호인(采獵胡人)'에 관한 내용이 삭제되고, 청과 조선 간의 중요한 역사 사건만 택하였다. 예컨대 청(후금)이 정묘호란과 병자호란 때 조선을 공격한 노선, 후금과 명 사이 '사르후 전투'가 일어났을 때, 조선의 장수였던

으로 천도하였다(李洵·薛虹 주편, 『淸代全史』 1책, 方志出版社, 2007년, 85쪽 참조).

강홍립(姜弘立)이 군사를 이끌고 압록강을 넘어간 노선, 그리고 명나라 장수 모문룡(毛文龍)이 압록강을 건너 여진부락을 공격한 노선 등이다.

이상, 제기의 내용을 통하여, 조선 후기 선비들의 청에 대한 경계의식을 엿볼 수 있다. 비록 18세기 중기에 이르러 청과 조선 사이 종번(宗藩) 관계가 안정적으로 유지되었지만, 병자년(1636)의 굴욕과 호란을 겪은 역사 기억이 여전히 남아 있었으며, 청에 대한 경계의식과 방어의식이 높았다. 이 같은 내용은 지도의 관방 색채를 짙게 하였으며, 영조대의 시대적 특징을 나타냈다.

3. 지도의 제작연대

『서북계도』의 제작 연대에 대하여 일부 학자의 경우, 1777년(건륭 42)에 『고금도서집성』이 조선에 수입되었기에 이를 제작 상한으로 보았다.[17] 그러나 전술했듯이 『고금도서집성』 직방전 지도가 『서북계도』의 모본이 아니기에 이를 상한으로 볼 수 없다. 그렇다면 제작 연대를 어떻게 판정할 것인가?

이는 『서북계도』가 참고한 양측 지도 특히 중국측 지도가 조선에 수입된 연도와 관련이 크다고 하겠다. 전술했듯이, 『서북계도』가 참고한 중국측 문헌은 『강희분부도』와 『성경통지』(건륭 1)이며, 조선측 문헌은 『동국지도』와 『해동지도』이다. 아래에 중국측 지도가 조선에 수입된 연도에 대해 알아보기로 하자.

우선, 『강희분부도』의 편찬 시기는 1722년(강희 61) 이전이다. 청조

17) 배우성, 『조선후기 국토관과 천하관의 변화』, 246~249쪽.

의 행정관리 필요로 인하여, 청조 내부(內府)에서 『황여전람도』 중의 각 성과 부(府)의 행정구역도를 재편한 것이며, 총 227폭으로 구성되었다.[18] 오늘날 중국과학원 도선관에 강희대의 판본이 소장되어 있다.[19] 이 밖에 하버드대학교 연경도서관에 『강희내부분성분부도(康熙內府分省分府圖)』(231폭, 강희판본)가 소장되어 있는데, 지도 앞에 하손동(夏孫桐)의 서(序)가 들어 있었다. 그 내용을 살펴보면, 도광(道光) 초년에 시가에서 이 지도를 사려고 하였으나, 가격이 너무 비싸 사지 못하다가 광서(光緖) 연간에 회전(會典)을 편찬할 때 구입했는데, 건륭 이전의 옛 판본이라는 것이었다.[20] 즉 강희·옹정대의 판본임을 알 수 있다.

이처럼 북경의 시가에서 구입이 가능할 경우, 조선연행사를 통해 곧바로 조선에 수입되었을 것이며, 『서북계도』의 중요한 참고자료로 이용되었다. 오늘날 영남대학교 박물관에는 『강희분부도』의 판본이 소장되어 있으며, 이 박물관 소장 『여도』 중에 '영고탑도'·'오라도'·'압록강도'·'열하도' 등이 그러하며, 『강희분부도』의 채색 모사본이었다.[21] 이 밖에 국립중앙도서관에 『황여전람도』의 필사본이 있다고 하며, 한국학중앙연구원 장서각에도 관련 자료가 있음이 확인된다.[22] 요컨대 『강희분부도』가 중국에서 편찬된 지 얼마 안 되어, 강희·옹정대에 조선에 유입되었을 것으로 판단된다.

---

18) 孫果淸, 「中國第一部經緯度實測地圖－淸康熙皇輿全覽圖」, 『地圖』, 2009년 5기, 136쪽.

19) 汪前進, 「康熙雍正乾隆三朝全國總圖的繪制」, 『淸廷三代實測全圖集』 序 참조.

20) 『康熙內府分省分府圖』 夏孫桐 序, 하버드대학교 연경도서관 인터넷 자료, https://terms.naver.com/entry.nhn?docId=3439149&cid=46622&categoryId=46622.

21) 양보경 등 편, 『백두산 고지도집－한국 고지도 속의 백두산』, 39·46·62·348쪽.

22) 한국학중앙연구원 편, 『한국민족문화대백과』, '서북계도', https://terms.naver.com/entry.nhn?docId=3439149&cid=46622&categoryId=46622

『서북계도』의 또 다른 참고문헌인 『성경통지』(건륭 1, 1736)의 경우, 1741년(건륭 6)에 조선에 유입되었다. 『영조실록』에 의하면, "신증 성경지(盛京志)가 피국(彼國)에서 나왔는데, 인물(人物)과 관작(官爵)이 모두 기재되어 있었다. 영의정 김재로(金在魯)가 예람(睿覽)에 대비할 것을 청하니, 임금이 들여보내라고 명하였다."라는 내용이 있었다.[23] 여기서 신증 성경지란 1736년에 편찬된 『성경통지』를 말한다. 전술했듯이, 『서북계도』의 제기를 통해서도 1736년본을 참고했음이 확인된다. 이 밖에 조선 선비들의 저서도 1736년본을 많이 참고하고 있다. 예컨대 홍양호(洪良浩)가 쓴 『북새기략(北塞記略)』(1778), 정약용이 쓴 『대동수경(大東水經)』(1814) 및 이규경(李圭景)이 쓴 『오주연문장전산고』(19세기) 등이 그러하다.

한편 『서북계도』의 조선도의 내용은 정상기(1678~1752)의 『동국지도』를 참고하였다. 그의 생졸년을 통하여, 『동국지도』가 1752년 이전의 작품임을 알 수 있다. 특히 1712년 목극등 정계에 관한 정보를 담고 있으며, 예컨대 천지 동남 기슭에 '분수령'·'입비(立碑)' 등을 표기했을 뿐만 아니라, '토문강원(土門江源)'·'분계강(分界江)' 등을 표기하였다. 이로써 『동국지도』가 1712년 목극등 정계 이후 그려진 것이며, 1712~1752년의 작품임을 알 수 있다.

『서북계도』의 또 다른 참고문헌인 『해동지도』의 경우, 1750년대의 작품이다. 이는 비변사 소장 군현도에 대한 교정을 통해 만들어졌으며, 조선 팔도의 군읍도 뿐만 아니라, '조선여진분계도'·'요계관방도'·'중국십삼성도' 및 '유구도' 등이 포함되었다. 지도 위에 종이로 표기를 붙여놓은 것으로 보아, 편찬 중인 미완성 작품이지만, 지도의 품질과 완성도

23) 『영조실록』 권53, 영조 17년 2월 임술.

가 상당히 높았다.[24)]

이상과 같이 양측의 모본을 통하여, 『서북계도』의 제작 상한이 1750년대임을 알 수 있다. 제작 하한에 관해서는 제기를 통해 볼 때, 압록강변의 이른바 '적로'를 기록하고 있으며, 청에 대한 경계의식을 나타내고 있는 것으로 보아, 영조대(1724~1776)의 시대적 특징을 나타내고 있었다. 그 이후 정조대(1776~1800)에는 '북학'이 일게 되면서, 청조가 극복의 대상이 아니라 배울 대상이 되었기에 청에 대한 경계의식이 그렇게 높지 않았다. 그러므로 이 지도의 제작 하한을 영조대가 끝나는 1776년으로 볼 수 있다. 곧 『서북계도』의 제작 시기는 1750~1776년이다.

4. 『서북계도』의 정계비 위치와 국경인식

『서북계도』에 표기된 정계비 위치가 다른 고지도와는 다르다. 18세기 고지도의 경우 대부분 정계비 위치를 백두산 동남 기슭에 표기하고 있다. 예컨대, 정상기의 『동국지도』, 관찬 『해동지도』, 관찬 『여지도서』의 '북병영지도'(1765), 관찬 『조선지도』(1770) 및 『북관장파지도』(1785) 등이 그러하다. 그러나 『서북계도』는 이와는 별도로 정계비의 위치를 허항령과 소백산 사이에 표기하고 있다. 정확히 말하면, 비석 하단이 허항령 근처에 놓여 있고, 상단이 소백산에 놓여 있었다(그림 9 참조).

최근 영인출판된 『백두산고지도집－한국 고지도 속의 백두산』을 통해 정계비 위치를 살펴볼 경우, 247폭의 고지도 중에서 『서북계도』를 제외하고, 일본에 소장된 『서북양계도』(18세기, 천리대학 부속 천리도

24) 양보경, 「군현지도의 발달과 '해동지도'」, 『해동지도해설·색인』, 서울대학교 규장각, 1995년, 68~73쪽 참조.

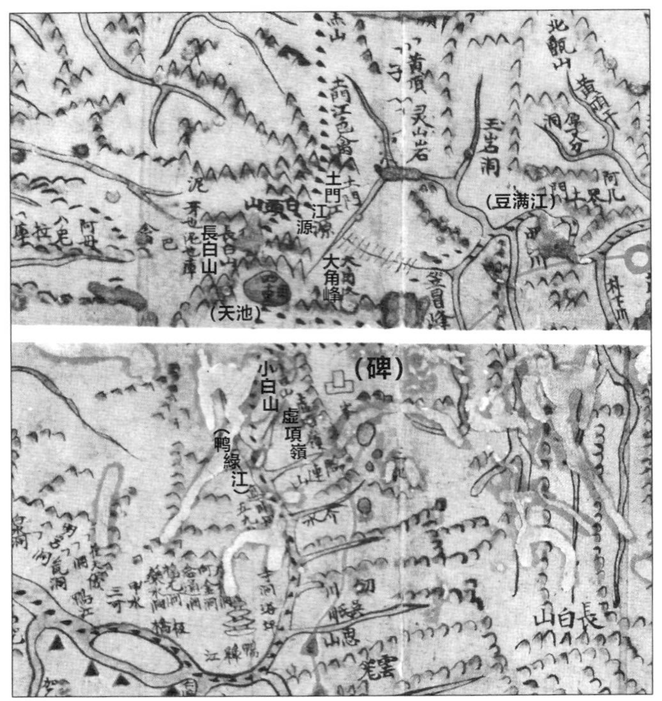

〈그림 9〉『서북계도』의 부분도

서관 소장)만이 소백산에 표기하고 있다.[25] 이 두 지도의 공통점은 '피아'류 지도에 속하며, 중국지도 뿐만 아니라 조선지도가 포함된 것이다. 즉 정계비가 소백산에 표기된 것은 중국측 지도의 영향을 받았을 가능성이 크다고 하겠다.

우선, 정계비 위치가 소백산에 표기된 것은 『강희분부도』의 영향을 받았을 가능성이 제기된다. 『강희분부도』의 '압록강도'(그림 10)와 '성경전도'를 참고할 경우, 하천의 상세함과 간략함을 통하여 양국 경계를

25) 양보경 등 편, 『백두산 고지도집-한국 고지도 속의 백두산』, 21·35쪽.

표현하였는데, 소백산 북쪽 중국 경내의 하천을 상세하게 그린 반면, 그 남쪽 조선 경내의 하천을 소략하게 그림으로써, 소백산 이북이 중국에 속하고 그 이남이 조선에 속함을 나타냈다. 이와는 별도로 『서북계도』와 『서북양계도』의 경우 소백산 근처에 비석을 표기해 놓은 것이 특징이다.

그 다음으로, 『서북계도』의 정계비 위치(소백산·허항령)가 조선측 지도의 영향을 받았을 가능성이 제기된다. 『서북계도』의 모본인 『해동지도』의 '갑산부도'를 보면, 비록 정계비 위치가 백두산 천지 동남 기슭에 표기되었지만, 제기에 다음과 같은 내용이 있었다. 즉 "自虛項立碑處八十餘里"이다.[26] 그 본 뜻은 허항령에서 입비처(천지 동남 기슭)까지 80여 리이지만, 문자가 지나치게 간략한 탓으로, 입비처가 허항령에 있듯이 오해할 수 있다. 혹시 지도 제작자가 이 내용을 보고 정계비를 허항령 근처에 표기하지 않았을까 라는 의문이 제기된다.

위에서처럼, 『서북계도』에는 정계비의 위치를 표기하였을 뿐만 아니라, 점선으로서 양국 경계를 표기하였다. 점선을 통해 양국 경계를 살펴볼 경우, 목극등 정계 결과와 거의 일치하였다. 우선, 압록강(폐사군 제외)과 두만강에 점선을 표기하였으며, 이로

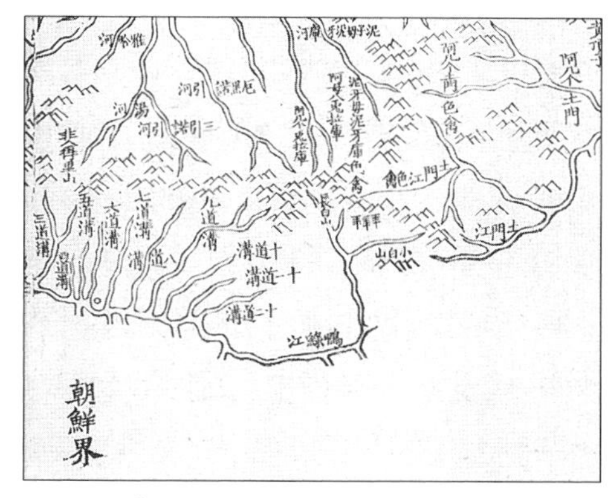

〈그림 10〉『康熙內府分省分府圖』의 압록강도(하버드대학교 연경도서관 소장, 1939년 석인판, 인터넷 웹문서)

26) 『해동지도』 하, 서울대학교 규장각 1995년 영인본, 151쪽.

써 조청 양국이 압록강·두만강을 경계로 함을 나타냈다.

그 다음으로, 백두산 지역의 점선을 살펴보면, 두만강 상류를 따라가다가,[27] 서쪽으로 대각봉 남쪽을 지나 천지 남쪽에 이르렀으며, 계속 남쪽으로 압록강 상류에 이르렀다. 이로써 백두산 이북이 중국에 속하고 그 이남이 조선에 속함을 나타냈다. 이는 목극등 정계 결과와 거의 일치하였다.

그러나 아쉽게도 점선으로 표기된 양국 경계가 정계비 위치와 어긋났다. 왜냐하면, 정계비가 점선에 있지 않고, 점선을 벗어나 그 남쪽 조선 경내에 놓여 있기 때문이다. 그 이유는 무엇일까? 혹시 지도 제작자가 두 가지 서로 다른 국경인식을 하나의 지도에 나타냄으로서 생긴 모순이 아닐까? 즉 조선측의 백두산 천지 동남설과 중국측의 소백산설을 동시에 표현하고 있는 것이 아닐까?

이처럼 두 가지 서로 다른 관점을 하나의 지도에 동시에 표현한 것은 『서북계도』의 다른 부분에서도 나타났다. 예컨대 조선 초기에 이른바 선춘령(先春嶺)이 두만강 이북 700리에 있으며, 고려시대 윤관(尹瓘)이 개척한 북쪽 경계라는 관점이 존재하였다. 그럴 경우 조선의 북쪽 경계가 두만강 이북 700리에 있다는 말이 된다.[28] 그러나 전술했듯이, 『서북계도』의 편찬자는 조청 국경을 두만강으로 인식하였으며, 이를 점선으로 표기하였다. 이와 동시에 두만강 이북에 "선춘령의 고려 국경비가 경원(慶源)에서 600리이다"라는 문자 기록을 남김으로써, 선춘령이북 700리설을 보전하였다.

---

27) 『서북계도』에는 백두산 동북쪽에 '토문강원'·'토문강색금'을 표기하였으며, 목책으로 토문강원과 두만강을 이어놓고 있다. 여기서 '토문강색금'이라는 표기는 조선 고지도에서 보기 드문 것으로서, 중국지도의 영향을 받고 있음을 말해준다. 즉 『강희분부도』 속의 '압록강도'의 영향을 받고 있다.

28) 『신증동국여지승람』 권50, 會寧·古迹·先春嶺, 33쪽.

5. 맺는말

『서북계도』는 1750~1776년(영조 26~52)에 편찬된 조선의 사찬지도이다. '피아'류 관방도에 속하며, 중국지도 뿐만 아니라 조선지도가 포함되었다. 즉 양국 사이 육지와 바다가 닿는 접경 지역의 관방 형세를 표현하고 있다. 중국도의 하천의 외형이나 지명 표식이 강희 『황여전람도』와 유사하지만, 그 모본이 1777년 조선에 수입된 『황여전람도』의 소엽본인 『고금도서집성』 직방전 지도가 아니라, 그 이전에 조선에 수입된 『강희분부도』이며, 연행사를 통하여 조선에 수입되었다. 비록 지도가 금지 품목에 속하지만, 조선 사행원들의 중국 지도에 대한 구매 열정은 식을 줄 몰랐으며, 이로써 한중 양국의 지도 교류사가 이루어졌다. 『강희분부도』가 조선에 수입됨에 따라, 중국 지리에 대한 인식의 수준을 높여 주었고, 특히 청초의 지리 조사 성과를 흡수하여 『서북계도』에 반영시켰다.

『서북계도』에는 도시·도로·진보·역참·유조변 변문·봉수 등의 지리 정보를 표기했을 뿐만 아니라, 제기로서 압록강변의 '적로'(여진·후금·청의 침공 노선)에 대해 기록하였다. 이로써 청에 대한 경계의식을 나타냈으며, 지도의 관방 색채를 더해줬다. 이는 조선이 병자년의 치욕을 교훈삼아 '내수외양(內修外攘)'을 강화한 것과 연관되며, 『서북계도』를 포함한 '피아'류 지도가 지속적으로 만들어진 원인이기도 하다. 이를 통해 볼 경우, 지도의 제작 연대가 '내수외양'을 강조하던 영조대(1724~1776)임을 알 수 있다. 그 이후 정조대의 경우, '북학'이 흥기하면서 청조가 극복의 대상이 아니라 따라 배울 대상으로 변했기 때문이다.

『서북계도』는 명실상부하게 국경지도이다. 점선으로 압록강·두만강 경계를 표기하였을 뿐만 아니라, 정계비를 표기하였는데, 이는 1712년 백두산정계의 영향이며, 조선의 강화된 국경인식을 보여준다. 그럼에도 불구하고 양측의 모본 특히 중국측 『강희분부도』의 영향으로 말미암아, 정계비를 소백산 근처에 잘못 표기하고 있다. 그러므로 『서북계도』를 통하여 양국 경계를 살필 때, 잘못 표기된 비석에 대해 유의할 뿐만 아니라, 점선이 압록강·두만강 상류를 통하여, 백두산 동남기슭을 관통하고 있음에도 유의해야 한다. 후자야말로 목극등이 정한 양국 경계이기 때문이다.

조선시대 지리 명칭으로서의 장백산과 백두산

머리말

조선시대 지리명칭으로서의 백두산(白頭山)은 오늘날 천지가 있는 백두산, 즉 중국에서 칭하는 장백산을 가리키지만, '장백산(長白山)'은 반드시 백두산을 가리키지 않았다. 조선시대 장백산 지리명칭에 대하여, 필자의 경우 오늘날 북한의 함경북도 관모봉(冠帽峰)을 가리키며, 한반도의 제2고봉이라고 하였다.[1] 그러나 다른 학자의 경우 이를 과대해석하여, 오늘날 함경산맥·부전령산맥을 망라한 큰 산계(山系)를 가리킨다고 보았다. 즉 이 거대한 산줄기가 동북~서남향으로 뻗어 있으며, 함경북도·함경남도의 중앙을 관통하며, 압·두 양강 수계가 모두 그 밖에 놓여 있으며, 이것이 목극등 정계 이전 조선의 북쪽 경계라는 것이었다.[2]

후자의 해석에 의하면, 1712년 백두산정계 이전에 이 거대한 분수령

1) 이화자, 『조청국경문제 연구』, 270~288쪽.

2) 楊軍·李東彤, 「長白山考－兼論穆克登查邊以前的朝鮮北界」, 『中國邊疆史地研究』, 2018년 4기, 125쪽.

밖에 놓여 있던 장진강 유역(압록강상류 지류)·부전강 유역(압록강상류 지류)·폐사군 및 백두산 이남지역과 무산군 등이 모두 조선에 속하지 않는다는 것이었다. 이뿐만 아니라, 명대 초기에 조선과 여진의 분계선이 이 큰 산계(함경산맥·부전령산맥과 장진강 일선)이며, 그 이후 청대에 이르러 목극등이 국경을 답사할 때, 조선의 파수처가 모두 이 선 안에 있었기에 조선의 북계라는 것이었다.[3)]

그럴 경우 한 가지 문제가 발생하는데, 즉 명대 초기에 조선이 두만강 남안에 설치한 회령·종성·온성·경원·경흥·부령 등 육진과 압록강 남안에 설치한 여연·자성·무창·우예 등 사군 및 후주군(폐지됐다 복설함)[4)]·장진책[5)]·갑산부·혜산진 등과 그 아래에 속해 있던 만호·진보, 예컨대 인차보·나난만호·소농보·신갈파보·구갈파보·진동진·동인진·운총보 등과 숙종대 폐사군의 천여 리에 설치한 100여 개의 파수처 등이 모두 이 선(함경산맥·부전령산맥과 장진강 일선) 안에 있어야 하지만, 그 밖에 놓여 있는 것이 사실이었다. 즉 다시 말하여, 목극등 정계 이전에 함경산맥·부전령산맥과 장진강 일선이 조선의 북계라고 할 경우, 그 밖에 설치된 수많은 조선의 군읍·진보·파수에 대해 해석할 수 없다.

이 글은 조선의 관찬 지리지인 『세종실록지리지』·『동국여지승람』·

---

3) 楊軍·李東彤, 「長白山考－兼論穆克登査邊以前的朝鮮北界」, 124~125쪽.

4) 1685년 조선 변민들이 월경하여 청조의 지도 제작자를 습격하는 '삼도구사건'이 발생하였다. 2년 뒤 1687년 조선은 월경 폐단을 차단하기 위하여, 신설한 후주군을 폐지하였으며, 후주에서 군민인 등을 철거하였다. 그 이후 1796년에 이르러 다시 후주진을 복설하였다(『숙종실록』 권18, 숙종 13년 정월 무술 ; 『정조실록』 권45, 정조 20년 11월 경신 ; 『비변사등록』 42책, 숙종 14년 정월 25일 등 참조).

5) 1667년 조선에서는 '장진책(長津柵)'을 설치하였으며, 별장 1명·보졸 240명·대솔 120명을 설치하여, 함흥부에 예속시켰다(『여지도서』 하, 함경남도·함흥부 읍지·진보, 국사편찬위원회, 1973년 영인본 참조).

『여지도서』 및 17·18세기 조선의 관찬·사찬 지도 등을 참고하여, 조선 왕조의 지리명칭인 장백산·백두산에 대해 다시 살펴보며, 특히 경성장백산의 지리형세에 대해 알아봄과 동시에, 목극등 정계 시 조선에서 관할하고 있던 백두산 이남·이동의 지리범위 및 백두산 이남의 5·6일정에 있었다는 조선의 진보·파수의 위치 등에 대해 알아보고자 한다.

1. 조선 초기 장백산과 백두산의 지칭

『조선왕조실록』을 통해 보면, 조선 초기에 '장백산(長白山)'이란 어떤 산을 가리키는지 확실하지 않다. 오늘날 백두산을 가리키는 경우가 있지만, 그렇지 않은 경우도 있다. 예를 들어, 세종대 신하 유사눌이 만든 '용흥가(龍興歌)'를 보면, 태조 이성계의 탄생 및 개국의 위업에 대해 노래하는 구절에서 '장백산'을 거론하고 있는데, 어떤 산을 가리키는지 분명하지 않다. 그 상세한 내용은 다음과 같다.

> 산은 장백산(長白山)으로부터 왔고, 물은 용흥강(龍興江)을 향해 흐르도다. 산과 물이 정기를 모으니, 태조 대왕이 이에 탄생하셨도다. 근원이 깊으면 흐름이 멀리 가고, 덕이 후하면 광채가 발산하도다. 문득 동방을 차지하니 즐겁게도 국조를 전함이 한이 없도다.[6)]

위 시구 중의 '용흥강'이란 태조의 탄생지인 영흥의 하천으로서 옛 명칭이 횡강(橫江)이었으나, 하륜(河崙)의 건의에 따라 용흥강으로 고

6) 『세종실록』 권54, 세종 13년 10월 임진.

쳤다.[7] 그렇다면, 태조의 탄생과 관련된 '장백산'은 어떤 산을 가리키는가? 영흥 북쪽에 두 개의 산이 장백산과 관련되는데, 하나가 중국에서 말하는 장백산 즉 조선의 백두산이고, 다른 하나가 경성 서쪽 110리에 있는 '백산'으로서 토인들은 이 산을 '장백산'이라고 불렀다.[8] 즉 경성장백산이다.

경성장백산의 경우, 조선초기 관찬 지리지의 경성 산천(山川)조에 수록되었으며, 함길도의 3대 명산으로서,[9] 그 지위가 백두산보다 높았다. 이와는 대조적으로 백두산은 함길도 명산에 속하지 않았으며, 그 이유인즉 '야인(여진임)의 땅'에 속하기에, 지방관이 스스로 제사를 지내는 산천 명록에서 삭제된 일이 있었다.[10] 또한 경성 서쪽 5리에 진산인 조백산(祖白山)이 있었으며,[11] 정평부에 비백산(鼻白山)이 있었다. 이 중에서 비백산은 북악(北嶽)에 속했고 중사(中祀)에 들었으며,[12] 태조의 탄생지인 영흥 북쪽에 있는 진산으로서 그 지위가 백두산과 경성장백산보다 더 높았다. 이 때문에 '용흥가'의 "산은 장백산으로부터 왔고"라고 하는 말로서 어떤 산을 가리키는지 판단하기 어렵다. 경성장백산일 수도 있고 비백산일 수도 있기 때문이다.

이와는 대조적으로 백두산의 지리명칭은 명확하였으며, 중국의 이른바 장백산 즉 오늘날 북·중 국경인 백두산을 가리켰다. 『세종실록지리지』(1454)의 경우, 백두산을 묘사한 글에서, "산은 무릇 세 층이며,

---

7) 『세종실록』 권155, 지리지, 함길도영흥대도호부.

8) 『신증동국여지승람』 권50, 경성산천·백산.

9) 『세종실록』 권155, 지리지, 함길도.

10) 『세종실록』 권76, 세종 19년 3월 계묘 ; 『신증동국여지승람』 권50, 회령산천·백두산.

11) 『신증동국여지승람』 권50, 경성산천·조백산.

12) 『신증동국여지승람』 권48, 정평산천 ; 『세종실록』 권155, 지리지, 함길도·함흥부·정평보호부.

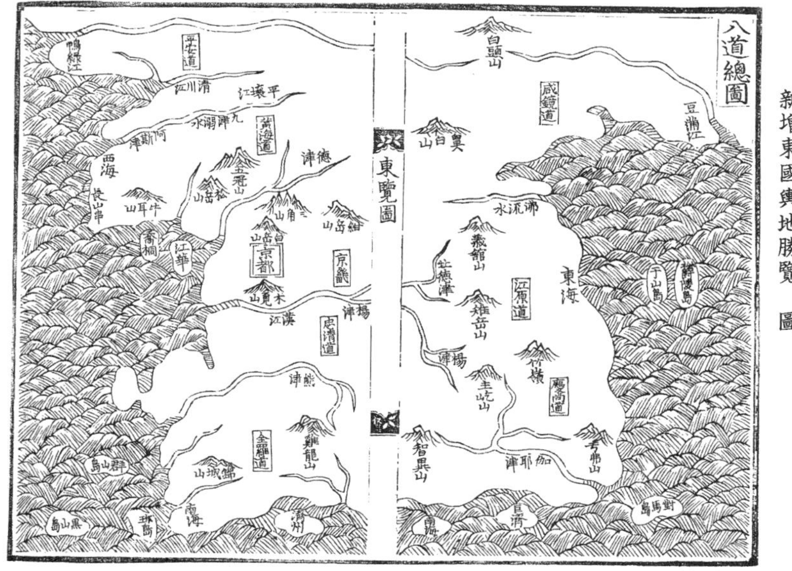

〈그림 11〉『동국여지승람』 팔도총도

꼭대기에 큰 못이 있는데, 동류하여 두만강이며, 북류하여 소하강이며, 남류하여 압록강이며, 서류하여 흑룡강이다. 그 산의 짐승이 모두 희며, 산허리 위에는 모두 속돌이다."고 하였다.[13)] 이는 중국의 지리지를 참고하고 있으며, 『원일통지』의 내용이 있는가 하면, 『거란국지』의 내용도 포함되었다. 예컨대 "그 산의 짐승이 모두 희다"고 한 것이 『거란국지』의 내용이다.[14)] 그러나 잘못된 내용도 존재한다. 즉 흑룡강이 백두산 천지에서 발원한다는 것은 잘못된 지리인식이다.

이 밖에 조선전기 관찬 지리지인 『동국여지승람』(1481)에도 백두산을 기록하고 있는데, "백두산은 즉 장백산이다. 부(회령부임)의 서쪽

13) 『세종실록』 권155, 지리지, 함길도·길주목·경원도호부.
14) (宋)叶隆礼, 『契丹國志』 권27, 歲時雜記·長白山조, 中華書局 2014년, 288쪽.

7·8일정에 있다. 산은 무릇 세 층이며, 높이가 200리이고 천리를 뻗어 있다. 꼭대기에 못이 있는데, 둘레가 80리이며, 남쪽으로 흘러 압록강이고, 북쪽으로 흘러 송화강 즉 혼동강이며, 동북쪽으로 흘러 소하강 즉 속평강이며, 동쪽으로 흘러 두만강이다. 『대명일통지』에 동류하는 것이 아야고하라고 한 것은 속평강을 가리키는 듯하다."[15]고 하였다. 이는 『세종실록지리지』와 『명일통지』(1461)를 참고한 것이며, 비교적 풍부한 지리정보를 담고 있다. 그럼에도 불구하고 서로 다른 어원의 지리명칭 예컨대 소하강·속평강·아야고하 등을 혼동하고 있으며, 속평강 즉 오늘날 수분하[16]가 백두산 천지에서 발원한다고 착각하였다.

조선초기 지리지에는 경성장백산을 기록한 내용도 많다. 『세종실록지리지』에 의하면, 함길도 "명산은 비백산이며, 정평부 서북 백리에 있다. 백산은 경성군 서쪽에 있다. 오압산은 안변부 동쪽에 있다"고 하였다.[17] 이 밖에 『동국여지승람』의 경성 산천조를 보면, "백산은 부의 서쪽 110리에 있다. 산세가 매우 험하며, 5월에 눈이 녹기 시작하여 7월에 또 눈이 내리며, 산꼭대기 나무의 키가 작다. 토인은 이를 가리켜 장백이라고 불렀다."라고 하였다.[18] 여기서 경성백산 또는 경성장백산은 오늘날 함경북도 관모봉을 가리키며, 해발 고도가 2541미터로서 반도에서 두 번째로 높은 산이었다.

관모봉은 한반도의 지붕이라고 할 수 있는 개마고원의 동북부에 위치해 있으며, 동북~서남향으로 뻗어나간 함경산백의 주봉이며, 주위

---

15) 『신증동국여지승람』 권50, 회령산천·백두산.

16) 기록에 의하면, 수빈강(愁濱江)을 '속평강(速平江)'이라고도 하였다. 수빈강·속평강은 오늘날 수분하를 가리킨다(『신증동국여지승람』 권50, 경원산천·수빈강조 참조).

17) 『세종실록』 권155, 지리지, 함길도.

18) 『신증동국여지승람』 권50, 경성산천·백산.

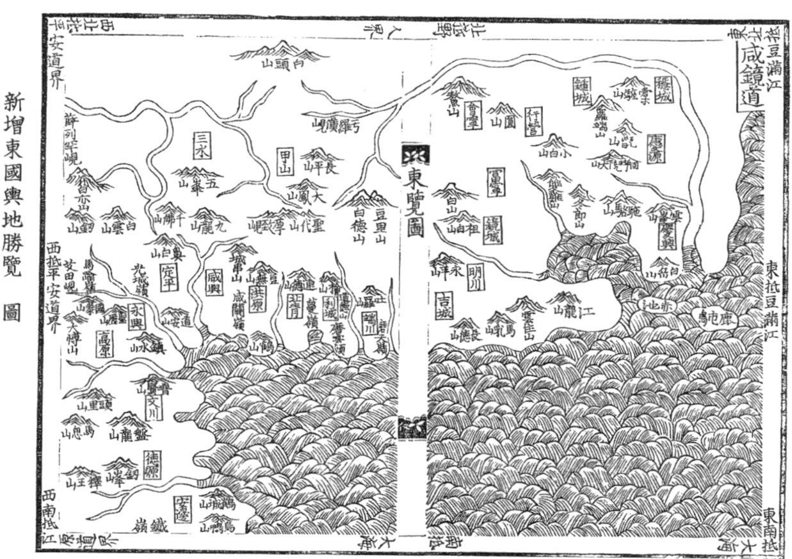

〈그림 12〉『동국여지승람』 함경도

에 2000미터 이상의 높은 산봉우리가 30여 개 있었다. 예컨대 남관모·서관모·북관모·중관모·동관모와 홍대산(虹臺山) 등이며, 험준한 산악 지대를 이루었다.[19]

위에서 보았듯이, 비록 조선시대에 관모봉을 장백산이라고 칭하고, 함경산맥의 주봉을 이루었지만, 일부 학자가 주장하는 것처럼 조선시대의 장백산이란 함경산맥－부전령산맥을 통틀어 지칭하는 용어가 아니었다.[20]

함경산맥은 오늘날의 지리명칭이며, 함경북도와 함경남도의 중앙을

19) 『두산백과』, '관모봉'조, https://terms.naver.com/entry.naver?docId=1064421&cid=40942&categoryId=39748, 2023년 12월 21일.

20) 楊軍·李東彤은 조선의 이른바 '장백산'이란 백두산맥·함경산맥·부전령산맥을 포함한 거대 산계를 가리킨다고 주장하였다(楊軍·李東彤, 「長白山考－兼論穆克登査邊以前的朝鮮北界」, 123·124쪽 참조).

관통하는 큰 산계를 지칭한다. 즉 함경북도 경원 운무령에서 시작하여 두리산에 이르며, 두만강 수계와 동해안 하천의 분수령을 이루며, 두만강 수계가 그 밖에 놓여 있다. 한편 함경산맥이 두리산에 이른 후, 북에서 남으로 뻗어 내려오는 마천령산맥과 서로 교차되었다. 두리산은 계속하여 동남으로 뻗어 내려가 부전령산맥[21]과 이어졌으며, 이로써 동북~서남향의 큰 산계를 이루었다. 그러나 역사적으로 이 큰 산계를 장백산이라고 부르지 않았다.

2. 조선후기 경성장백산과 백두산에 대한 명확한 구분

1712년 목극등 정계를 계기로 하여, 조선의 국경의식이 강화되었으며, 북부의 산천 지리에 대한 관심이 증대되었다. 이와 동시에 경성장백산과 중국의 장백산(백두산)이 다르다는 것을 명확히 구분하였다. 예컨대 청사 목극등을 영접하기 위해 만든 조선의 '차관접대사의별단(差官接待事宜別單)'에는 다음과 같은 기록이 있었다. 즉 "그들이 말하는 장백산이란 일명 백두산이며, 우리나라에서 말하는 장백산이 아니다."고 하였다.[22] 이 밖에 홍세태의 『백두산기』(1731)에서도 경성장백산을 기록하였는데, 즉 "괘궁정 아래로부터 물줄기를 따라 올라가 오시천에

---

21) 부전령산맥은 두리산에서 시작하여, 정평부의 사수산(泗洙山)까지이며, 주로 황토기·후치령·태백산·부전령·황초령 등을 포함하며, 동북~서남향으로서 함경산맥의 자연적인 연장이며, 북에서 남으로 뻗어 내려온 낭림산맥과 서로 교차되었다(『두산백과』, '부전령산맥'조 ; 『한국민족문화대백과』, '부전령산맥'조 참조. https://terms.naver.com/entry.naver?docId=1104093&cid=40942&categoryId=32304 ; https://terms.naver.com/entry.naver?docId=577610&cid=46617&categoryId=46617, 2023년 12월 23일.

22) 『비변사등록』 64책, 숙종 38년, 3월 5일.

이르는데, 이 물이 경성의 장백산 서쪽에서 흘러나와 여기에 이르러 합친다."고 하였다.[23] 여기서 경성장백산이란 경성 서쪽에 위치한 관모봉을 가리켰다.

조선의 고지도에 백두산과 경성장백산을 구분한 것도 목극등 정계이후였다. 전술했듯이, 콜라주 드 프랑스 소장 『천하제국도』와 규장각 소장 『여지도』에 『목극등정계도』(그림 6·7)가 수록되어 있는데, 북쪽에 '백두산'을 표기함과 동시에 남쪽에 '장백산'을 표기하였다. 이 중에서 '장백산'은 완항령이남 설령이동에 위치하였으며, 오늘날 경성 관모봉에 해당되었다. 특기할 것은 장백산이 산봉우리 형식으로 나타났으며, 거대한 산줄기를 형성하지 않았다.

18·19세기 제작된 조선의 고지도, 예컨대 1740년대 정상기가 제작한 『동국지도』의 '함경북도도', 18세기 중기 제작된 『해동지도』의 '함경도도'와 『서북피아양계만리지도』, 1765년의 관찬 『여지도서』의 '북병영지도', 1770년 신경준이 왕명에 의해 제작한 『조선지도』의 '함경북도도', 18세기 후기에 제작된 『북계지도』, 1785년에 제작된 『북관장파지도』, 1861년 김정호가 제작한 『대동여지도』, 1872년 함경북도에서 제작한 『무산지도』 등의 경우도, 북쪽의 백두산과 남쪽의 경성장백산을 구별하고 있었다. 이중에서 『무산지도』를 보면(그림 13), '장백산'의 네 봉우리가 흰색으로 그려져 있었으며, 사계절 눈에 덮여 있음을 나타냈다.

영조시기 편찬된 전국지리지 『여지도서』의 경우, 백두산과 경성장백산을 구분하였을 뿐만 아니라, 백두산이 조선의 '여러 산의 대 간맥(幹脈)'이 시작되는 곳이라고 보았는데, 학자들은 이를 일컬어 '백두대간'이라고 칭하였다.[24]

23) 홍세태, 『백두산기』, 동북아역사재단 편, 『백두산정계비자료집』 6, 2006년, 134쪽.

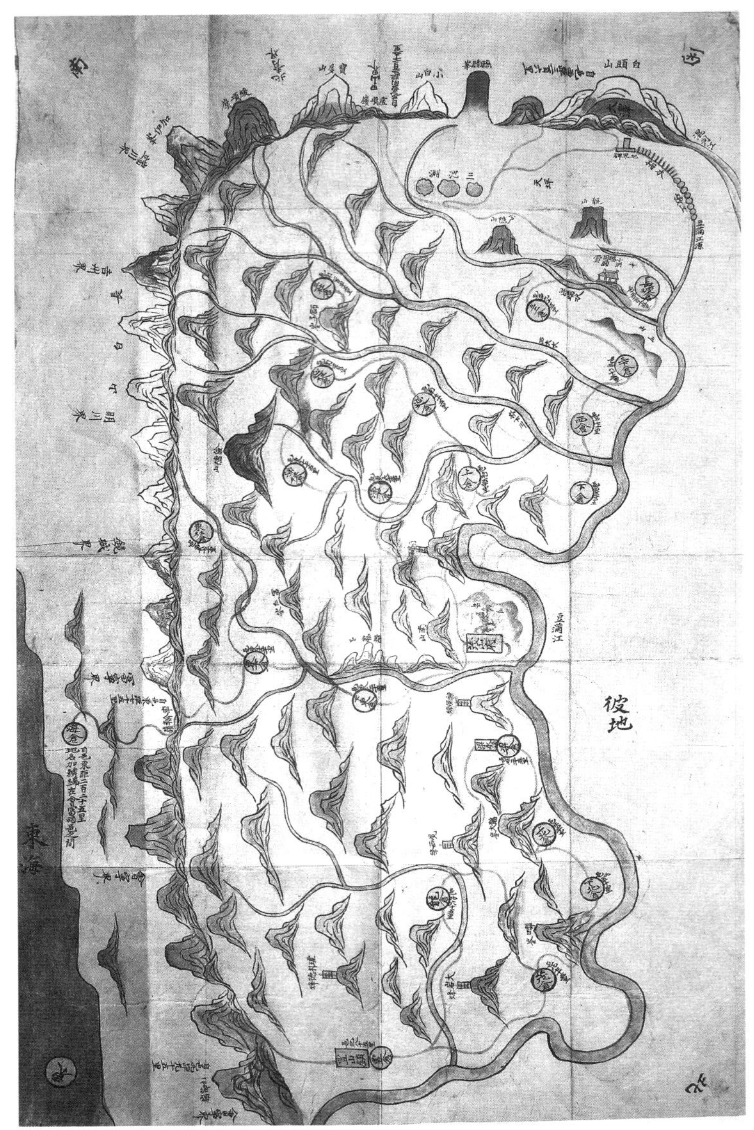

〈그림 13〉『무산지도』(1872년, 서울대학교 규장각 소장)

24) 양보경, 「조선시대 '백두대간' 개념의 형성」, 『진단학보』 83호, 1997년.

백두대간의 산계 인식은 『세종실록지리지』에서 시작되며, 예컨대 "준령이 있는데, 백두산에서 기복이 시작되어, 남쪽으로 철령에 이르며, 천여 리를 뻗쳐있다."고 하였다.[25] 한편 조선후기 『여지도서』에 이르러서는 백두대간의 산계 인식이 더욱 강화되었는데, 이는 백두산 정계와 무관하지 않았다. 즉 양측의 공동 답사를 통하여, 백두산의 웅장함과 기이함을 알게 되었고, 여기에다가 풍수지리학이 결합되어, 백두산을 조선 산맥의 조종산으로 인식하게 되었다.[26] 다른 한편으로 영조대에 왕권을 강화하기 위하여, 발상지를 중시하고 조선왕조의 상징적 의의를 부가한 결과, 백두산이 비백산을 대신하여 북악으로 정해졌고, 봄과 가을에 망제(갑산)를 지내게 되었다.[27]

『여지도서』의 북도 산천에 관한 내용을 살펴보면, 백두대간의 지리 인식이 뚜렷이 나타났다. 예컨대 보다산에 대하여, "백두산으로부터 동남으로 맥이 떨어져, 허항령에서 30리를 가서 우뚝 솟으며, 산이 높고 험악하여 사람이 오를 수 없으며, 리(里) 수를 알 수 없다"고 하였다.[28]

그 남쪽에 있는 경성장백산에 대하여, "보다산 대맥이 동북으로 떨어져 구불구불 경성 경계에 이르러 멈춘다. 산이 험하고 길이 끊겨, 리 수를 알 수 없다"고 하였다.[29] 또한 경성산천 장백산조를 보면, "부(경성부임)의 서쪽 110리에 있으며, 맥이 백두산에서 시작하며, 5월에 눈이 녹기 시작하나 7월에 또 눈이 내리며, 산꼭대기가 모두

---

25) 『세종실록』 권155, 지리지, 함길도.

26) 양보경, 「우리 민족의 전통적 산지관과 백두대간」, 『백두대간의 자연과 인간』, 산악문화, 2002년, 19~62쪽.

27) 조선왕조의 백두산에 대한 인식은 강석화, 『조선후기 함경도와 북방영토의식』; 이화자, 『조청국경문제 연구』, 270~288쪽 참조.

28) 『여지도서』 하, 함경북도·무산산천.

29) 『여지도서』 하, 함경북도·무산산천.

흰색이며, 토인은 이를 장백산이라고 부른다."고 하였다.[30)]

차류령에 대하여, "백두산의 동쪽 줄기가 남쪽으로 돌아오며, 경성부 장백산 북쪽에서 맥이 와서, 무산·부령·회령 3읍 경에 우뚝 솟는다."고 하였다.[31)] 즉 백두산에서 동남으로 산줄기가 뻗어 내려 경성장백산에 이르며, 다시 북쪽으로 향하여, 무산·부령·회령 경내에서 우뚝 솟아 차유령을 이룬다는 것이었다.[32)]

단천 산천조를 보면, "백두산 남쪽 줄기가 갑산 동쪽에서 두리산을 이루며, 부(단천부임)의 북쪽 300리에서 두 줄기로 나뉘어, 한 줄기가 동북으로 돌아 장백산(경성)을 이루는데 북도 여러 산의 조종이며, 다른 한 줄기가 서남으로 돌아, 부의 북쪽 황토령·천수·후치·황초 등 령(嶺)을 이루고, 남쪽으로 철령을 이루는데, 이는 남도의 여러 산맥의 뿌리이다. 두 줄기 중에서 중간에서 토라산을 뽑는데 속칭 검의덕산이다. 산세가 높아 함경 일도의 최고이다."라고 하였다.[33)] 즉 백두대간이 두리산에 이르러 세 갈래로 나뉘며, 한 갈래가 동북으로 향하여 경성장백산을 이루고, 다른 한 갈래가 서남으로 뻗어 내려 강원도 경계인 철령에 이르며, 중간에서 한 줄기를 뽑아내어 토라산을 이루며, 동북으로 뻗어나가 검의덕산(검덕산이라고도 함)을 이룬다는 것이었다.

이상에서 본 『여지도서』의 내용을 요약하면, 백두산에서 맥이 시작

30) 『여지도서』 하, 함경북도·경성산천.

31) 『여지도서』 하, 함경북도·회령산천.

32) 楊軍·李東彤이 그들의 논문에서 『여지도서』 '차유령'조를 해석한 것이 잘못되었다. '장백산'이 무산·부령·회령 삼읍 경내에 우뚝 솟은 줄로 알았지만, 실은 차유령이 삼읍 경내에 우뚝 솟았다(楊軍·李東彤, 「長白山考－兼論穆克登查邊以前的朝鮮北界」, 125쪽 참조).

33) 『여지도서』 하, 함경남도·단천산천.

〈그림 14〉 김정호, 『대동여지도』의 부분도(1861년)

되어 남쪽으로 허항령을 거쳐 보다산에 이르며, 계속 남쪽으로 향하여 두리산(오늘날 두류산임)을 이루며, 여기서 세 갈래로 나뉘어, 하나가 동북으로 향하여 경성장백산과 차유령을 이루며, 다른 한 갈래가 서남으로 향하여, 황토령·천수·후치·황초령을 거쳐 강원도 경계인 철령에 이르며, 중간에서 동북으로 향한 작은 산줄기를 뽑아내어 토라산·검의덕산을 이룬다는 것이었다. 요컨대 백두산 동남에서 뻗어나가는 오늘날 마천령산맥과 동북~서남으로 뻗어있는 오늘날 함경산맥이 두리산에서 교차되는 정경을 묘사하고 있다. 이 중에서 이른바 '장백산' 즉 경성장백산은 하나의 산맥에 불과하며, 전체 함경산맥 또는 부전령산맥을 가리키는 거대한 산계를 지칭하지 않았다.

이 밖에 『여지도서』 '백두산'조의 내용은 초기 지리지의 착오가 수정되어, 더 객관적이고 정확하게 기술되었다. 예를 들어, 백두산이 "부(무산부임)의 서쪽 305리에 있다. 그 모양이 가마솥 위의 시루와 같으며, 밖은 흙이고 안은 돌이며, 산이 흰색을 띠었다. 둘레가 80리인데 중간에 큰 못이 있으며, 못의 네 면이 모두 절벽이며, 천길 높이로 줄서 있었다. 북쪽에 수구(水口)가 있는데 물이 떨어져 폭포를 이루며, 혼동강이라고 부른다."고 하였다.[34] 이처럼 천지 북쪽에서 폭포가 떨어져 형성되는 혼동강 즉 송화강을 정확히 기술하고 있다. 이는 홍세태의 『백두산기』와 비슷한 내용으로서, 백두산정계를 통해 지리지식이 증대되었음을 반영한다.

3. 목극등 정계 시 조선에 속하지 않던 백두산이동·이남의 지리범위

이 문제는 목극등 정계 이전의 양국 경계 특히 백두산 지역의 경계와 관련되며, 다른 한편으로 목극등 정계를 통해 조선에서 얻은 땅의 범위와도 관련된다.

조선초기에 있어서, 조선과 명은 압록강·두만강을 경계로 하였으며, 이는 학계의 공통된 인식이다.[35] 청초에 이르러 여진 부락이 흥경 지방으로 철거한 이후, 백두산 일대의 경계가 분명하지 않은 관계로, 특히 강희대 『황여전람도』 편찬에 즈음하여 지리조사 차원에서 백두산

---

34) 『여지도서』 하, 함경북도·무산형승.

35) 楊昭全·孫玉梅, 『中朝邊界史』, 139·146쪽 ; 張存武, 「清代中韓邊務問題探源」, 498쪽 ; 이화자, 『조청국경문제 연구』, 88~88쪽 ; 陳慧, 『穆克登碑問題研究-清代中朝圖們江界務考證』, 3쪽 등 참조.

정계를 실시하게 되었다. 1711년 5월 국경 조사에 관한 강희 유지의 내용은 다음과 같았다.

> 혼강(송화강임)은 장백산 뒤에서 흘러나와 선창(船廠) 타생오라(길림임)에서 동북쪽으로 흘러 흑룡강과 합쳐 바다로 흘러 들어가며, 이는 모두 중국 지방이다. 압록강은 장백산 동남쪽에서 흘러나와 서남쪽으로 향하다가 봉황성과 조선 의주 사이에서 바다로 흘러 들어간다. 압록강 서북쪽은 중국 지방이며 압록강 동쪽은 조선 지방이며, 강으로 경계를 한다. 토문강(土門江)은 장백산 동쪽에서 흘러 나와 동남쪽으로 흘러 바다에 들어간다. 토문강 서남쪽은 조선 지방이고 강의 동북쪽은 중국 지방이며, 역시 강으로 경계를 한다. 이러한 곳은 모두 명백하지만 압록강·토문강 사이 지방이 명백하지 못하다. … 이들이 황지를 청할 때 짐이 밀유(密諭)하기를 "너희들은 가서 아울러 지방을 조사하며 조선 관원과 함께 강을 따라 올라가며, … 이번 기회에 가장 안쪽까지 가서 상세히 보고 반드시 변계를 확실히 조사하여 주문하라."고 하였다. 그들이 이미 그쪽에서 떠나갔을 것이다. 그러므로 이러한 곳의 사정은 곧 알 수 있게 될 것이다.[36)]

위와 같이, 조청 양국이 압·두 양강을 경계로 하지만, 양강 사이가 불분명하다고 한 것은 백두산 지역의 경계가 명확하지 못함을 인정한 것이며, 그로 인하여 목극등을 백두산에 파견하여 양강 수원을 조사하도록 하였다.

조선측도 압·두 양강 경계에 대해서는 이의가 없었으며, 양국 간의

36) 『淸聖祖實錄』 권246, 강희 50년 5월 계사, 中華書局 1986년 영인본, 6책, 441쪽.

사실상의 국경이기 때문이었다. 청대 초기로부터 종번관계 하의 월경 교섭이 주로 압·두 양강을 둘러싸고 행해졌으며, 압·두 양강을 넘은 것은 곧 월경이며, 범월죄로써 엄하게 다스렸다. 조선의 경우 주범은 강변에 효시하고, 차범은 변지에 유배 보냈으며, 지방관도 혁직 또는 유배에 처하였다. 이 같은 월경 교섭과 엄벌이 청대 말기인 동치·광서 대까지 유지되었다.[37)]

목극등의 사계 소식이 전해진 이후, 조선이 가장 우려했던 것은 백두산 지역의 경계였다. 이곳은 지세가 높고 기후가 한랭하여 농경에 불리한 관계로, 여진인이 철거한 지 백년이 되도록 대부분 무인지대로 남아 있었으며, 일부 지역만이 조선 변민에 의하여 개간되었다. 예컨대 두만강 상류의 무산[38)]·박하천 등이 그러하다. 1712년 3월 조선의 군신 상하가 이에 대해 토론할 때, 시독관 오명항(1673~1728)이 다음과 같이 계문하였다.

> 압록강·토문강을 경계로 하는 것은 논할 필요가 없지만, 신이 듣건대 삼갑·무산 경내 강물이 없는 곳은 백두산에서 장백산(경성장백산)까지 광막(曠漠)이 이어지며, 원래부터 계한이 없다고 합니다. 『여지승람』에는 박하천(朴下川)이 그들 경내에 있다고 하지만, 지금은 우리 백성이 살고 있으며, 그들 경내에도 이와 같은 지명이 있는지 알 수 없습니다. 이러한 곳은 분명하지 않기에 강역에 있어서 중대한 일이므로 미리 가서 조사해야 합니다.[39)]

---

37) 조청간의 월경 교섭은 이화자, 『조청국경문제 연구』, 참조.

38) 무산은 처음에 차유령 이남에 설치되었으나, 여진인이 철거한 후 두만강변으로 옮겨졌으며, 1684년 부사진으로 승격되어 부성이 축조되었다(『숙종실록』 권15, 숙종 10년 3월 신묘 ; 『비변사등록』 57책, 숙종 32년 4월 14일 ; 『승정원일기』 470책, 숙종 38년 7월 20·25일 참조).

위와 같이, 오명항이 지적한 양국 경계의 모호한 지역은 서쪽의 삼수·갑산부에서 시작하여 동쪽의 무산부까지이며, 북쪽의 백두산에서 동남쪽의 경성장백산(관모봉)까지라고 하였다. 이 밖에 『여지승람』에 기록된 "박하천(朴下川)이 그들 경내에 있다고 하지만, 지금은 우리 백성이 살고 있다"고 한 것은 무산 서쪽의 박하천(서북천, 오늘날 연면수임)을 가리키며, 비록 여진 영역이었으나 그들이 철거한 후 조선 변민에 의해 점거되고 개간되었으나, 귀속이 불분명하다는 것이었다.

도제조 이이명(李頤命, 1658~1722)이 관심을 가진 것은 조선의 실제 공제선인 진보·파수였는데, 백두산이남 5·6일정에 있음을 환기시켜, 대응책을 마련해야 함을 강조하였다. 그의 계문 내용은 다음과 같았다.

> 그들이 강계를 말하고 있는데 이는 우려되는 바입니다. 백두산은 갑산에서 7일정이며 산이 많고 나무가 우거지고 인적이 드물어 우리나라 진보와 파수는 모두 백두산 남쪽 5, 6일정에 있다고 합니다. …『대명일통지』는 백두산이 여진에 속한다고 하였습니다. 그 주에 보면, 장백산 위에 대지(大池)가 있는데, 서쪽으로 흘러 압록강이 되고, 동쪽으로 흘러 토문강이 되며, 북쪽으로 흘러 혼동강이 된다고 하였는데 백두산을 가리킵니다. 만약 그들이 백두산 남쪽 우리나라 파수처를 그들의 경계라고 하면 매우 난처합니다. 우리는 이미 두·압 양강을 경계로 함으로 발원처나 하류를 막론하고 수남(水南)은 모두 우리 땅이어야 하며, 이로써 힘써 쟁집하며, 접반사가 나갈 때도 이로써 분부해야 합니다. 이와 같은 논쟁이 있게 될 경우 그들로 하여금 힘써 다투게 하는 것이 어떻겠습니까?[40]

39) 『비변사등록』 64책, 숙종 38년 3월 7일.
40) 『비변사등록』 64책, 숙종 38년 3월 9일.

위와 같이, 이이명은 조청 양국이 압·두 양강을 경계로 하는 사실과 이 두 강이 백두산에서 발원함을 근거로 하여, 발원처는 물론이고 하류에 있어서도 물 남쪽이 조선에 속해야 함을 제기하였는데, 즉 백두산 천지 남쪽이 조선에 속해야 함을 주장하였다. 이에 대해 국왕이 동의함과 동시에, "그들에게서 혹시 뜻밖의 말이 있을 경우, 백두이남이 우리 경(境)이라는 뜻으로 논집하며, 접반사가 내려갈 때 이로써 분부하도록 하라"고 명하였다.[41] 즉 청에서 조선의 진보·파수로써 경계를 나누자고 할 경우, 백두산이남이 조선경임을 힘써 다툴 것을 명하였는데, 이것이 조선의 정계 목표였다.

위 인용문과 같이, 백두산에서 갑산까지 7일정이며, 조선의 진보·파수가 백두산에서 5·6일정이라고 한다면, 그 위치가 어디인지 알아볼 필요가 있다. 이는 조선의 실제 공제선과 관계되기 때문이다.

기록에 의하면, 압록강 상류로부터 백두산으로 향할 경우, 조선의 진보·파수가 혜산에서 끝나며, 특히 오시천(압록강 지류)을 지나면, "강 밖은 모두 황폐하여 사람이 살지 않는다."고 하였다.[42] 그럴 경우, 이른바 "백두산 남쪽 5·6일정"이란 혜산 근처임을 알 수 있다.

그렇다면, 혜산에서 백두산까지 실제로 몇 일정이 걸리는지 알아보기로 하자. 기록에 의하면, 갑산으로부터 "남쪽으로 감영(監營)까지 475리·5일정이며, 남쪽으로 병영까지 280리·3일정이다."[43] 여기서 감영이란 함흥을 가리키며, 병영이란 북청을 가리킨다. 즉 갑산으로부터 함흥까지 475리·5일정이며, 갑산으로부터 북청까지 280리·3일정이다. 그럴 경우, 1일정이 약 90~100리이다. 또 기록에 의하면, 갑산으로

---

41) 『비변사등록』 64책, 숙종 38년 3월 15일.

42) 홍세태, 『백두산기』, 134쪽.

43) 『여지도서』 하, 함경남도·갑산부읍지.

부터 백두산까지 339리[44]·7일정이며, 산길이 험한 까닭으로 1일정이 50리도 못 된다. 또한 갑산으로부터 혜산까지 90리이며,[45] 이를 뺄 경우, 혜산으로부터 백두산까지 240리(330-90=240)·5일정이다. 이는 홍세태의 『백두산기』를 통해서도 증명되며, 목극등 일행이 혜산에서 출발한 후 5일정 반(半)을 거쳐 백두산 천지에 올랐다.[46] 즉 혜산이 백두산이남 5·6일정에 있음이 확인된다. 조선 초기로부터 혜산에 진보가 설치되었으며, 갑산부에 속한 변방 초소임이 틀림없었다.

한편 목극등이 조선의 두 사신(접반사·관찰사)에게 보낸 자문(咨文)을 보면, 양국 국경이 모호한 지역이 혜산에서 무산까지 물이 흐르지 않는 구간(양강 발원지)이며, 이곳에 인공 표식물을 설치하도록 논의하였다. 그 상세한 내용은 다음과 같았다.

> 내(목극등임)가 친히 백두산에 와서 조사해보니, 압록·토문 두 강이 모두 백두산 밑에서 발원하여 동서로 나뉘어 흘렀다. 그리하여 강북이 대국(청을 가리킴) 경이고 강남이 조선 경이며, 시간이 오래되어 논할 필요가 없으며, 이 두 강이 발원하는 분수령에 비를 세우고자 한다. 토문강원으로부터 물줄기를 따라 내려가며 조사해보았더니, 수십리를 흐르다가 물의 흔적이 없어져 돌 틈 사이로 암류하며, 백리를 지난 후 큰물로 나타나 무산에 이르렀다. 양안(兩岸)에 풀이 적고 땅이 평평하여 사람들은 변계(邊界)가 어디인지 몰랐으며, 서로 왕래하며 월경하고 또 집을 짓고 살았으며 길이 뒤섞이게 되었다. 그리하여 접반사·관찰사와 함께 무산·혜산과 가까운 물이 없는 곳에

44) 『여지도서』 하, 함경남도·갑산부읍지·산천.
45) 『여지도서』 하, 함경남도·갑산부읍지·방리.
46) 홍세태, 『백두산기』, 133~138쪽.

서 어떻게 표식을 세워 지키도록 할 것인지를 논의하였다. 사람들로 하여금 경계를 알게 하고 감히 월경하여 사단을 일으키는 일이 없도록 할 것이다. 이로써 황제가 백성을 살리도록 하는 참뜻에 부합하며, 두 나라 변경이 무사하도록 할 것이다. 이를 위하여 서로 의논하며 자문을 보낸다.[47)]

위와 같이, 목극등과 조선의 두 사신이 무산·혜산 사이 물이 흐르지 않는 구간에 설표할 것을 논의하였는데, 이는 목극등 정계의 중요한 부분이며, 조선에서 땅을 얻은 지역이기도 하였다. 이에 대해 국왕은 "강역이 증탁(增拓)되어 실로 다행이다."고 기뻐하였으며, 청에 사은사를 파견하여 '사정계표(謝定界表)'를 올렸다.[48)]

목극등 정계를 통하여, 조선에서 얻은 땅의 범위에 대하여, 접반사 박권(1658~1715)은 다음과 같이 기술하였다.

오시천에서 어윤강까지 그리고 장백산(경성관모봉임)이북 백두산이남까지 주위 천여 리가 모두 우리나라 땅이었으나, 『여지승람』과 『북관지(北關志)』에 모두 '저들 땅'이라고 기록하였습니다. 그리하여 우리나라 수렵자들이 범월의 우려 때문에 마음대로 다닐 수 없게 되었습니다. 오늘에 이르러 계한이 이미 정해졌으니 변경민들이 이곳이 우리 경내임을 알게 되었습니다. 그 사이에 있는 서수라덕·허항령·완항령 및 보다회산 주위에는 삼밭이 있고 초서(貂鼠)가 산출됩니다. 백두산 아래 이른바 천평·장파 등 곳에도 자작나무가 줄지어

47) 『동문휘고』 원편 권48, 疆界, 제1책, 907쪽 ; 김지남, 『북정록』, 5월 28일조, 106~107쪽.

48) 『동문휘고』 원편 권48, 疆界, 제1책, 907~908쪽.

서 있으며 끝이 보이지 않습니다. 삼갑(삼수·갑산)·무산 세 읍의 백성들이 이런 곳에서 채취하는 것을 허락할 경우 의식이 풍족해질 수 있습니다.[49]

위와 같이, 박권은 오시천에서 어윤강까지, 장백산이북·백두산이남의 천여 리 땅이 조선에 귀속되었다고 하였다. 여기서 오시천은 혜산 북쪽에 있으며, 압록강 지류이다. 어윤강은 오늘날 서두수로서 무산 서쪽에 있으며, 두만강 지류이다. 장백산은 경성 서쪽에 있는 관모봉을 가리킨다. 이는 앞에서 보았던 오명항·이이명이 말한 이른바 경계가 모호한 구역과 맞아떨어지며, 목극등 정계를 통하여 조선이 얻은 땅의 범위였다.

이와 관련하여 일부 학자의 경우, 목극등 정계 시 조선은 장백산 명칭의 차이 즉 중국의 장백산과 조선의 경성장백산의 차이를 이용하여, 목극등을 잘못 인도하여, 중국의 장백산(백두산임)을 경계로 하는 결과를 초래함으로써, 중국에 영토 손실을 안겨주었다고 주장하고 있는데,[50] 이는 전혀 근거가 없다. 전술했듯이, 조선은 처음부터 백두산이남이 조선땅임을 정계 목표로 삼았으며, 역관을 통하여 목극등에게 그런 뜻을 전달하였다. 그러므로 이른바 '장백산' 명칭의 차이를 이용하여 영토를 차지했다는 것은 그릇된 주장이다.

목극등 정계 시 조선은 청조의 장백산과 조선의 장백산이 다르며,

---

49) 박권, 『북정일기』, 7월 13일조, 130~131쪽.

50) 楊軍·李東彤은 논문에서, 조선측은 장백산 이름의 차이를 이용하여, 조청 양국이 장백산을 경계로 한다고 하였으며, 목극등을 잘못 인도한 결과, 중국의 영토 손실을 초래했다고 주장하였다. 즉 양국이 경성장백산을 경계로 함에도 불구하고, 중국의 장백산(백두산임)을 경계로 하는 것처럼 기만하여 중국측이 손해를 보았다고 주장하였다(楊軍·李東彤, 「長白山考－－兼論穆克登查邊以前的朝鮮北界」, 126쪽).

서로 혼동하지 않기 위해, '차관접대사의별단'에 "그들의 이른바 장백산은 즉 일명 백두산이며, 우리나라에서 말하는 장백산이 아니다. 우리나라의 장백산은 실은 장백이 아니라 소백산이다. 임신(壬申) 및 지금의 두 자문(咨文)의 이른바 장백산 남쪽이란 지금의 장계의 이른바 백두산 남쪽과 동일한 백두산을 가리키며, 본도(本道)로 하여금 잘 알게 하고 거행하는 뜻으로 분부해야 한다."고 규정하였다.[51] 즉 중국에서 말하는 장백산은 조선의 백두산이며, 조선의 장백산과 혼동하지 말 것을 함경도에 알리도록 하였다.

이 밖에 목극등이 후주에 도착하여 접반사 박권 및 역관 김지남 등과 만났을 때, 김지남이 목극등에게 이르기를 "장백산 꼭대기에 큰 못이 있는데, 서쪽으로 흘러 압록강이고 동쪽으로 흘러 두만강이며, 큰 못의 남쪽이 우리나라 경(境)입니다"라고 한 것은 백두산 천지 남쪽이 조선 경이라는 뜻이다.[52] 조선의 논리대로라면, 양국이 압·두 양강을 경계로 하기 때문에, 양강 발원지인 백두산 천지 남쪽도 조선에 속해야 한다는 것이었다. 이에 대해 목극등이 반대하지 않자, 박권은 국왕에게 "경계를 다투는 일은 걱정하지 않아도 됩니다."라고 보고하였다.[53] 즉 백두산 천지 남쪽이 조선에 속하는 것은 별 문제가 없다는 것이었다.

---

51) 『비변사등록』 64책, 숙종 38년 3월 5일.
52) 『숙종실록』 권51, 숙종 38년 5월 정해 ; 김지남, 『북정록』, 4월 29일조, 72쪽.
53) 『숙종실록』 권51,숙종 38년 5월 정해.

4. 맺는말

조선초기에 '백두산' 지리 명칭은 명확하였으며, 즉 오늘날 북·중 국경인 중국의 이른바 장백산을 가리켰다. 그러나 '장백산' 지리 명칭은 명확하지 않았으며, 경성장백산 또는 다른 '백산'을 가리켰다. 경성장백산은 경성 서쪽 110리에 있었으며, 산세가 험하고 사계절 눈이 덮여 있어, 토인들이 '장백산'이라고 부르게 되었다. 경성장백산은 오늘날 함경북도 관모봉에 비정되며, 한반도의 두 번째로 높은 산(2541m)으로서 함길도의 3대 명산에 속했으며, 그 지위가 '야인(여진) 지면'에 속했던 백두산보다 높았다.

비록 경성장백산(관모봉)이 오늘날 함경산맥의 주봉이지만, 조선왕조의 지리명칭으로서의 '장백산'은 일부 학자의 주장처럼, 함경산맥·부전령산맥을 포함한 거대 산계를 지칭하는 용어가 아니었다. 이 점은 관찬 지리지인 『세종실록지리지』·『동국여지승람』·『여지도서』 및 관찬·사찬 지도를 통해 알 수 있다.

한편 함경산맥은 역사지리 명칭이 아니라, 오늘날 지리명칭이다. 함경산맥의 지리범위는 오늘날 함경북도 경원 운무령에서 시작하여, 동북~서남향으로 뻗어 내려가 두리산에 이른다. 계속 그 아래로 뻗어 내려가 부전령산맥을 이루며, 이로써 동북~서남향의 거대한 산계를 형성하며, 그 밖에 두만강 수계와 압록강 수계가 분포되어 있다. 이 거대한 산계를 조선왕조 역사상 '장백산'이라고 할 수 없으며, 목극등 정계 시 조선의 북쪽 경계도 아니었다. 왜냐하면, 이 산계 밖에 조선의 수많은 행정시설이 설치되어 있었으며, 예컨대 두만강변의 육진, 압록강 상류의 사군(1688년 폐사군 1000여 리에 파수처 100여 개를 설치함)·장진책·삼수부·갑산부·혜산진 및 수많은 만호·진보·파수가 설치되어 있기 때문이다.

이른바 조선의 진보·파수가 백두산이남 5·6일정에 있다고 한 것은 혜산 부근을 가리킨다. 목극등 정계 시 양국 경계가 모호한 곳, 즉 조선에서 아직 관할하지 못한 곳은 혜산이북·무산이서와 백두산이남·경성장백산(관모봉)이북이며, 목극등 정계를 통하여 이러한 곳이 조선에 속하게 되었다.

요컨대, 조선 사료 중의 '장백산'은 오늘날 백두산이 아니며, 한반도의 제2고봉인 관모봉을 가리켰다. 비록 관모봉이 오늘날 함경산맥의 주봉이지만, 조선왕조 지리명칭으로서의 '장백산'은 함경산맥·부전령산맥을 지칭하지 않았으며, 목극등 정계 시 조선의 북쪽 경계도 아니었다. 이처럼 현대지리 개념과 역사지리 개념을 혼동하는 것은 마땅히 시정되어야 한다.

제2편

백두산정계 연구

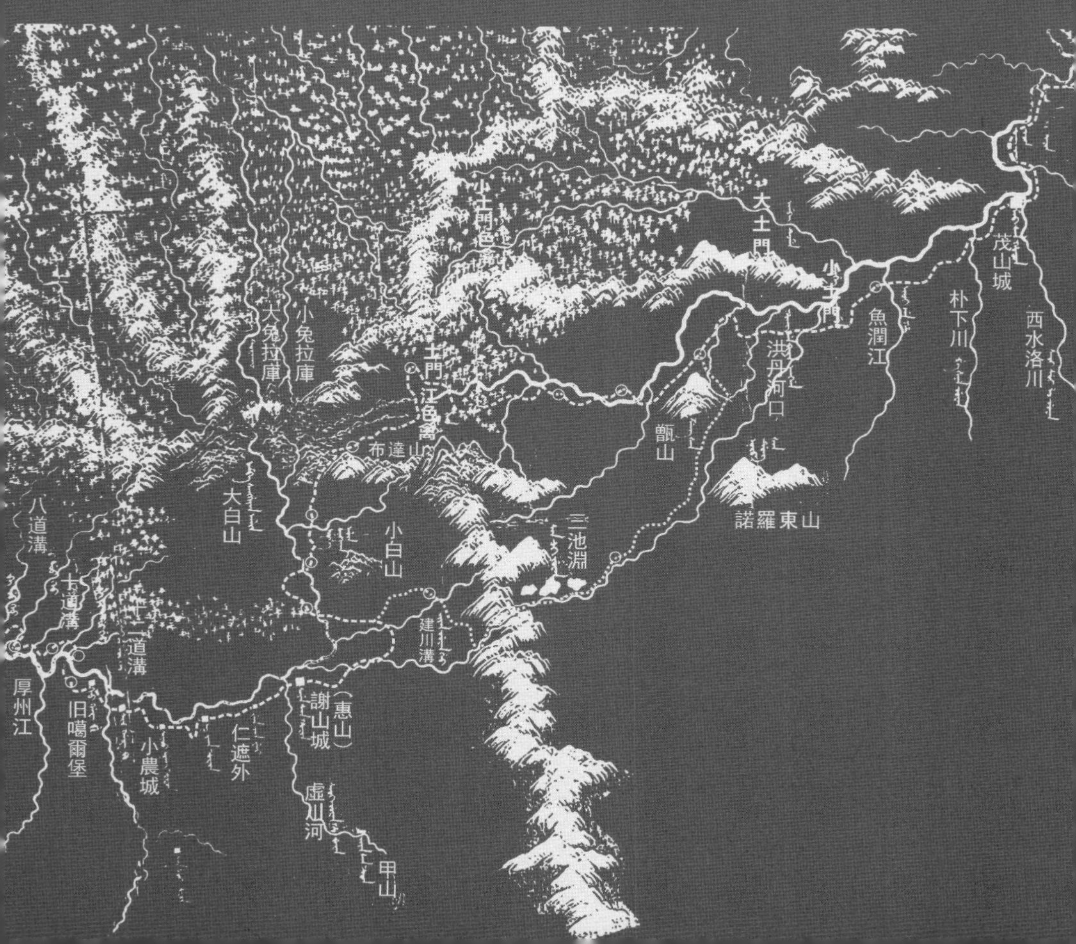

大土門
小土門
茂山城
朴下川
西水洛川
魚潤江
洪丹河口
甑山
諾羅東山
三池淵
布達山
大兔拉庫
小兔拉庫
土門江色禽
大白山
小白山
八道溝
十道溝
二道溝
建川溝
厚州江
小農城
仁遮外
謝山城
(惠山)
虚川河
甲山

목극등이 정한 압록강 동원·서원과 후세 분수령에 대한 논쟁

머리말

1712년 백두산정계를 통하여 조청 간에 백두산 지역 경계를 나누었으며, 특히 백두산 천지 동남 기슭(천지에서 약 4㎞)에 정계비를 세움으로써, 종번관계 하의 두 나라 경계가 근대 국제법상의 선을 경계로 함에 근접하게 되었다.

그러나 시간이 흐름에 따라 양국 경계가 모호해졌으며 논쟁이 끊이지 않았다. 예컨대 입비처의 동쪽에 있는 흑석구(동남안에 토석퇴가 있음)가 두만강 수원과 연결되었는지 아니면 송화강 상류에 연결되었는지? 압록강 수원이 동원과 서원이 존재하는 이유는 무엇인지? 어느 하천을 경계로 하는지 등의 문제이다.

이 글은 지금까지 소홀히 다뤄졌던 압록강 수원 문제를 살펴보고자 한다. 목극등 정계 시, 무엇 때문에 두 개의 압록강 수원을 정했는지? 이는 두만강 수원이 하나인 것과 대조되었다. 그리고 압록강 동원과 서원은 오늘날 어떤 하천에 비정되는지, 후세의 감계담판 과정에서 논쟁이 분분하였던 분수령 즉 삼지연 및 소백산과 압록강 지류와의 대응 관계 등에 대해 살펴보고자 한다.

봉천 후보 지현이었던 류건봉(劉建封)이 1908년 실지답사를 통해 얻어낸 백두산이남 지리정보 특히 삼지연-이명수 선이 그 이후 1959년 중국측 국경 담판에 영향을 미쳤음이 드러났다. 이에 대해 알아봄과 동시에, 1959년 『중화인민공화국변계지도집(中華人民共和國邊界地圖集)』에 대한 분석을 통하여, 북·중 양측의 백두산 지역에서의 국경 분쟁과 그 해결에 대해서도 살펴보고자 한다.

1. 목극등이 찾아낸 압록강 동원과 서원

『황여전람도』의 분도(分圖)인 『조선도』(그림 15)를 통해 압록강 수원을 살펴볼 경우, 백두산 천지 남쪽에 두 개의 수원이 존재함이 발견되며, 즉 동원과 서원이다. 동원은 백두산 동남 기슭에서 발원하며, 서원은 백두산 남쪽 기슭에서 발원하였다. 이 두 물줄기가 남쪽으로 흐르다가 합류한 후 계속 남쪽으로 흘러 혜산에 이르렀으며, 방향을 돌려 서쪽으로 흘러갔다. 이는 오늘날 압록강 본류의 흐름과 비슷하다.

또한 『조선도』를 통해 압·두 양강 분수령을 살펴볼 경우, 백두산으로부터 남북으로 뻗어 있는 긴 산줄기가 발견되며, 그 근처에 다음과 같은 지명이 표기되었다. 즉 장백산(백두산임)·소백산·삼지연·낙라동산(諾羅東山, 노은동산임) 등이다. 이 분수령 양쪽에서 압록강·두만강 물줄기가 양쪽으로 나뉘어 흘렀으며, 서로 마주하고 있는 것이 다섯 쌍 발견된다. 그 중에서 가장 북쪽에 놓인 것이 압록강·두만강 수원이며, 동북쪽에 '토문강색금'이라고 표기한 것으로 보아, 목극등이 정한 두만강 수원임을 알 수 있다. 한편 후세에 한중 양국 사이에

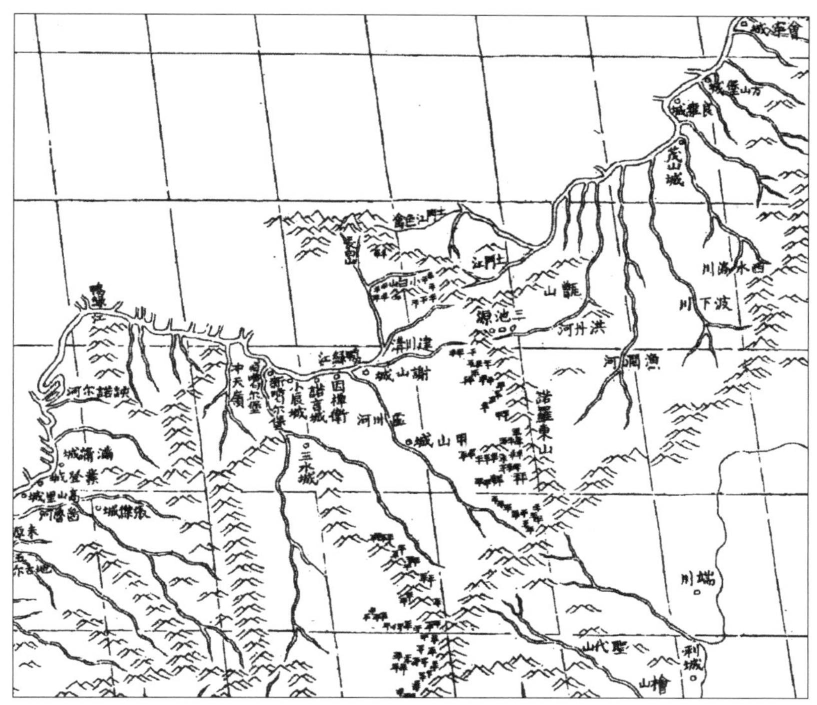

〈그림 15〉 강희 『皇輿全覽圖』의 『조선도』의 부분도

일어났던 국경 분쟁이 이 분수령과 그 양쪽에 있는 하천을 중심으로 전개되었음이 확인된다.

한국의 고지도를 통해서도 압록강 수원을 살펴볼 수 있다. 서울대학교 규장각 소장 『여지도』 말고도 최근에 콜레주 드 프랑스에 소장된 『천하제국도』에도 『목극등정계도』가 포함되어 있음이 확인되었다. 이 두 지도를 살펴보면(그림 6·7), 백두산 천지 근처에 두 개의 압록강 수원이 존재하였다. 그 중에서 서원의 물줄기가 길고 동원의 물줄기가 짧으며, 서원은 천지물과 닿아 있으며, 목극등 일행의 등산 노선이 표기되어 있었다. 동원의 동쪽에는 '강원비(江源碑)'(정계비임)가 있으며, 그 동쪽에 두만강 수원이 땅속에서 흐르는 부분 즉 흑석구가 존재하였다. 정계비의 위치는 압록강 동원과 흑석구 사이 분수령에 놓여 있었다.

다시 『목극등정계도』(그림 6·7)를 통해 압록강 수원을 살펴보면 다음과 같은 의문점이 제기된다. 첫째로 지도에 압록강 서원과 천지물이 닿아 있듯이 그려놓았지만, 실은 천지물과 연결되지 않았다. 주지하다시피, 송화강 수원만이 천지 북쪽에서 폭포로 떨어져 수원을 형성하기 때문이다. 그렇다면 지도에 압록강 수원과 천지물을 이어놓은 까닭은 무엇인가?

둘째로 압록강 동원과 흑석구 사이에 정계비를 세운 것은 동원이 정원이고 경계를 나누는 하천임을 뜻하는데, 무엇 때문에 서쪽 물줄기에도 '압록강원'을 표기하였는가? 두 개의 수원이 존재하는 것은 국경 획정에 혼동을 줄 우려가 있다. 〈그림 6·7〉과 같이, 만약 압록강동원－정계비－두만강수원을 잇는 선으로서 경계를 나눌 경우, 백두산 천지가 중국에 속하게 되며, 반대로 압록강서원－정계비－두만강수원을 경계로 할 경우, 천지 북쪽이 중국에 속하고 그 남쪽이 조선에 속하며, 즉 천지를 경계로 한다. 후자가 목극등 정계 시 조선측 주장이며, 조선의 의지를 나타낸 것이다. 이처럼 압록강이 동원과 서원으로 나뉘는 것은 수원을 경계로 함에 있어서 이해하기 어려운 대목이다.

그렇다면 압록강 동원과 서원이 오늘날 어떤 하천에 비정되는가? 실지답사 및 문헌 연구를 통하여, 백두산 천지 근처에 두 개의 압록강 지류가 존재함이 발견된다. 하나가 북한 경내에서 흘러내려오는 연지천으로서, 삼기봉(三奇峰) 아래 천지 동파에서 발원하여 남쪽으로 흘러갔다. 정계비가 그 동쪽에 있으며, 이는 목극등이 정한 압록강 동원이었다. 다른 하나가 오늘날 북·중 국경인 시령하(時令河)로서, 천지 남파에

〈그림 16〉 압록강 상류 시령하와 연지천이 합치는 곳
(합류처에 중·북 제33호 국경비가 세워짐, 원 1호비임)

서 발원하여 동남쪽으로 흘러갔는데, 목극등이 정한 압록강 서원이었다. 두 하천 중에서 동원의 물이 더 크고 서원의 물이 더 작았다.[1)]

그런 까닭으로 목극등이 동원을 정원으로 삼았으며, 동원과 흑석구 사이 분수령에 비석을 세우려 하였다. 이때 목극등과 조선의 차사원·군관 사이에 논쟁이 벌어졌다. 후자의 주장대로라면, 동원에 비석을 세울 뿐만 아니라, 서원에도 "함께 비석을 세워 경계를 분명히 해야 한다"는 것이었다. 그러나 목극등이 이를 거절하였으며,[2)] 하나의 강에 두 개의 수원이 있을 수 없으며, 하물며 동원의 맞은편에 두만강 단류처

1) 1962년 체결된 『중조변계조약』과 1964년 체결된 『중조변계의정서』에 근거하여, 연지천·시령하가 합치는 곳에 제1호 국경비를 세웠으나, 2009년에 제33호 국경비로 변경되었다. 연지천의 명칭은 중국과학원 지리연구소 도서관에 소장된 5만분의 1 '장백산지구도'를 참고하였으며, 시령하의 명칭은 『중조변계의정서』 제7조를 참고하였다. 『중조변계조약』과 『중조변계의정서』는 서길수, 『백두산국경연구』 부록, 378~438쪽 참조.

2) 김지남, 『북정록』, 5월 24일조, 101쪽.

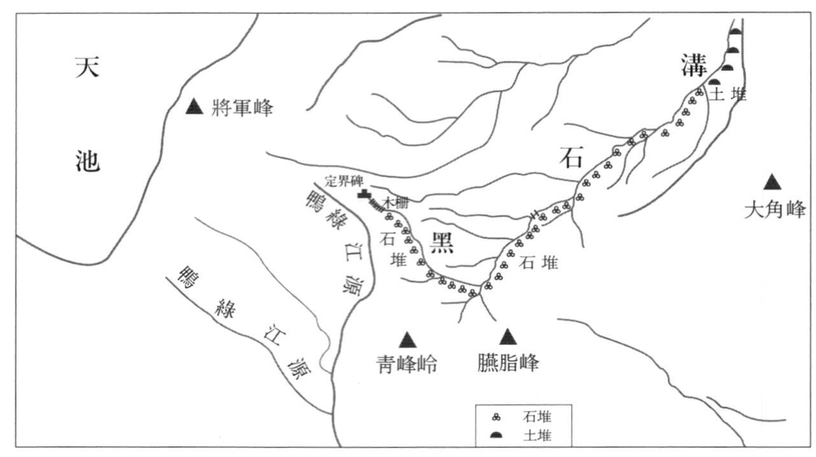

〈그림 17〉 백두산 천지 동남 기슭 압록강원과 흑석구 형세도

(흑석구)가 존재하여, 이곳이 압·두 양강 분수령으로 간주되었기 때문이었다.

그렇다면 조선의 차사원·군관이 서원도 함께 비석을 세우고자 한 까닭은 무엇인가? 이는 서원을 경계로 할 경우 동원보다 조선의 땅이 좀 더 넓어지기 때문으로 생각된다. 국왕이 파견한 정계관인 접반사가 연로한 관계로 목극등과 함께 천지에 오르지 못하고, 직위가 낮은 젊은 차사원·군관 등이 천지에 올라, 정계에 대한 책임이 무거워졌으며, 영토 손실이 있을까 봐 걱정되어 그렇게 요구한 것이라고 생각된다.

목극등이 동원에 비석을 세운 후에도 조선 사람들은 여전히 마음을 놓을 수 없었다. 목극등이 두만강을 따라 내려가 무산에 이르렀을 때, 접반사 박권이 기다리고 있었다. 그는 청나라 화원이 그린 백산도에 동원에만 '압록강원'을 표기하고, 서원에 아무 표시도 하지 않은 것을 발견하고, 역관 김지남을 보내 서원도 함께 '압록강원'을 표기할 것을 요구하였다. 김지남이 귀국 후 국왕에게 고할 길이 없다고 하자, 목극등은 별 수 없이 국왕에게 보낼 지도에 서원에 '압록강원'이라는 네 글자를 써넣도록 하였다. 그 이후 성실하지 못하다고 생각되어, 강희제에게 올릴 지도에도 서원에 '압록강원'을 표기하였다.[3)]

전술했듯이 후세에 전하는 프랑스도와 규장각도에 두 개의 압록강원이 표기되어 있으며, 강희『황여전람도』의『조선도』에도 두 개의 압록강원이 표기되어 있다. 이 밖에 제소남이 편찬한『수도제강』에 "압록강은 장백산 남록에서 발원하여 두 개의 수원이 나뉘어 흐르다가 합친다."고 하여,[4)] 압록강원이 두 개임을 기록하였다. 이는 두만강원이 하나('토문강색금')인 것과 대조되었다.

2. 후세 분수령에 대한 논쟁과 압록강 수원

비록 목극등 정계를 통하여 두 개의 압록강원이 존재하였지만, 그 이후 양국의 국경 논쟁 과정에서 압록강 서원에 대한 관심은 별로 없었으며, 단지 정계비가 세워진 동원에 대한 관심이 컸다. 즉 다시 말하여 서원을 동원의 한 지류로 간주할 따름이었다.

광서 연간의 두 차례 감계담판 특히 제2차 감계담판에서(1887), 양측의 논쟁은 주로 두만강 수원과 분수령에 집중되었다.[5)] 조선측은 처음

3) 김지남,『북정록』, 5월 24일조, 102쪽.

4) 齊召南,『水道提綱』권2, 盛京諸水·鴨綠江,『景印文淵閣四庫全書』사부 11, 지리류 4, 583:17쪽.

5) 광서 을유(1885) 감계 때, 조청 양국의 논쟁은 목극등 정계비 비문의 이른바 '동위토문'이 두만강을 가리키는지 아니면 송화강 상류를 가리키는지에 집중되었다. 중국측은 토문·두만이 동일한 강임을 주장하였고, 조선측은 2강설을 내놓았다. 즉 비문의 '동위토문'이 송화강 상류를 가리키며, 조청 양국이 두만강을 경계로 하지 않는다고 주장하였다. 그러나 이 답사를 통하여 조선측

부터 마지막까지 정계비터(천지 동남 4㎞)가 분수령이며, 목극등이 정한 옛 경계라고 주장하였다. 그러나 중국측은 정계비터가 분수령이 아니며, 비석이 이동되었다는 '이비설'을 내세웠다. 처음에는 삼지연(천지 동남 약 50㎞)이 분수령이라고 주장하다가, 한발 물러나 그 북쪽에 있는 소백산(천지 동남 약 30㎞)이 분수령이라고 주장하였다.[6]

위와 같이 양측이 분수령이라고 지목한 곳 즉 정계비터·소백산·삼지연은 모두 대응되는 압록강 물줄기가 존재하였다. 예컨대 정계비터는 서쪽에 연지천(압록강동원)이 있었으며, 소백산은 소백수가 있었으며, 삼지연은 이명수(포도하라고도 함)가 있었다. 그러나 담판이 끝날 때까지 압록강에 대해 논쟁할 겨를이 전혀 없었다.

그 이후 1908년 봉천 후보지현 류건봉이 백두산을 답사할 때, 압록강에 대한 상세한 지리정보를 제공하게 되었다. 일본의 간도 확장책에 대응하기 위하여, 동삼성 총독인 서세창의 명으로 이루어진 백두산 답사였다. 이 답사 결과가 『장백부구역상도(長白府區域詳圖)』에 반영되었으며, 두만강 수원뿐만 아니라 압록강 상류 물줄기를 자세히 그려냈다. 이를 근거로, 1908년 장백부(長白府)가 새로 세워졌으며, 1913년 장백현으로 개칭되어 오늘에 이르고 있다.[7]

류건봉은 압록강 상류 연지천을 '대한하(大旱河)'라고 명명하였는데,

대표였던 이중하가 흑석구와 두만강 상류 홍토수 사이가 토석퇴·목책으로 이어진 흔적을 발견함으로써 비문의 이른바 '동위토문'이 두만강을 가리킨다는 것을 알게 되었다. 그리하여 정해(1887) 감계 때, 조선은 토문·두만이 동일한 강이며, 조청 양국이 두만강을 경계로 함을 인정하게 되었다.

6) 광서 을유·정해 감계 담판에 관해서는 張存武, 「淸代中韓邊務問題」; 楊昭全·孫玉梅, 『中朝邊界史』, 253~368쪽; 이화자, 『한중국경사 연구』, 124~149쪽; 이화자, 『백두산 답사와 한중 국경사』, 182~208쪽 참조.

7) 張鳳臺, 『長白匯征錄』, 李澍田 주편, 『長白叢書』 初集, 吉林文史出版社, 1987년, 55쪽; 劉建封, 『長白山江崗志略』, 『長白叢書』 初集, 360·365쪽; 李廷玉, 『長白設治兼勘分奉吉界線書』, 『長白叢書』 초집, 454쪽.

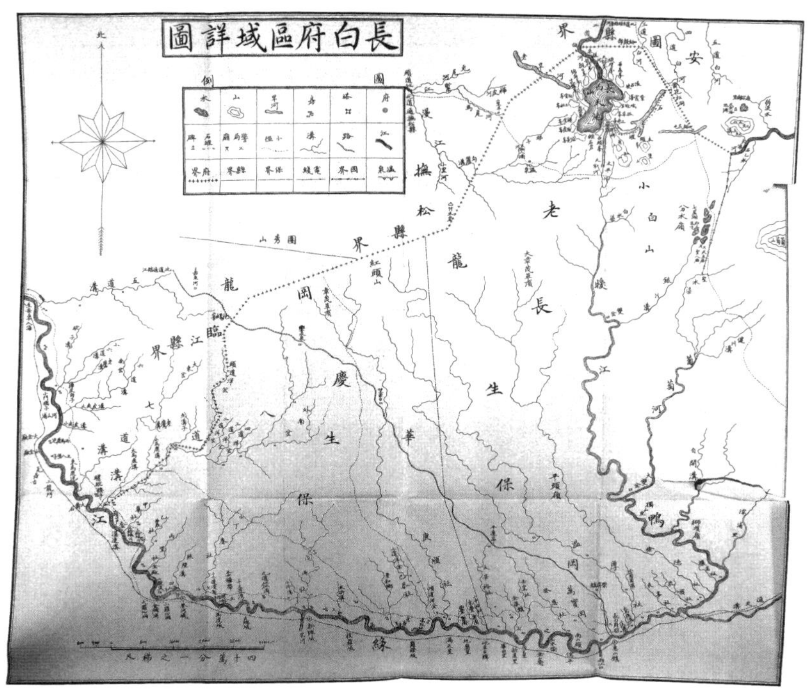

〈그림 18〉『長白府區域詳圖』(張鳳臺 편, 『長白彙征錄』 삽도)

물이 흐르지 않는 건천을 가리켰다. 또한 샘물이 솟아나 흐르기 시작한 부분을 '애강(曖江)'이라고 칭하였다. 그러나 그는 애강(연지천)이 압록강 수원이라고 보지 않았으며, 두 원류 중의 하나로 간주하였다. 그는 남쪽에 있는 포도하(이명수) 역시 압록강 원류의 하나라고 보았으며, 포도하와 애강이 합친 후 정식으로 압록강이라고 부른다고 하였다. 즉 다시 말하여 압록강은 두 개의 원류가 존재하며, 하나가 애강(연지천)이고 다른 하나가 포도하(이명수)라는 것이었다.

이에 기초하여 류건봉은 대랑하(석을수의 지류임)·삼지연·포도하(이명수임)로써 경계를 나눠야 한다고 주장하였다.[8] 전술했듯이, 삼지연은 광서감계 때, 중국측 대표가 경계로 정할 것을 요구했다가, 그 북쪽에 있는 소백산으로 후퇴한 곳이다. 여하튼 삼지연-이명수 선이 중국측이 주목한 가장 남쪽에 위치한 경계선이었다. 그 이후 1959년 북·중 국경 담판 때, 삼지연-이명수 선이 또 다시 중국측 국경 획정 방안에 나타난 것은 주목할 만하다.

3. 백두산 지역에 대한 북한·중국의 국경 획정 방안

1949년 중화인민공화국 성립 이후 조선민주주의인민공화국과 담판을 통하여 역사적으로 남아 있던 국경문제를 해결하기에 이르렀다. 1958년부터 양측이 접촉하기 시작하여 국경 획정에 대한 의견을 교류하였으며,[9] 4년 뒤인 1962년에 정식으로 『중조변계조약(中朝邊界條約)』을 체결하였으며, 1964년에 더 상세한 『중조변계의정서』를 체결하였다. 이로써 그 이후 장기간 양국 국경의 안정을 도모하게 되었다.

담판 과정에 대해서는 당안 자료의 비공개로 인하여 상세한 상황은 알 수 없지만, 1959년에 출판된 『중화인민공화국변계지도집』을 통하여 그 대략을 짐작할 수 있다.[10]

---

8) 張鳳臺, 『長白匯征錄』, 『長白叢書』 초집, 55쪽 ; 劉建封, 『長白山江崗志略』, 『長白叢書』 초집, 307·360·365쪽 ; 李廷玉, 『長白設治兼勘分奉吉界線書』, 『長白叢書』 초집, 454쪽.

9) 1958년 7월 16일 「外交部關於邊界委員會工作問題報告」에서는 "천지는 우리나라 영토이다. 우리가 비록 조선측에 우리의 주장을 전달했으나 조선측은 지금까지 아무런 정식 반응도 없다"라는 기록이 있다(廣西自治區檔案館X50/2/290, 5~10쪽, 沈志華, 「'중·북 국경문제 해결'에 대한 역사적 고찰(1950~1964)」, 『아태연구』 제19권 1호, 2012년, 155쪽에서 재인용).

10) 『中華人民共和國邊界地圖集』 지도6 '長白山(白頭山)天池地區圖' 참조. 이 지도는 인터넷상에서 찾을 수 있으며, 심지화(沈志華)가 가장 먼저 이 지도를 이용하여

이 지도집에는 네 폭의 지도가 북·중 국경담판에 관한 것으로서 즉 〈지도 3·4·5·6·7〉이다. 이 네 폭의 지도에는 제기로서 양국 국경의 논쟁점 및 해결해야 할 점 등을 기록하였으며, 예컨대 백두산 천지의 귀속문제, 압록강·두만강 섬의 귀속문제 및 하천 하구의 국경 획정문제 등이 포함되었다. 이 지도집은 북·중 국경담판을 위해 측량한 지도임이 확실하다.

이 중에서 〈지도 6〉 '장백산(백두산)천지지구도(長白山(白頭山)天池地區圖)'(그림 19)의 경우, 세 가지 서로 다른 색의 선을 그렸는데, 즉 노란선·분홍선·빨간선이었다. 가장 북쪽에 있는 노란선의 경우, 북한에서 경계를 나눌 것을 주장한 선으로서, 1954년 『조선전도』에 나타났다. 그 특징은 백두산 천지를 북한 경내에 포함시킨 것과 압록강·두만강을 경계로 함을 표시하였다. 즉 노란선은 압록강을 거슬러 올라가 서원(시령하)의 서쪽에 이르렀으며, 더 위로 올라가 천지 남파(坡)·서파에 이른 후, 산줄기를 타고 북파를 지났으며, 직선으로 두만강 발원지 홍토수에 연결되었다. 이로써 천지의 네 개 파(산비탈)가 모두 북한 경내에 포함되었으며, 천지 동파에 위치한 최고봉 장군봉은 더 말할 나위 없었다.

분홍선은 가장 남쪽에 위치하였으며, 중국측이 경계를 나누고자 한 선이었으며, 1958년 『중화인민공화국지도』에 나타났다. 즉 석을수·삼지연·이명수로써 경계로 나눌 것을 표명한 선이었다. 그 가장 두드러진 특징은 백두산 천지를 중국 경내에 포함시킨 것이며, 이 선이 1908년 류건봉이 제기한 경계선과 거의 일치하였다. 즉 중국측이 주목한 최남선을 택하고 있었다. 단지 두만강 상류에 있어서, 석을수와 대랑하(석

연구를 진행하였다.

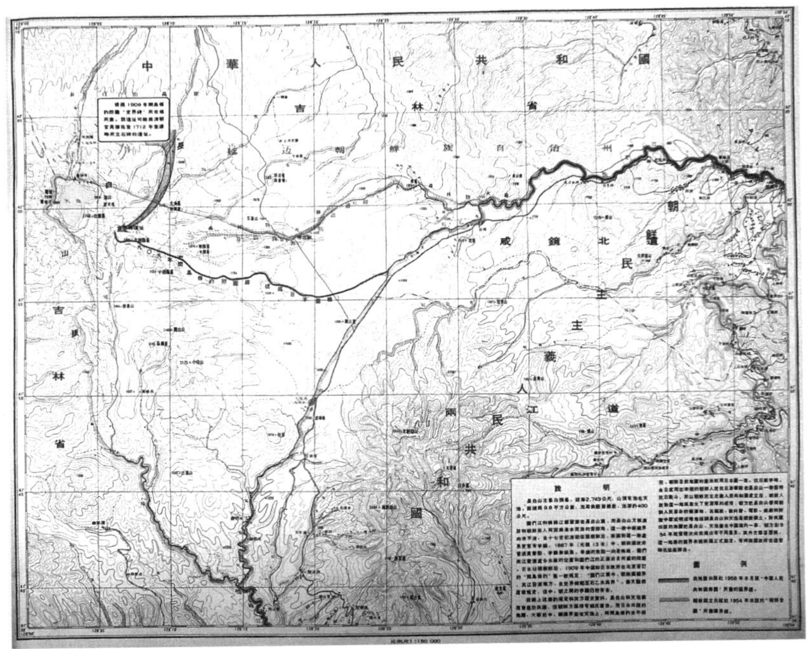

〈그림 19〉『長白山(白頭山)天池地區圖』(『中華人民共和國邊界地圖集』, 1959년)
https://www.zhihu.com/question/20899776/answer/2916315054?utm_id=0,2024.2.23.

을수 지류임)의 차이였다.

기실 이 선 말고도 그 북쪽에 다른 선이 존재하였으며, 예컨대 소백산선(소백산~석을수)·정계비선(정계비~홍토수) 및 간도협약선(정계비~석을수) 등이다. 그러나 중국측이 최남선을 선택한 것은 담판 계략일 것으로 생각된다. 즉 북한측으로 하여금 소백산 또는 정계비선으로 후퇴하도록 유도함과 동시에 자신도 후퇴를 위하여 공간을 준비해둔 것이라고 생각된다.

마지막으로 빨간선은 노란선과 분홍선 중간에 위치해 있었으며, 1909년 체결된 간도협약선으로 정계비·석을수로써 경계를 나눔을 표하였다. 이 선은 압록강 수원에 대한 표기가 없었으며, '간도협약'에 압록강 경계를 규정하지 않았기 때문으로 생각된다. 그럼에도 불구하고 지도를 통하여, 상응하는 압록강 지류가 연지천(동원)임이 확인된다. 이 간도협약선은 양측에서 참고하고자 그린 선이며, 역사적으로 체결된 구 조약에 의해 정해진 경계임을 나타냈다.

위와 같이, 『중화인민공화국변계지도집』을 통하여 양측의 국경 주장을 살펴보면, 백두산 천지를 각자의 경내에 포함시키고 있으며, 이로써 양측의 백두산 천지 귀속을 둘러싼 분쟁이 치열했음을 짐작할 수 있다.

4. 1958~1962년 천지를 둘러싼 국경담판 및 그 결과

중국학자 심지화(沈志華)의 연구에 의하면, 1958년 중국측은 북한측과 국경담판 준비를 하고 있었으며, 국무원 산하 '변계위원회' 아래에 '사회주의공작조'를 세워, 북한과의 국경담판을 준비함과 동시에 길림·요녕 두 성에 국경 지역을 조사할 것을 명하였다.[11] 조사 결과에 근거하여 네 폭의 국경지도(지도 3-4·5·6·7)가 그려졌을 것으로 생각된다. 이 밖에 당안 자료에 의하면, 1958년 중국측은 북한측에 중국의 국경선 주장을 알려줬으며, 백두산 천지가 중국 영토임을 주장했으나, 북한측은 이에 대해 아무 반응도 없었다.[12]

11) 沈志華, 「'중·북 국경문제 해결'에 대한 역사적 고찰(1950~1964)」, 154~155쪽.

12) 1958년 「外交部關於邊界委員會工作問題報告」, 廣西自治區檔案館X50/2/290, 5~10쪽, 沈志華, 「'중·북 국경문제 해결'에 대한 역사적 고찰(1950~1964)」, 155쪽에서 재인용.

이처럼 1958년 양측이 서로 접촉하기 시작하여, 1962년 4월 정식으로 담판을 진행하기까지 백두산 천지의 귀속문제를 둘러싼 힘겨루기가 지속되었다. 후에 남한으로 망명한 황장엽의 회고에 의하면, 그가 "김일성과 함께 중국에 방문했을 때 숙소에 백두산이 중국 영토로 돼 있었는데, 그때는 아무 말도 못하고 돌아왔다." "그후 주은래가 방북했을 때(1958년 2월임) 김일성이 (백두산은) 빨치산의 근거지로 온 민족이 알고 있다. 좀 도와달라고 간청해 천지 한복판을 경계선으로 그은 것"이라고 증언하였다.[13)]

또한 황장엽의 증언에 의하면, 1958년 11월 김일성 주석이 중국을 방문했을 때 주은래 총리와 면담하였는데, 이때 양측이 천지 귀속문제를 토론하였다고 한다. 연회석에서 주은래가 "중조 양국이 국경을 나눌 때 두만강과 압록강을 둘로 나누었는데, 그렇다면 우리는 천지를 둘로 나눌 수 없겠는가?"라고 하자, 김일성이 이 안을 받아들였다고 하였다.[14)] 이와 같이 천지를 반으로 나누는 안을 1958년 중국측이 먼저 제기한 것이며, 1962년 북한측이 이 안을 받아들임으로써,[15)]

13) REDIAN, 변경혜, 2008년 9월 25일, 「황장엽, '금강산 사업 원래 내 구상'」, 출처: http://www.redian.org/archive/22039, 2023년 11월 21일.

14) 인터넷신문 GONEWS, 2006년 11월 23일, 출처: www.gonews.co.kr, 2018년 3월 2일 검색.

15) 심지화는 그의 논문에서 1958년 중국측이 북한과 국경담판 준비를 착수하여 조선측에 백두산 천지가 중국에 속한다고 전했으나 북한측이 아무 반응도 보이지 않다가 1962년 2월 돌연히 국경담판 요구를 제기한 것은 중국이 대내외적으로 곤경에 처한 틈을 타서 영토를 빼앗고자 한 것이며, 이때 중국은 옛 쏘련과 논전을 벌이고 있었으므로 북한을 자기편으로 끌어들이기 위해 부득이 북한의 영토 요구를 들어주었다고 주장하였다. 그러나 당안 자료 특히 황장엽의 증언을 통해, 양측이 백두산 천지를 둘러싼 논쟁이 4년간 지속되었고, 1958년 주은래가 김일성에게 천지를 반으로 나눌 것을 제기했으나 조선측이 이를 받아들이지 않다가 1962년에 받아들였으므로 중국의 대내외적으로 불리한 형세를 이용하여 영토를 빼앗은 것이라고 볼 수 없다.

같은 해 2월 북한측이 중국측과 국경담판을 할 것을 제기하였고, 같은 해 4월 단동(丹東)에서 정식으로 국경담판을 시작하였다.[16] 가장 관건적인 천지 귀속문제가 해결됨으로써 담판은 큰 장애가 없이, 같은 해 10월 주은래가 평양에 가서 김일성과 『중조변계조약』을 체결하게 되었다.

1962년 체결된 『중조변계조약』에 근거하여 백두산 천지를 반으로 나누어, 북한측이 천지 수면의 54.5%를 점하고 중국측이 45.5%를 점하였다.[17] 국경선은 천지 서파에서 동북파로 천지를 가로질러 지나갔으며, 이 선의 동남이 북한에 속하고 서북이 중국에 속하게 되었다. 이 국경선은 목극등 정계 이후의 모든 선(논쟁 경계선)보다 북쪽에 위치해 있었으며, 중국측의 양보가 크다고 하지 않을 수 없다. 중국측은 그 전에 주장했던 삼지연-이명수선과 소백산선을 지키지 못했을 뿐더러, 더 북쪽으로 천지를 반으로 나누게 되었다. 북한측도 양보가 없다고 할 수 없으며, 천지 절반을 양보한 셈이 된다.(장백산(백두산)천지지구도의 노란선 참조)

위와 같은 천지 국경선을 목극등 정계비선과 비교할 경우, 중국측이 천지 절반을 잃었다고 할 수도 있다. 그러나 양측이 소장한 고지도 예컨대 『황여전람도』와 규장각 『여지도』(『목극등정계도』)를 참고할 경우, 목극등 정계를 계기로 양국이 천지를 경계로 한 것 또한 사실이다. 즉 다시 말하여, 조선의 강역이 백두산 천지 근처에 이르렀다. 그런 관계로 18세기 후기 조선은 백두산을 국가의 사전(祀典)에 올려 북악(北岳)으로 정하였고 조선왕조의 발상지로 존숭하였다.[18] 그 때문에 광서

16) 沈志華, 「'중·북 국경문제 해결'에 대한 역사적 고찰(1950~1964)」, 161~162쪽.
17) 이종석, 『북한-중국 관계 1945~2000』, 도서출판 중심, 2004년, 235쪽.
18) 조선왕조의 백두산 인식에 관해서는 강석화, 『조선후기 함경도와 북방영토의

감계 때 비록 중국측이 삼지연이나 소백산을 경계로 할 것을 요구하였지만, 조선은 이를 끝까지 반대하여 담판이 무산되고 말았다.

요컨대 1962년『중조변계조약』을 통하여, 양국 간에 지속되었던 백두산 지역 영토 분쟁이 끝났으며, 인류의 자연보고라고 할 수 있는 백두산을 양국이 공유하게 되었다. 이로써 북·중 양국이 반세기 넘게 우호관계를 유지할 수 있는 기초를 마련하게 되었다.

천지 국경선 말고도 두만강 상류나 압록강 상류 국경선에 있어서도 북한에 유리하게 정해졌다. 두만강 상류 홍토수를 경계로 한 것은 목극등이 정한 옛 경계로서 광서감계 때 조선측이 강하게 요구한 경계선이기도 하였다. 또한 압록강 상류 시령하(서원)를 경계로 한 것은 목극등 정계 시 조선인들이 이를 동원과 함께 비석을 세울 것을 요구한 곳이기도 하다. 그렇지 않고 삼기봉 아래 압록강 동원 연지천을 경계로 할 경우, 그 서쪽에 있는 최고봉 장군봉이 북한에 속하지 않을 수도 있었다.

이에 대해 한국학자 이종석과 중국학자 심지화에 의하면, 당시 사회주의 전영에 속했던 중국과 구 쏘련이 논전기(論戰期)에 있었기에, 중국은 북한을 자기편으로 끌어들이기 위해 백두산 천지 경계에 있어서 보기 드문 양보를 했다고 하였다.19) 이는 일리가 있는 말로써, 천지 경계에서 중국측이 먼저 양보한 것이나 압록강·두만강 국경선이 북한에 유리하게 획정된 것이 그러하다.

식』, 103~106쪽 ; 이화자,『조청국경문제연구』, 270~288쪽 참조.

19) 이종석,『북한-중국 관계 1945~2000』, 235쪽 ; 沈志華,「'중·북 국경문제 해결'에 대한 역사적 고찰(1950~1964)」, 180쪽.

5. 맺는말

고지도와 백두산 답사를 결합하여, 목극등이 정한 압록강 동원과 서원에 대해 알아본 결과, 동원이 오늘날 북한의 연지천이고 서원이 오늘날 중·북 국경인 시령하이다. 목극등의 등산 노선은 시령하를 거슬러 올라가 천지 남파에 도착하였다. 그가 비록 압록강 동원에 정계비를 세웠지만, 조선 사람들의 요구에 못 이겨 백두산지도에서 서원에도 '압록강원'이라는 네 글자를 적어 놓았다. 결국 두 개의 압록강 수원이 존재하게 되었다. 지금 남아 있는 고지도 예컨대 『황여전람도』의 『조선도』, 나이토 고난이 발견한 만문장백산도, 콜레주 드 프랑스와 규장각 소장 『목극등정계도』를 통하여, 백두산 천지 근처에 두 개의 압록강 수원이 존재함이 확인된다. 조선측이 그렇게 요구한 이유는 서원(시령하)을 경계로 할 경우 동원(연지천)보다 조선의 영토가 더 넓어지기 때문으로 생각된다.

광서 감계담판 때, 양측의 논쟁 초점은 두만강 수원과 분수령에 있었으며, 압록강 수원에 대해 논의할 겨를이 전혀 없었다. 1908년 일본의 간도 확장정책에 맞서기 위해, 동삼성 총독인 서세창이 봉천 후보지현이었던 류건봉을 백두산에 파견하여 답사하도록 하였다. 이때 처음으로 압록강 상류에 대한 상세한 정보를 수집하였으며, 그는 애강(연지천, 동원임)·포도하(이명수)가 압록강 수원이며, 두 물이 합친 후 정식으로 압록강이라고 부른다고 하였다. 한중 국경에 대해서는 대랑하(석을수지류)-삼지연-포도하(이명수)로써 경계를 나눌 것을 제기하였으며, 그의 답사 결과가 『장백부구역상도』에 반영되었다. 그 이후 1958~1962년 중·북 국경담판 때 그가 주장한 삼지연-포도하(이명수) 선이 중국측 국경선 획정 방안에 나타나게 되었으며, 중국측이 주목한 최남선이었다.

1962년 『중조변계조약』 체결 시, 중·북 양측은 모두 천지에서 양보하였다. 중국측은 삼지연에서 천지로 후퇴하였고 북한측은 천지 북파에서 천지로 후퇴하였다. 그러나 두만강 상류 국경선이나 압록강 상류 국경선에 있어서, 북한측에 유리하게 획정되었다. 특히 압록강 상류에서 서원 시령하를 국경선으로 정하고, 진정한 수원인 동원 연지천을 국경으로 정하지 않은 것은 최고봉인 장군봉에 대한 북한의 영토 요구를 들어줬을 가능성이 크다. 이는 중·북 밀월기에 중국측이 북한의 영토 이익을 배려해준 것임이 틀림없다.

정계비의 위치가 소백산이 아님을 논한다 : 마맹룡(馬孟龍) 논문에 대한 토론

머리말

한중관계사 연구에 있어서 1712년 목극등 정계의 중요성이 돋보이는 것은 그 이후의 광서 감계담판, 1907~1909년 중일 양국의 간도문제 담판 및 1962년 북·중 국경담판 등과 연관이 있기 때문이다. 그러므로 목극등 정계 결과를 정확히 알아야만 그 이후에 발생한 국경분쟁과 국경담판에 대해 정확히 이해할 수 있고, 나아가 한중 국경사의 변천에 대한 이해를 깊이할 수 있다.

정계비의 위치에 대하여 중국 학계에는 두 가지 부동한 주장이 존재한다. 하나는 입비처(立碑處)가 백두산 천지 근처라고 보며, 천지 동남 기슭 4㎞라고 주장한다. 예컨대 장존무(張存武)·양소전(楊昭全)·이화자(李花子)·송념신(宋念申) 등이 그러하다.[1] 다른 하나는 정계비의 위치가 처음에는 소백산 또는 삼지연에 있던 것을 조선 사람에 의하여

1) 張存武, 「淸代中韓邊務問題探源」; 楊昭全·孫玉梅, 『中朝邊界史』; 이화자, 『한중 국경사 연구』; 이화자, 『백두산 답사와 한중국경사』; Nianshen Song, 『Making Bordersin Modern East Asia: The Tumen River Demarcation, 1881~1919』, CAMBRIDGE UNIVERSITY PRESS, 2018.

몰래 천지 근처로 옮겨졌으며, 이른바 비석이 이동되었다는 '이비설'을 주장한다. 예컨대 서덕원(徐德源)·조서인(刁書仁)·마맹룡(馬孟龍)·진혜(陳慧)·이소붕(李少鵬) 등이 그러하다.[2)]

중국측 자료에는 입비처에 관한 기록이 거의 없다. 비록 목극등이 정계비를 세운 후 사람을 파견하여 황제에게 주문하였고, 청나라 화원(畫員)이 연로의 산천형세를 지도로 그렸지만, 그 이후 내각 대고(大庫)의 화재로 인하여 다 소실되어 전하지 않았다.[3)] 그리하여 중국측에는 목극등 정계에 관한 1차 자료가 부족하며 간접적인 자료만 전한다. 후자의 경우, 예컨대 강희 『황여전람도』·제소남(齊召南)의 『수도제강(水道提綱)』·『흠정황조통지(欽定皇朝通志)』·『청회전도(清會典圖)』 등이 있다. 1차 자료의 부족으로 인하여, 광서 연간 두 차례 감계담판 때 중국측 대표는 정계비가 위조되었다고 하는가 하면, 비석의 위치가 이동되었다고 주장하였다.[4)] 이와는 대조적으로 조선측에는 1차 자료가 많이 보존되어 있었으며, 예컨대 목극등을 수행하였던 조선의 역관·군관·차사원(差使員)이 올린 보고서뿐만 아니라, 접반사(接伴使)·관찰사의 장계, 역관의 일기, 접반사의 일기 및 청나라 화원이 그린 백두산지도의 모본 등이 전하고 있다. 여하튼 중국측 자료와 조선의 1차 자료를 비교 분석할 경우, 정계비의 위치를 알아내는 것은 그다지 어려운

2) 徐德源, 「長白山東南地區石堆土堆築設的眞相」; 徐德源, 「穆克登碑的性質及其鑿立地點與位移述考-近世中朝邊界爭議的焦點」, 『中國邊疆史地研究』 1997년 1기 ; 刁書仁, 「康熙年間穆克登查邊定界考辨」; 馬孟龍, 「穆克登查邊與'皇輿全覽圖'編繪-兼對穆克登'審視碑'初立位置的考辨」, 『中國邊疆史地研究』, 2009년 3기 ; 陳慧, 『穆克登碑問題研究-淸代中朝圖們江界務考證』; 李少鵬, 「康熙時期穆克登碑初立位置新證」, 『中國邊疆史地研究』 2019년 4기.

3) 中央研究院近代史研究所 편, 『淸季中日韓關係史料』 5권, 1972년, 1961~1962·2041~2042쪽.

4) 통리교섭상무사무아문 편, 『문답기』, 1885년, 서울대학교 규장각 소장(규21041), 필름 2~3·32~33쪽.

일이 아니다.

오라총관 목극등이 백두산에 정계비를 세운 지 300년이 지났으며, 그 사이 해가 거듭되고 세월이 바뀌면서 지명이 많이 달라졌다. 뿐만 아니라 1차 자료라 할지라도 기록이 모호한 부분이 적지 않고 또 후세 감계담판 때의 오해가 겹쳐져,[5] 정계비의 위치를 판정하는 데 혼동을 주었다. 그러므로 정계비의 위치를 정확히 알기 위해서는 양측 사료를 비교 분석함과 동시에 실지답사를 결합해야만 사료를 정확히 해독할 수 있다.

이 글은 2009년 중국학자 마맹룡이 발표한 논문 「穆克登查邊與'皇輿全覽圖'編繪-兼對穆克登'審視碑'初立位置的考辨」에 대해 토론한 것이다. 그의 논문에서 『황여전람도』의 서로 다른 분도(分圖)를 인용할 때, 자신의 관점에 유리한 『성경전도(盛京全圖)』만 참고하고, 『조선도』를 참고하지 않은 데 따른 착오, 그로 인하여 정계비의 위치를 백두산이 아닌 소백산에 잘못 비정한 사실 등에 대해 토론하고자 한다.

1. 『황여전람도』를 참고하여 소백산을 경계로 한다고 주장한 데 대한 의문점

강희 『황여전람도』는 서로 다른 분도(分圖)로 구성되었다. 판본에 따라 분성도(分省圖)가 있는가 하면, 분부도(分府圖)가 있다(227폭). 전자의 경우 1943년 푸크스(福克司) 영인본이 존재하며, 36폭의 지도로 구성되었다.[6] 총도가 있을 뿐만 아니라 분성도·분지역도가 있으며,

---

5) 이른바 소백산 이비설은 광서 감계담판 때 중국측 대표인 진영(秦煐)이 처음 발설한 것이었다.

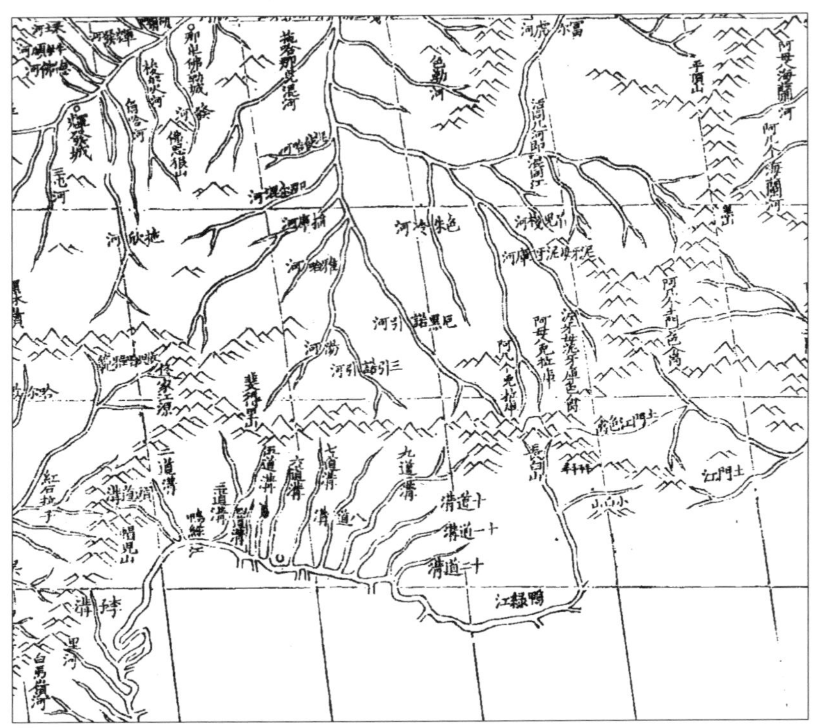

〈그림 20〉 강희 『皇輿全覽圖』의 『盛京全圖』의 부분도(1943년 福克司 영인본)

여기에는 『성경전도』·『조선도』가 포함되었다.

동일한 『황여전람도』일지라도 분도에 따라 국경 표기가 달리 나타났다. 『조선도』(그림 15)의 경우, 백두산 이북 중국쪽 하천을 생략한 반면, 조선쪽 하천을 상세히 그려내어, 백두산 이북이 중국에 속하고 그 이남이 조선에 속함을 나타냈다. 즉 다시 말하여, 백두산을 경계로 함을 표시한 것이다. 이와는 달리, 『성경전도』(그림 20)를 통해 볼 경우, 소백산 이북 중국쪽 하천을 상세히 그린 반면, 그 이남 조선쪽

6) 韓昭慶, 「康熙〈皇輿全覽圖〉 空間範圍考」, 『歷史地理』, 2015년 1기, 290쪽.

하천을 생략하여, 양국이 소백산을 경계로 함을 나타냈다. 마맹룡이 주장한 소백산설은 『성경전도』에 근거를 두었으며, 조청 양국이 소백산을 경계로 하며, 목극등이 소백산에 비석을 세웠다고 주장하였다.[7)]

그렇다면 동일한 『황여전람도』에 속한 지도임에도 불구하고 무엇 때문에 하나는 백두산 동남 기슭을 경계로 표하고, 다른 하나는 소백산을 경계로 표한 것일까? 이는 지도 제작자의 주관 판단이 헷갈린 탓이며, 목극등 정계의 진실을 제대로 반영하지 못하고 있음을 말해준다. 그렇다면 『황여전람도』를 통하여 백두산 지역의 양국 국경을 어떻게 인식할 것인가?

주지하다시피, 강희제가 오라총관 목극등을 백두산에 파견하여 양국 국경을 조사하고, 특히 압록강·두만강 수원을 찾아 정계비를 세운 것은 전국지도인 『황여전람도』를 제작하기 위해서였다. 거꾸로 이 지도를 통하여 목극등이 정한 압·두 양강 수원을 알아낼 경우 양국 경계가 명확해진다. 그런 맥락에서 『조선도』와 『성경전도』를 살펴볼 경우, 백두산 동쪽에 '토문강색금(色禽)'을 표기한 것이 발견된다. '색금'이란 만주어로 '강원(江源)'을 뜻하며, '토문강색금'이란 즉 '토문강원'이다. 목극등이 정한 두만강 수원을 나타내고 있다.

비록 중국측 자료가 부족하지만, 목극등 정계 이후 편찬된 여러 문헌자료를 통해서도 압록강·두만강 수원을 확인할 수 있다. 건륭 연간에 제소남이 편찬한 『수도제강』에는 두만강 수원에 대해 다음과 같이 기록하였다. "토문강은 장백산 꼭대기 동쪽 기슭에서 발원하며, 토문색금(土門色禽)이라고 부른다. 동쪽으로 보였다 안 보였다 수십리 흐르다가 또 동북쪽으로 수십리 흐른다."이다.[8)] 즉 두만강 수원이

7) 馬孟龍, 「穆克登查邊與'皇輿全覽圖'編繪-兼對穆克登'審視碑'初立位置的考辨」, 94쪽.
8) 齊召南, 『水道提綱』 권26, 東北海諸水·土門江, 『景印文淵閣四庫全書』 583책, 296~

백두산 동쪽 기슭에서 발원하며, 땅속에서 복류(伏流)하는 물줄기임을 나타냈다. 이는 조선측 홍세태(洪世泰)의 『백두산기』의 내용과도 비슷하다.[9)]

이 밖에 『수도제강』은 압록강에 대하여, "장백산 남쪽 기슭에서 발원하여, 두 수원이 나뉘어졌다가 다시 합류하며, 그 남쪽에서 소백산수가 동쪽에서 흘러들어온다."고 기록하였다.[10)] 즉 압록강 수원이 백두산 남쪽 기슭에서 발원하며, 소백산에서 지류 소백산수가 흘러들어 옴을 나타냈다.

또한 가경(嘉慶) 연간에 편찬된 『흠정대청회전도(欽定大淸會典圖)』에는 "대도문강이 장백산 동쪽 기슭에서 나와 두 물줄기가 합쳐 동류하며, 소도문강이 그 북쪽 산에서 나와 두 줄기가 합쳐 동남쪽으로 흘러와 합친다."고 기록하였다.[11)] 즉 두만강이 백두산 동쪽 기슭에서 발원하여 동류함을 나타냈다.

이상과 같이, 『황여전람도』 및 그 이후에 편찬된 문헌자료를 통하여, 백두산이 압록강·두만강 발원지이며, 소백산은 압록강 지류(소백산수)의 발원지일 뿐, 엄격히 말하자면 본류의 발원지가 아니며, 두만강 발원지가 더욱 아님을 말해준다. 그럴 경우 백두산이 압·두 양강 분수령이며, 소백산은 분수령이 될 수 없으며, 즉 다시 말하여, 입비처가 백두산이여야 하며 소백산일 수 없다. 다시 『황여전람도』의 국경 표식

297쪽.

9) 홍세태의 『백두산기』에는 다음과 같은 기록이 있다. "갑오에 극등이 이르기를 '토문원류가 중간이 끊겨 땅 밑에서 복류하여 강계(疆界)가 분명치 않으므로 쉽게 비석을 세울 수 없다.' 그리하여 두 사람으로 하여금 애순과 함께 가서 물길을 조사하도록 하였다." "두 사람이 돌아와서 고하기를 '물은 과연 동류합니다.'고 하였다."(홍세태, 『백두산기』, 138쪽)

10) 齊召南, 『水道提綱』 권2, 盛京諸水·鴨綠江, 『景印文淵閣四庫全書』 583책, 17쪽.

11) 『欽定大淸會典圖(嘉慶)』 권91, 輿地, 文海出版社 1992년 영인본, 3176쪽.

을 보면, 『조선도』가 목극등의 정계 사실을 제대로 반영한 반면, 『성경통지』는 편찬자의 주관 원인 때문에 사실과 어긋났다.

2. 목극등이 소백산에 주둔했는지 여부

중국제1역사당안관에는 두 건의 만주어 주비주접(朱批奏摺)이 소장되어 있는데, 목극등의 행진 노선을 거론하면서 '소백산'에서 출발했다고 기록하였다. 이에 대해 마맹룡은 목극등이 소백산에 도착했음을 증명할 수 있으며, "소백산이야말로 목극등이 사변비(查邊碑)를 처음 세운 곳임을 입증한다."고 주장하였다.[12] 비록 목극등이 소백산에 도착했을지라도 반드시 소백산에 비석을 세운다는 도리가 없음에도 불구하고 그는 이를 소백산설의 증거 자료로 이용하였다.

목극등이 소백산에 도착했음은 중국측 만문 주비주접 뿐만 아니라, 조선측 자료에도 여럿 보였다. 역관 김경문(金慶門)이 구술하고 홍세태가 지은 『백두산기』 및 서울대학교 규장각에 소장된 『목극등정계도』(그림 7) 등을 통하여, 목극등이 백두산으로 향하던 중에 소백산 서쪽을 경유했음이 확인된다. 그러므로 주비주접은 목극등이 소백산에 도착했다는 유일한 증거가 아니다. 다만 중국측 정계 자료가 부족한 상황에서 주비주접은 목극등의 행진 노선을 알 수 있는 중요한 자료임이 틀림없으며, 조선측 자료와 비교 분석할 수 있다.

아래에 두 통의 주비주접을 통하여, 목극등의 행진 노선에 대해 알아보기로 하자. 첫 번째 주비주접은 강희제가 성경장군 당보주(唐保

12) 馬孟龍, 「穆克登查邊與'皇輿全覽圖'編繪-兼對穆克登'審視碑'初立位置的考辨」, 96쪽.

柱)에게 목극등이 백두산에 간지 오래되었는데, 무엇 때문에 한 번도 주문하지 않는가라고 힐문한 데 대해, 당보주가 황제에게 주문한 내용이다(1712년 6월 13일). 그 상세한 내용은 다음과 같았다.

> 목극등 등이 4월 6일 성경을 떠난 후 마땅히 주문해야 하지만 지금까지 주문하지 않고 있습니다. 이는 전적으로 저희들이 우둔하고 어리석기 때문입니다. 저희들은 전하의 훈유를 공손히 받들고 즉시 사람을 파견하여 목극등의 소식을 얻도록 하겠습니다. 목극등이 도착한 곳에 대해서는 이미 필첩식 소이산(蘇爾産, 蘇爾昌·蘇爾禪이라고도 함)을 파견하여 말을 달려 주문하였기에 별도로 주문하지 않을 것이며, 그 이후의 소식을 얻을 경우 즉시 주문하겠습니다. 목극등 등이 타고 간 말은 장경(章京) 액이특(額爾特)·주태(柱泰) 등이 조선 산수(山水, 三水임)·협산(夾山, 甲山임)에서 데리고 왔으며, 5월 1일 그곳을 떠나 6월 6일 모두 도착하였으며, 버리고 온 자가 없습니다. 이로써 공손히 주문하는 바입니다.[13)]

당보주의 위 주문을 통하여 다음과 같은 사실을 확인할 수 있다. 첫째로 1712년 4월 6일 목극등이 성경을 떠나 백두산으로 향했다는 것이다. 둘째로 목극등이 백두산에 도착한 후 이미 필첩식 소이창을 파견하여 황제에게 주문하였다는 것이다. 이는 조선측 자료와도 맞아떨어지며, 김지남의 『북정록』에는 필첩식 소이창이 5월 15일 목극등과 함께 비석을 세운 후 황제에게 올릴 주문을 가지고 산에서 내려와 17일 무산에 도착하였으며, 18일 무산을 떠나 두만강을 따라 내려갔으

13) 中國第一歷史檔案館 편, 『康熙朝滿文朱批奏摺全譯』, 796쪽.

며, 3일 내에 훈춘에서 국경을 넘어갈 것이며, 북경에 가서 황제에게 주문할 것이라고 기록하였다.[14] 셋째로 목극등이 타고 간 말을 청나라 장경이 삼수·갑산으로부터 흥경으로 데리고 갔다는 것이었다.

강희제가 독촉한 까닭으로 6월 18일 당보주가 재차 강희제에게 목극등이 이미 중국 경내로 돌아왔음을 주문하였다. 그 상세한 내용은 다음과 같았다.

> 총관 목극등 등이 돌아왔음을 주문합니다. 저희들이 효기교(驍騎校) 아이구(阿爾久)를 파견하여 목극등 등의 소식을 알아보았는데, 아이구 등이 영고탑쪽의 필이간하(畢爾幹河) 역참에 도착하여 목극등 등과 만났습니다. 목극등이 보낸 편지를 보면, 필첩식 소이산 등에게 임무를 맡긴 후, 5월 18일 소백산을 떠나 28일 경원에 도착하였으며, 바다로 흘러들어가는 곳을 본 후 6월 3일 훈춘에 도착하였습니다. 또한 영고탑장군 맹아락(孟俄洛)이 보낸 방목하는 두목인을 따라 갔으며, 7월 초에 성경에 도착할 예정이라고 하였습니다. 이로써 공손히 주문하는 바입니다.[15]

즉 당보주가 파견한 아이구가 필이간 역참에서 목극등과 만난 후, 후자가 보낸 편지를 전한 내용이었다. 그 편지에 의하면, 목극등 일행이 5월 18일 소백산을 떠나, 28일 경원에 도착하였으며, 두만강 하구를 본 후 6월 3일 두만강을 건너 중국 경내 훈춘으로 들어왔으며, 영고탑장군이 보낸 사람을 따라 7월 초에 성경에 도착하리라는 것이었다.

이처럼 주문에 나오는 날짜와 지점이 김지남의 『북정록』, 박권의

14) 김지남, 『북정록』, 5월 17일조, 92쪽.

15) 中國第一歷史檔案館 편, 『康熙朝滿文朱批奏摺全譯』, 798쪽.

『북정일기』 및 홍세태의 『백두산기』와 거의 일치한다. 다만 5월 18일 소백산을 떠났다는 내용이 서로 다르다. 아래에 조선측 자료를 통하여 목극등과 소이창의 노정에 대해 다시 알아보기로 하자.

『백두산기』에 의하면, 1712년 5월 10일 목극등 일행이 백두산으로 향하던 도중에 압록강 상류에 위치한 소백산을 경유하였다. 그 상세한 내용은 다음과 같았다.

> 또 십여 리를 갔는데 나무가 점점 적어지고 산이 제 모습을 드러냈다. 여기서부터 산은 순 백색으로 창백(蒼白)하였고, 기가 뭉쳐 큰 부석이 되었다. 동쪽으로 산봉우리를 쳐다보니 하늘을 찌르고 있었기에 고개를 돌려 애순(愛順)에게 물었다. "산과 점점 가까워집니다. 오늘 정상에 오를 수 있습니까?"라고 하였더니, 애순이 "아닙니다. 이는 소백산입니다. 이 산에서 서쪽으로 10여 리 더 가야 산자락에 이르며, 산자락에서 정상까지 20~30리입니다. 동쪽으로 가면 산봉우리가 있는데 소백산 자락입니다."라고 하였다. 산등성이에 올라가 백산을 보았더니 웅장하고 넓고 컸으며, 천리가 망망하였으며, 유독 꼭대기가 마치 단지를 도마 위에 엎어 놓은 듯하여, 백두(白頭)라고 부르게 된 것이다. 이 산 밑에는 한 줌의 흙과 풀도 없었으며, 단지 소나무와 삼나무가 있을 뿐이었다.16)

위 기록은 5월 10일 목극등 일행이 토인 애순의 안내를 받아 압록강을 거슬러 올라가는 도중에, 소백산 서쪽에 이르러 백두산을 바라본 정경이었다. 애순의 말대로 여기서 서쪽으로 10여 리 더 가야 백두산 자락에

16) 홍세태, 『백두산기』, 135~136쪽.

이르며, 산자락에서 정상까지 20~30리 되었다. 그러므로 소백산에서 백두산 정상까지 40리 넘게 되었다. 일행은 계속하여 백두산 정상으로 올라갔다. 그러나 날이 저물어서 이 날 백두산 정상에는 오르지 못하였으며, 소백산 북쪽에 있는 '박달곶(朴達串)'에 천막을 치고 묵었다(그림 6·7 참조). 그 이튿날 5월 11일 드디어 백두산 천지에 올랐다.[17)]

그 이후 5월 15일 천지 동남 기슭에 돌을 새겨 비석을 세우기까지 목극등은 줄곧 소백산 북쪽에 있는 박달곶에서 묵었다.[18)] 이곳은 '백산유게소(白山流憩所)'라고도 불렸으며, 백두산 정상과 가장 가까운 숙영지였다.[19)] 이처럼 박달곶에서 묵게 된 이유는 압록강 발원지 및 천지와 가까웠고, 여기를 벗어날 경우 화산재로 뒤덮여 노숙하기 어려웠기 때문이었다. 애순의 말대로라면, "여기를 지나면 산이 벌거숭이가 되어", "비가 오면 사람이 얼어 죽고 바람이 불면 부석이 사처로 날린다."는 것이었다.[20)]

그 사이 5일간 목극등은 압록강 동원(東源)을 수원으로 정했을 뿐만 아니라, 사람을 파견하여 동류하는 물줄기(흑석구임)를 따라 60여 리를 내려가 송화강에 흘러드는지 여부를 알아보았다.[21)] 동류하는 물줄기가 송화강에 흘러들지 않음을 판단한 후, 그는 비로소 흑석구와 압록강 동원의 중간에 있는 분수령에 돌을 새겨 비석을 세웠다. 그 위치가 백두산 천지 동남 기슭 약 4㎞이며, 이것이 목극등이 정계비를 세운 입비처(立碑處)였다. 비문에는 "서위압록(西爲鴨綠), 동위토문(東爲土

17) 홍세태, 『백두산기』, 136쪽.

18) 이강원, 「임진정계시 두만강 상류 수계 인식과 경계표지물의 종점」, 『대한지리학회지』 2017년 6권, 721쪽.

19) 김노규, 『북여요선』, 이의복기사, 양태진, 『한국국경사연구』 부록, 338쪽.

20) 홍세태, 『백두산기』, 136쪽.

21) 김지남, 『북정록』, 5월 15일조, 91쪽.

門), 분수령에 돌을 새겨 기록한다(故於分水嶺上勒石爲記).”라고 적어 넣었다.

비석을 세운 후, 목극등은 흑석구와 두만강을 따라 내려갔으며, 그 일정은 다음과 같았다. 5월 16일 백두산을 떠나 흑석구를 따라 내려갔으며, 대각봉 근처에서 묵었다. 17일 흑석구 하류인 송화강 지류의 발원지에서 묵었으며, 흑석구가 송화강에 연결되었는지를 살펴보았다. 앞에서 말했듯이, 비석을 세우기 전에 이미 사람을 파견하여 흑석구의 동류하는 물줄기를 따라 내려가 보았지만, 여전히 방심할 수 없어서 몸소 가 보았으며, 연결되지 않았음을 확인하였다. 이는 프랑스도·규장각도(그림 6·7)를 통해서도 확인되며, 복류하는 물줄기가 송화강 상류와 이어지지 않았음을 표하고 있었다.[22]

그 이후 5월 18일 목극등은 흑석구 하류를 떠나 두만강 용출처(湧出處)인 발원지를 보았는데, 오늘날 적봉(赤峰)·원지(圓池) 근처였다. 이날 석을수(石乙水) 북안에서 묵었다. 5월 19일 계속 두만강을 따라 내려갔으며, 홍토수 북안에서 묵었는데, 오늘날 길림성 화룡시(和龍市) 광평(廣坪) 근처였다.[23] 5월 20일 홍단수를 건너 동안에서 잤다. 5월 21일 이윽고 어윤강변에 설치된 조선측 역참에 도착하였다. 조선의 접반사 박권과 역관 김지남 등이 여기서 마중하였다. 5월 22일 양측 인원 모두가 두만강을 따라 내려갔으며, 박하천을 건너 그 동쪽에 있는 무산부에 도착하였다.[24]

---

22) 규장각 소장 『여지도』(고4709-1) 속의 『목극등정계도』를 보면, ‘입지암류(入地暗流)’라고 표기하였는데, 실은 흑석구를 가리키며, 송화강 지류와 이어지지 않았다.

23) 이강원, 「임진정계시 두만강 상류 수계 인식과 경계표지물의 종점」, 721쪽 참조.

24) 목극등의 1712년 5월 10~22일 노정에 대해서는 김지남의 『북정록』, 박권의 『북정일기』, 홍세태의 『백두산기』, 김노규의 『북여요선』에 수록된 이의복기

이상과 같이, 목극등은 송화강 상류 발원지(흑석구 하류 근처임)를 보았을 뿐만 아니라, 두만강에 흘러드는 지류의 발원지 또는 합수목을 보았다. 즉 홍토수·석을수·홍단수·어윤강(서두수라고도 함)·박하천(연면수임) 등을 차례로 보았다. 이 중에서 홍토수만이 발원지를 보았을 뿐, 다른 지류는 물이 합쳐지는 입구를 통하여, 물줄기의 크고 작음을 가늠하였다. 이를 통해 홍토수가 백두산 동쪽에서 발원하는 제일 큰 물줄기이고 두만강 수원임을 확인하였다.[25)]

그리하여, 무산에서 접반사 박권이 홍기하가 '진정한 두만강'(두만강 수원)이라고 주장할 때, 목극등은 홍토수가 정원이며,[26)] 이미 필첩식을 황제에게 보내 주문하였기에 수원을 변경하려면 국왕이 황제에게 주문해야 변경할 수 있다고 말하였다.[27)] 그런 관계로 그 후에 편찬된『황여전람도』에는 '토문강색금'(토문강원)과 '아기개토문'(소토문)을 구별하여, 홍토수가 정원이고 홍기하가 지류임을 표기하게 되었다.

이처럼 목극등이 지나간 노정(路程) 외에, 주비주접에 나오는 필첩식 소이창의 노정에 대해서도 알아볼 필요가 있다. 소이창은 비문을 작성하고 돌에 새기기 위해 대동한 인물이었다. 그에게는 황제에게 주문하는 임무가 맡겨졌다. 5월 15일 그는 목극등과 함께 하산하였지만, 후자보다 더 빨리 말을 달려 5월 17일 무산에 도착하였다(백두산에서 380리임). 이어 5월 18일 무산을 출발하여 두만강을 따라 내려가 3일

사(李義復記事) 및 규장각 소장『여지도』(『목극등정계도』) 등을 통해 복원할 수 있다. 이와 동시에 이강원의 앞 논문 참조.

25) 필자의 실지답사와 문헌연구에 의하면, 두만강 상류 여러 물줄기 중에서, 홍토수가 흘러내려온 두만강 본류의 물이 제일 크며, 서두수·홍단수·석을수보다 더 크다. 다만 홍기하가 홍토수가 흘러내려온 물과 거의 맞먹는다(이화자,『백두산 답사와 한중국경사』, 162~181쪽).

26) 이화자,『백두산 답사와 한중국경사』, 90~125쪽.

27) 김지남,『북정록』, 5월 21일조, 97~98쪽.

내에 훈춘에서 중국 경내로 들어가야 했다.[28]

이처럼 목극등이든 소이창이든 5월 18일 압록강 상류에 있는 소백산을 출발한 일이 없으며, 목극등은 이날 흑석구 하류에 있었고, 소이창은 무산을 떠났다. 그렇다면 주비주접의 소백산에서 출발했다는 내용을 어떻게 이해할 것인가?

주비주접에 나오는 소백산이 압록강 상류에 있는 소백산일 수 없으며, 같은 명칭의 다른 곳을 가리키거나 당보주의 주문 내용이 틀렸을 가능성이 크다.

조선후기 관찬 지리지인 『여지도서』에는 두만강 하류에 같은 명칭의 다른 소백산이 존재함을 다음과 같이 기록하였다. 즉 "소백산, 府(종성부임)의 동남 45리에 있으며, 산이 높고 골이 깊어 봄과 여름에도 눈이 보인다."라고 하고 또 소백산 봉수가 종성부의 동남 50리에 있다고 기록하였다.[29]

이처럼 두만강 하류에 있는 소백산의 경우, 5월 18일 목극등 또는 소이창이 경유한 노선에 근접해 있다.

요컨대 목극등의 노정을 보면, 그가 백두산으로 향할 때, 압록강 상류에 위치한 소백산(서쪽)을 경유했으나 이에 그쳤으며, 하산할 때는 백두산 동남 기슭을 따라 내려갔으며, 되돌아서 남쪽에 있는 소백산을 경유하지 않았다. 그러므로 5월 18일 그가 압록강 상류에 위치한 소백산을 떠났다고 하는 것은 사실과 맞지 않았다.

28) 김지남, 『북정록』, 5월 17·18일조, 92~93쪽.

29) 『여지도서』 하, 함경북도·종성부·봉수.

3. 홍치중의 노정에 대한 분석

홍치중(洪致中, 1667~1732)이 입비처로 향한 것은 목극등 정계 이후였다. 1712년 6월 목극등이 정계를 마치고 귀국한 뒤, 같은 해 8월 목극등과의 약속에 따라 조선은 북평사 홍치중을 파견하여 일꾼들을 거느리고 무산에서 출발하여 백두산으로 향하였으며, 두만강 발원지에 국경 표식을 설치하고자 하였다.[30] 그가 공정을 마무리 한 후, 이듬해 1월에 등산 과정을 국왕에게 진술한 내용은 다음과 같았다.

> 무산에서 70리를 가서 임강대에 도착하였으며, 또 10리를 더 가서 어윤강을 건너 산 아래에 도착하였습니다. 땅이 광막하고 인가가 없으며 길이 험하여 구불구불 돌아서 올랐는데, 위에 올라가보니 산이 아니고 들이였습니다. 백산과 어윤강 사이에는 삼나무가 하늘을 가려, 하늘과 해를 볼 수 없는 것이 300리였습니다. 5리(5일이 맞음-필자주)를 가서 입비처에 도착하였습니다. 비석은 매우 낮고 좁았으며 두께가 몇 촌에 불과하였으며, 연마하지 않았고 세운 것도 견고하지 않았습니다. 목차(穆差, 목극등임)가 귀한 신하로서 황명을 받들고 정계를 행하였지만 허술함이 이와 같으니 그가 힘을 다하지 않은 것을 알 수 있습니다. 입비처로부터 바라보니 우뚝 솟은 최고봉이 보였는데, 기어서 올라가 보니 14 봉우리가 모여 하나의 동부(洞府)를 이루고 있었습니다. 큰 못이 있었는데 색이 짙고 검으며 몇 길이 되는지 알 수 없었습니다. 여지(輿志)에 둘레가 80리라고 하였지만 신이 보건대 40여 리 되었습니다. 산의 형체는 모래와 돌로 이루어졌

---

30) 『숙종실록』 권52, 숙종 38년 12월 병진.

으며, 풀과 나무가 자라지 않고 사계절 눈이 쌓여 녹지 않았으므로 백두라는 이름이 생긴 것 같습니다.[31]

위와 같이, 홍치중은 무산에서 출발하여 70리를 가서 임강대에 이르렀고 또 10리를 가서 어윤강(서두수라고도 함. 오늘날 화룡시 숭선 근처임)에 이르렀다. 어윤강을 건넌 후 300리를 지나 입비처에 도착한 것이 5일이나 걸렸다. 그가 입비처에 도착하자 앞에 "우뚝 솟은 최고봉"을 보았는데, 올라가 보니 열넷 봉우리가 둘러있는 백두산 천지였다. 홍치중의 위 기술로부터 입비처가 백두산 자락에 있으며, 그 앞에 백두산 정상이 있음을 알 수 있다.

그러나 위 기록에 대해, 마맹룡은 홍치중이 입비처에서 본 것이 백두산이 아니라 소백산이라고 주장하였다. 비록 홍치중의 노정을 '백두산형편(白頭山形便)'이라고 칭하였으며,[32] 그가 백두산에 들어간 노정임이 분명하였지만, 마맹룡은 이를 개의치 않았는데, 이는 다른 한편으로 『숙종실록』 편찬자의 착오와도 무관하지 않았다. 실록 편찬자의 경우, "백산에서 어윤강까지 삼나무가 해를 가리고 있어 하늘과 해를 가리지 못한 것이 300리입니다. 5일을 가서 입비처에 도착하였습니다."라는 내용 중의 '5일'을 '5리'로 잘못 기록하였다. 이에 비하여, 『승정원일기』에는 '5일'로 정확히 기록하였다.[33] 그래야만이 백산과 어윤강 사이 300리가 되며 5일을 가서 입비처에 도착함이 순통하기 때문이다. 그렇지 않을 경우, 300리와 5리 사이가 아무 연관이 없어 보였기에, 마맹룡은 300리라는 내용을 건너뛰어, 단지 "또 10리를 가서

31) 『숙종실록』 권53, 숙종 39년 정월 경자.
32) 『숙종실록』 권53, 숙종 39년 정월 경자.
33) 『승정원일기』 475책, 숙종 39년 1월 22일.

어윤강을 건너 산 아래에 도착하였다"와 "5리를 가서 입비처에 도착하였다"라는 기록에 근거하여, 소백산과 어윤강 사이가 매우 가깝다고 착각하였으며, 홍치중이 도착한 입비처가 소백산이며 백두산이 아니라고 오판하였다.

이뿐만 아니라, 마맹룡은 소백산과 어윤강 사이가 가깝다는 데서 출발하여, 소백산을 북보다회산(북포태산임)에 잘못 비정하였다. 여기서 한발 더 나아가, 그는 "서두수가 소백산 동쪽 비탈을 따라 북으로 두만강에 흘러든다."고 잘못 기술하기도 하였다.[34] 이는 지리 위치를 완전히 잘못 인식한 것으로써, 서두수와 소백산을 연결시키고 있지만, 실은 둘 사이가 멀리 떨어져 있었다. 서두수와 백두산의 거리만큼 서두수와 소백산의 거리도 멀었다. 앞에서 본 홍치중의 진술대로라면, 서두수(어윤강) 하구로부터 백두산까지 300리였다. 이 밖에 광서(光緖) 감계담판 때 기록에 의하면, 서두수가 조선 학항령에서 발원하며, 백두산에서 400~500리 되었다.[35]

또한 마맹룡은 소백산 동쪽에서 발원하는 석을수와 서두수를 혼동하였으며, 서두수가 소백산 동쪽 기슭을 흐른다고 기술하였지만, 실은 석을수가 소백산 동쪽 기슭에서 발원하여 흘러갔다.[36] 기실 그의 이른바 '소백산설'은 소백산이 아니라 북포태산이었다. 즉 그는 북포태산과 소백산을 혼동한 것이다.

마맹룡은 홍치중이 입비처에서 보았다는 '우뚝 솟은 최고봉'이 백두산이 아님을 지적하여, "만약 심시비(審視碑, 정계비를 일컬음)를 백두

---

34) 馬孟龍, 「穆克登査邊與'皇輿全覽圖'編繪-兼對穆克登'審視碑'初立位置的考辨」, 97쪽.

35) 통리교섭통상사무아문 편, 『문답기』, 1884년, 규장각 소장, 필름 35쪽.

36) 기록에 의하면, 석을수가 소백산 동쪽 40여 리에서 발원하였다(이중하, 『감계사교섭보고서』, 1887년, 서울대학교 규장각 소장, 필름 23쪽).

산에 세웠다면, 홍치중이 어찌 자신이 서 있는 백두산을 볼 수 있겠는가?"라는 의문을 던졌다.[37] 이 역시 백두산의 지리형세를 모른 데서 연유된 것이다. 백두산은 화산 분출로 인해 형성된 방대한 산체이며, 고산 호수 즉 천지가 있는 최고봉을 제외하고 사방이 완만한 비탈을 형성하였으며, 이를 일컬어 동파·서파·남파·북파(坡)라고 불렀다. 정계비가 세워진 곳은 백두산 동파에 위치하였으며, 산세가 완만하여 오르내리기 쉬웠다. 특히 천지에서 약 4㎞ 떨어진 입비처에서 위를 쳐다볼 경우, '우뚝 솟은 최고봉' 즉 천지 주위 산봉우리가 보였다. 이는 실지답사를 통해 쉽게 알 수 있는 사실이다.

요컨대 홍치중의 '백두산형편'에 대한 진술은 그가 백두산에 다녀온 노정에 대한 기록이며, 소백산과 아무런 관계가 없었다. 그의 진술을 통하여, 입비처가 백두산 주봉 아래 있음을 증명할 수 있다.

4. 1767년 비석이 소백산에 있었다는 주장에 대한 의문

입비처가 소백산임을 입증하기 위하여, 마맹룡은 예조판서 홍중효(洪重孝)가 1767년에 한 말을 인용하였다.[38] 즉 영조와 신하들이 모여 북악(北嶽)을 비백산에서 백두산으로 고칠 데 대해 논의할 때, 예조판서 홍중효가 반대 의견을 개진한 내용이었다. 그 상세한 내용은 다음과 같았다.

백두산은 우리나라 산맥의 조종으로서 지금 망사(望祀)를 진행하려는

37) 馬孟龍, 「穆克登查邊與'皇輿全覽圖'編繪-兼對穆克登'審視碑'初立位置的考辨」, 97쪽.
38) 馬孟龍, 「穆克登查邊與'皇輿全覽圖'編繪-兼對穆克登'審視碑'初立位置的考辨」, 98쪽.

논의는 실로 우연이 아닙니다. 그러나 『예기』에 이르기를 제후는 강역 내의 산천을 제사지낸다고 하였습니다. 이 산은 과연 강역 내에 있는지 알 수 없습니다. 전에 목극등이 정계할 때 분수령에 비를 세워 경계로 삼았으며 분수령은 백두산까지 1일정이므로 강역 내에 있다고 말하기 어렵습니다.[39]

마맹룡은 홍중효가 말한 이른바 입비처가 백두산까지 1일정이라는 데 중점을 두었다. 그리하여, "심시비가 절대로 백두산에 세워지지 않았으며", 소백산에 세워져야만 1일정과 맞아떨어진다고 주장하였다.[40] 홍치중이 한 앞의 말을 분석해 보면, 다 틀린 것도 아니다. 비석이 분수령에 세워졌다고 한 것은 맞으나, 입비처로부터 백두산까지 1일정이라고 한 것이 틀렸다. 실은 4㎞에 불과하였기 때문이다. 홍중효가 이 말을 할 때가 1767년이며, 목극등 정계로부터 50년이 지난 시점에서 입비처의 지리형세를 잘 모를 수도 있는 것이다. 이와 동시에 백두산은 절함한 곳인 관계로 그 당시 아무나 쉽게 오를 수 있는 곳이 아니었다. 그렇다면, 홍중효가 한 이 말에 근거하여, 1767년에 비석이 여전히 소백산에 있다고 할 수 있는가?[41]

기실 홍중효가 이 말을 하기 전, 조선의 지도에는 정계비의 위치를 천지 동남 기슭에 표기해 놓았다. 예컨대 1740년대 편찬된 『동국지도』, 18세기 중기의 관찬 『해동지도』, 같은 시기에 편찬된 『서북피아양계만

39) 『영조실록』 권109, 영조 43년 7월 신축.
白頭山爲我國山脈之宗 今此望祀之議誠非偶然 而第念禮云諸侯祭封內山川 臣未知此山果在封域之內歟 頃年穆克登定界時立碑分水嶺以爲界 則嶺之距山殆一日程 恐未可以謂之封內也.

40) 馬孟龍, 「穆克登查邊與'皇輿全覽圖'編繪-兼對穆克登'審視碑'初立位置的考辨」, 98~99쪽.

41) 馬孟龍, 「穆克登查邊與'皇輿全覽圖'編繪-兼對穆克登'審視碑'初立位置的考辨」, 99쪽.

리지도』, 또 같은 시기에 편찬된 『북계지도』 및 1765년의 관찬 『여지도서』의 『북병영지도』 등이 그러하다.

이 밖에 조선후기 선비들의 기행문에도 정계비가 백두산 주봉 아래에 있음을 기록하고 있다. 서명응(徐命膺)이 쓴 『유백두산기』는 그가 1766년(영조 42)에 백두산 천지를 오르던 과정을 다음과 같이 기록하였다.

> 20리를 갔는데도 백산의 세 봉우리가 눈앞에 있었으며, 연지봉 아래서 본 것과 같았다. 동남 비탈에 목책을 한 줄로 세웠으며, 십여 보(步) 되었으나 넘어지고 없어져 남은 것이 얼마 되지 않았다. 작은 비석이 몇 척(尺)에 불과하였으며, 연마하지도 않은 채 위에 '대청(大淸)'이라고 새기고 아래에 "오라총관 목극등이 황지를 받들고 국경을 조사하여 여기에 이르렀으며, 서쪽으로 압록이고 동쪽으로 토문이며, 분수령에 돌을 새겨 기록한다. 강희 51년 5월 15일, 필첩식 소이창, 통관 이가(二哥), 조선 군관 이의복·조태상, 차사관 박도상, 통관 김응헌·김경문" 운운이라고 하였다. 여러 사람이 본 후 비석 오른편을 따라 산비탈을 올라갔으며, 구불구불 돌아서 올라간 것이 약 10리가 되며, 위에 올라가보니 사방의 여러 산이 모두 밑에 놓여 있었으며, 하늘 끝까지 다 보여 한 눈에 다 들어 왔으며, 다만 눈의 힘이 모자라 다 볼 수 없었음을 한탄하였다. … 산봉우리 밑에서 500~600장(丈) 떨어져 넓고 평탄한 곳에 큰 못이 중간에 있었다. 둘레가 40리이고 물이 짙은 푸른색을 띠었으며, 하늘의 빛과 더불어 아래 위가 같은 색을 이루었다.[42]

42) 서명응, 「유백두산기」, 『보만재문집』 2, 150~151쪽.

위와 같이 서명응은 비석의 위치가 백두산 천지 동남 기슭 10리에 있음을 목격하였다. 또한 입비처로부터 오른쪽 산비탈을 따라 올라가 보니 최고봉인 백두산 천지가 있었다고 하였다. 여하튼 서명응의 『유백두산기』를 통해서도 홍중효가 위 말을 하기 전에, 정계비가 이미 백두산 동남 기슭에 있었으며, 소백산에 있지 않았음을 알 수 있다.

5. 맺는말

『황여전람도』를 통해 조청 국경을 살펴보면, 분도에 따라 다르게 나타났다. 『조선도』의 경우, 백두산(동남 기슭)을 경계로 함을 표기하였으나, 『성경전도』의 경우 소백산을 경계로 함을 표기하였다. 동일한 『황여전람도』임에도 불구하고 각기 다른 국경 표기가 나타난 것은 지도 편찬자의 주관 판단이 잘못되었거나 실수에서 기인한 것이다. 그러므로 그 중의 한 가지 분도(『성경전도』)에 근거하여 이른바 소백산설을 주장하는 것은 엄밀한 논증이라고 할 수 없다.

입비처를 알기 위해서는 『황여전람도』를 포함한 양측 자료를 종합적으로 분석해야 정확한 결론에 이를 수 있다. 『황여전람도』의 분도를 통해 보더라도, 백두산 동쪽에 표기된 '토문강색금'이야말로 목극등이 정한 수원이고 국경을 나누는 하천이며, 이를 통해 정계비가 백두산 동남 기슭에 있으며, 소백산에 있지 않음을 알 수 있다.

한편 당보주의 주문에 이른바 5월 18일 필첩식 소이창과 목극등이 소백산을 떠났다는 기록은 목극등이 소백산에 도착했다는 유일한 기록이 아니다. 조선측 일기 자료를 통해 볼 경우, 같은 날 목극등이 흑석구 하류를 출발하였고 소이창은 주문을 가지고 무산을 출발했으며, 이 두 사람은 모두 송화강과 두만강 유역으로 이동했음을 알 수 있다. 그러므로 주비주접의 이른바 소백산은 압록강 상류의 소백산일 수 없다. 그들이 경과한 다른 소백산이거나 주문 내용이 틀렸을 가능성이 크다. 그러므로 당보주의 주문은 목극등이 압록강 상류에 있는 소백산에 정계비를 세웠다는 증거가 될 수 없다.

또한 홍치중의 노정을 근거로 입비처가 소백산이라고 주장하였지만, 역시 착오가 발견된다. 사료 중에 백산과 어윤강 사이가 300리이며, '5일'을 가서 입비처에 도착한다는 내용을 '5리'를 가서 도착한 것으로 착각하여, 어윤강(서두수)과 입비처가 매우 가깝다고 오판하였다. 이를 근거로 북보대회산(북포태산)을 소백산으로 잘못 비정하였는가 하면, 서두수와 석을수를 혼동하여, 서두수가 소백산 동쪽 기슭을 흐른다고 착각하였고, 나아가 홍치중이 도착한 입비처가 소백산이라고 잘못 판단하였다.

이뿐만 아니라, 이른바 입비처가 백두산까지 1일정이라는 홍중효의 부정확한 말을 근거로 1767년(영조 43)에 비석이 여전히 소백산에 있다고 하였지만, 그 전에 편찬된 조선의 지도, 특히 1766년(영조 42) 서명응의 『유백두산기』를 통하여, 비석이 이미 천지 동남 기슭에 존재했음이 입증되었다.

논거가 불충분하고 정확하지 않다면 정확한 결론을 얻을 수 없다. 강희 『황여전람도』 및 한중 양측 자료를 통하여, 백두산 동남 기슭이야말로 목극등의 입비처이며, 이 위치가 광서 감계담판까지 변화가 없으며, 이른바 비석이 이동되었다는 '이비설'은 성립되지 않음을 말해준다.

목극등이 정한 압록강·두만강 분수령의 지리형세 : 소백산설과 토론한다

머리말

목극등이 정한 분수령과 입비처(立碑處)에 대한 학계의 주장이 서로 엇갈린다. 일부 학자의 경우 압·두 양강 분수령이 백두산 천지 동남 기슭이며, 여기가 목극등이 비석을 세운 입비처라고 주장하였는데, 이른바 백두산설이다. 또 일부 학자의 경우 비석이 백두산 동남 기슭에 있을 수 없으며, 그 남쪽에 있는 소백산에 세워졌으며, 동·서 양쪽에 압·두 양강 수원이 마주하고 있음과 동시에 송화강 물줄기가 없기에 이곳이야말로 진정한 분수령이며, 비문의 내용과 맞아떨어진다고 주장하였다. 이른바 소백산설이자 '이비설'이다.

그렇다면 목극등이 정한 분수령이 백두산 동남 기슭인가 아니면 소백산인가? 비문의 이른바 "서위압록, 동위토문, 분수령에 비를 새겨 기록한다"의 실제 지리형세는 어떠한가? 비문의 내용대로 입비처의 동쪽에서 송화강 물줄기를 배제할 수 있는가?

위와 같은 문제점을 해결하기 위하여 이 글은 『황여전람도』의 기초도인 '만문장백산도' 및 콜레주 드 프랑스 소장 『천하제국도』와 서울대학교 규장각 소장 『여지도』 속의 『목극등정계도』를 분석함과 동시에, 중한 양국 문헌자료를 결합하여, 목극등이 정한 압록강·두만강 수원의 분수령에 대해 살펴보고자 하며, 특히 분수령 동쪽에 있는 두만강 발원지의 지리형세를 알아봄으로써 소백산이 그 조건에 부합되는지 여부 및 소백산설의 문제점에 대해 짚어보고자 한다.

1. '만문장백산도'를 통해 본 압·두 양강 분수령

'만문장백산도'는 1905년 일본인 나이토 고난이 성경 상봉각에서 발견한 지도이다. 그가 일본 참모본부의 경비 지원을 받아 '간도문제'를 조사하던 중에, 성경 상봉각에서 청나라 황실 소장 '만문장백산도'를 발견하였다. 전술했듯이, 이 지도에 표기된 하천의 모양과 지명정보가 강희 『황여전람도』와 유사하였으며, 특히 각 하천을 따라 점선이 표기된 것이 강희대 대지측량을 위한 답사 노선임이 밝혀졌다. 그 중에는 1711·1712년 목극등이 두 차례 조청 국경을 답사한 왕복 노선이 포함되었다.

이처럼 '만문장백산도'는 서양 선교사들의 만주 지역에 대한 대지측량을 기초로 함과 동시에, 목극등이 조청 국경을 조사한 결과를 결합하였으며, 그 성과가 『황여전람도』에 의해 흡수되었다. 즉 다시 말하여, '만문장백산도'에는 목극등 정계 결과가 반영되어 있었다.

회화식으로 그려진 '만문장백산도'의 특징은 산줄기를 선명하게 그렸을 뿐만 아니라, 하천과 하천 사이 분수령을 선명하게 표현하고 있으며, 이는 압·두 양강 수계의 분수령을 이해하는 데 도움이 되었다.

특기할 것은 '만문장백산도'의 백두산 이남에 두 갈래 길을 표기하였는데, 북쪽 노선이 1712년 목극등이 백두산 천지에 오른 등산 노선이며, 남쪽 노선이 접반사 박권과 역관 김지남 등이 삼지연을 통해 무산으로 향한 노선이었다. 이 두 길에는 작은 동그라미로 주숙처를 표시하고 있는데, 그 내용이 『천하제국도』와 『여지도』에 수록된 『목극등정계도』(그림 6·7 참조) 및 김지남의 『북정록』·박권의 『북정일기』·홍세태의 『백두산기』 등과 맞아떨어졌다.

이처럼 '만문장백산도'의 재발견은 중국측 자료의 부족을 보완할 수 있으며, 한국측 문헌·지도 자료와 비교 분석할 수 있어서, 목극등 정계 연구의 새로운 국면을 전개하였다.

아래에 만문장백산도의 지리정보에 대한 분석을 통하여, 두만강 수원과 목극등의 하산(下山) 노선 및 압·두 양강 사이 분수령에 대해 살펴보기로 하자.

첫째로, 만문장백산도를 통하여 두만강 수원을 살펴보면(그림 5 참조), 발원지가 백두산 동쪽에 있으며, 백두산 주봉과 거리를 좀 두고 북·중·남 세 줄기로 나뉘어 있는데, 중간 물줄기에 '토문강색금'이라고 표기하였다. 여기서 '색금'이란 만주어로 수원 또는 발원지를 뜻하며, 중간 물줄기가 두만강 수원임을 나타냈다. 또한 이곳에 점선이 표기되어 있음은 목극등이 두만강 수원을 조사하기 위해 이곳에 머물렀음을 말해준다. 즉 다시 말하여, 목극등이 정한 두만강 수원이 그가 경유한 북쪽 노선에 있어야 하며, 그가 경유하지 않은 남쪽 노선에 있을 수 없다. 일부 학자가 두만강 수원으로 주장하는 홍단수의 경우, 북쪽 노선에 있지 않고 남쪽 노선에 있기 때문에 목극등이 정한 수원일 수 없다.

이상에서 본 두만강 수원의 3파 중에서, 북파가 오늘날 약류하(원지수라고도 함)에 상응하고, 중파 즉 '토문강색금'이 오늘날 모수림하(홍토수의 북지류)에 상응하며, 남파가 오늘날 홍토수(홍토산수라고도 함)에 상응한다. 모수림하·홍토수가 합류한 후 여전히 홍토수라고 부르기 때문에, 이는 목극등이 홍토수를 두만강 수원으로 정한 사실을 나타내고 있다.[1]

둘째로, '만문장백산도'를 통하여 목극등의 하산 노선을 살펴보기로 하자. 목극등이 경유한 북쪽 노선을 보면, 혜산에서 출발하여, 압록강을 거슬러 올라가며, 소백산 서쪽을 지나 백두산 천지 동남록에 이른 후, 흑석구 동남안을 따라 내려가 북쪽의 송화강 물줄기가 나뉘는 곳에 이르며, 다시 동남쪽으로 두만강 발원지에 이른 후 홍토수를 따라 내려가 증산 북쪽에서 남쪽 노선과 합쳤다.

이와는 대조적으로, 박권 등이 지나간 남쪽 노선은 압록강 상류에서 출발하여, 건천구·오시천(지명을 표시하지 않음)을 지나 허항령(지명을 표기하지 않음)을 넘은 후, 삼지연에 이르렀으며, 홍단수를 따라 내려가 증산 이북에서 북쪽 노선과 합쳤다.

비록 이처럼 두 노선이 증산이북에서 합쳐졌지만, 다만 노선이 중첩될 뿐, 두 팀이 여기서 만난 것이 아니라 어윤강변 조선의 설참(設站)한 곳에서 만났다.[2] 이상에서 본 '만문장백산도'의 두 갈래 서로 다른 노선은 한국측 문헌 및 지도 자료와도 서로 맞아떨어졌다.

---

1) 기록에 의하면, 목극등이 두만강 수원을 잘못 보았으며, 송화강 물줄기(단류함)를 두만강 수원으로 잘못 지정하였다. 그러나 그가 따라간 물은 여전히 두만강 물줄기였으며, 그는 두만강 초파(初派)와 차파(次派)가 합치는 곳을 보았다. 그러므로 만문장백산도에 나타난 두만강 물줄기가 잘못되었다고 할 수는 없다. 목극등이 귀국한 후 조선은 목극등의 잘못을 시정하여, 정확한 두만강 수원에 목책을 설치해 놓았다(『숙종실록』 권52, 숙종 38년 12월 병진. 관련 연구는 이화자, 『한중국경사 연구』, 16~70쪽 ; 이화자, 『백두산 답사와 한중국경사』, 90~125쪽 참조).

2) 김지남, 『북정록』, 5월 21~22일조, 96~99쪽 ; 박권, 『북정일기』, 5월 21일조, 121~122쪽.

〈그림 21〉 대각봉 앞의 흑석구

셋째로, '만문장백산도'를 통하여 압·두 양강 사이 분수령에 대해 알아보기로 하자. 전술했듯이, 만문장백산도의 특징은 두 수계 사이의 분수령을 선명하게 그리고 있으며, 그 중에는 압·두 양강 분수령과 송(송화강)·두 양강 분수령이 포함되었다. 〈그림 5〉와 같이, 압·두 양강 사이에 'T'자형 산줄기가 있는데, 남·북 두 줄기로 나뉘었다. 북쪽 줄기가 백두산 동남록에서 동남쪽으로 연장되며, 남쪽 줄기가 그 중간에서 교차되어 남쪽으로 연장되었으며, 교차되는 곳에 'bu dai šan'(布達山, 포달산)이라고 표기하였다. 즉 'T'자형 분수령을 총칭하여 '포달산'이라고 불렀다.

그 외의 산 이름이 보이지 않았으며, 다만 남쪽 줄기에 'san cy yewan'(삼지연)을 표기할 따름이었다(그림 5 참조). 삼지연 근처에 점선이 표기된 것은 박권 등 연로자가 통과한 노선임을 말해준다. 기실 북쪽 줄기에 크고 작은 산이 포함되었는바, 예컨대 청봉령·연지봉·대각봉

등이다. 또한 남쪽 줄기에는 허항령·북포태산(보다회산)·남포태산·완항령 등이 포함되었으며, 이른바 '백두대간'이 남쪽으로 뻗어나간 산줄기였다.

한편 '만문장백산도'를 통하여, 포달산(T자형)의 북쪽 줄기가 압·두 양강 수원의 분수령임을 알 수 있다. 〈그림 5〉와 같이, 두만강원(토문강 색금)이 그 동북쪽에서 흘러나왔고, 압록강원이 그 서쪽에서 흘러나왔다. 비록 남쪽 줄기도 분수령의 일부였지만, 양강 수원의 분수령이 아니라 지류의 분수령이며, 두만강 지류인 석을수·홍단수와 압록강 지류인 건천구·오시천이 그 동·서 양쪽에서 흘러갔다.

문헌 자료를 통해 알 수 있는바, 목극등이 압·두 양강 수원을 찾은 후, 그 중간의 분수령에 비석을 세웠으며, 이를 '강원비(江源碑)'라고 불렀다. 그럴 경우, 비석이 포달산의 북쪽 줄기에 놓여 있으며, 남쪽 줄기에 있을 수 없다. 왜냐하면, 북쪽 줄기가 양강 수원의 분수령이며, 남쪽 줄기가 지류의 분수령이기 때문이다.

여기서 주의할 점은 일부 학자가 주장하는 소백산은 분수령에 속하지 않는다는 사실이다. 왜냐하면 'T'자형(포달산) 분수령에 속하지 않고 그 서쪽에 놓여 있기 때문이다. 기실 『황여전람도』를 자세히 보면, 목판본(강희 60년, 福克司 영인본) 또는 동판도(강희 58)의 경우, 소백산이 분수령 서쪽에 놓여 있었으며, 분수령에 속하는 산맥이 아니었다.

이처럼 소백산이 분수령 산계에서 제외된 것은 압록강 지류 소백수의 발원지일 뿐, 두만강 지류의 발원지가 아니기 때문이었다. 예컨대 건륭대 제소남이 편찬한 『수도제강』에는 "압록강이 옛 마자수(馬訾水)이며, 장백산 남록에서 발원하여, 두 수원으로 나누어 흐르다가 합쳐진다. 그 남쪽에 소백수가 있으며, 동쪽에서 와서 합친다."고 기록하였

〈그림 22〉 천지 동파에서 내려다본 압록강 골짜기와 소백산

다.[3] 한편 실지답사를 통해서도 소백수가 소백산을 가로질러 흐르는 것을 목격할 수 있었다. 즉 소백산이 소백수의 발원지임을 말해준다. 이처럼 소백산이 압·두 양강 수원의 분수령에 속하지 않았기에, 비문의 내용과 맞아떨어지지 않았으며, 입비처일 수도 없었다.

2. 분수령 동쪽에서 송화강 물줄기를 배제할 수 없는 이유

소백산설을 주장하는 학자들은 비문의 이른바 "서위압록, 동위토문, 분수령에 돌을 새겨 기록한다"를 근거하여, 분수령 동쪽에 다만 두만강 물줄기가 있어야 하며, 송화강 물줄기가 있어서는 안 된다고 보았고, 소백산이 그러한 지리적 특징에 부합되기에 소백산이야말로 압·두 양강 분수령이자 입비처라고 주장하였다. 그러나 여기서 한 가지 중요한 점을 간과하였으니, 즉 분수령 지리형세를 논함에 있어서, 목극등이

3) 齊召南, 『水道提綱』 권2, 盛京諸水 鴨綠江, 『景印文淵閣四庫全書』.

송화강 상류를 두만강 수원으로 잘못 정한 사실을 간과하였다. 바꾸어 말하면, 분수령 동쪽에는 두만강 물줄기만 있고 송화강 물줄기가 없어서는 안 된다.

아래 사료에 기록된 두만강 발원지의 지리형세에 대해 살펴보기로 하자. 기록에 의하면, 두만강 발원지의 하천 분포가 복잡하며, 송화강 지류와 두만강 지류가 뒤섞여 있었다. 또한 지형의 기복이 그다지 크지 않았으며,[4] 뚜렷한 산으로써 두 수계를 갈라놓지 못한 관계로 이곳을 '천평(天坪)'이라고 불렀는데,[5] 실은 백두산 고원 지대였다. 그런 이유 때문에, 목극등이 두만강 수원을 찾을 때 착오를 범하게 되었으며, 그가 두만강 수원이라고 생각한 물줄기가 실은 두만강에 흘러들지 않고 송화강에 흘러들었다. 이에 조선은 설책할 때, 목극등의 착오를 시정하여 목책을 정확한 두만강 수원에 이어놓았다.[6]

이처럼 두만강 발원지에 분포된 송화강 상류에 대하여, 목극등을 동행하였던 조선의 차사원은 다음과 같이 공술(供述)하였다.

> 단류처(斷流處, 흑석구 하류임)에서 용출처(湧出處, 두만강 발원지임)까지 그 사이에 작은 물줄기가 북쪽으로 흘러가는 것이 5·6파이며(송화강 상류임), 용출처에서 그 아래 남증산까지 작은 물줄기가 두만강에 합치는 것이 4·5파입니다. 나무가 하늘을 뒤덮어 지척을 가릴 수 없는 곳에 작은 물줄기가 이렇게 혼잡합니다.[7]

---

4) 광서감계 때, 조선측 감계사인 이중하의 증언에 의하면, 흑석구와 홍토수 사이가 "느슨한 비탈을 사이 두고 있다"고 하였다. 이중하, 『을유장계』, 『토문감계』, 서울대학교 규장각 소장(21036).

5) 박권, 『북정일기』, 7월 13일조, 130쪽 ; 신경준, 『여암전서』 권8, 사연고, 경인문화사, 1976년 영인본, 281~282쪽 ; 『여지도서』 관북읍지·감영·무산·회령·종성.

6) 『숙종실록』 권52, 숙종 38년 12월 병진.

위와 같이, 두만강 발원지 근처에 다섯·여섯 갈래의 송화강 지류가 있었으며, 목극등이 여기서 송화강 상류를 두만강 수원으로 착각한 것이었다. 그럼에도 불구하고 목극등은 두만강 물줄기를 따라 내려갔으며, 송화강을 따라 내려가지 않았다. 그의 답사 목적이 압·두 양강 수원을 찾아 정계함과 동시에 두만강을 따라 내려가 바다 입구까지 보는 것이었기에, 두만강 발원지 근처에 숨어 있던 송화강 물줄기를 소홀히 했을 수도 있다.

주지하다시피, 백두산 지역은 화산 지형인 까닭으로 흐르다가 끊기는 물이 많았으며, 이를 일컬어 '반절자하(半截子河)'라고 불렀다.[8] 기록에 의하면, 목극등이 잘못 정한 송화강 물줄기도 '땅속에서 은류하는' 물이었다고 한다.[9] 이 밖에 광서감계 때 조청 양국 인원들이 흑석구 동쪽에서 여러 갈래 송화강 지류를 발견하였으며, 예컨대 사을수(斜乙水)·동붕수(董棚水)가 있었는데, 송화강 오도백하 지류였다. 동붕수의 경우도 중간이 끊기는 물줄기임이 확인되었다.[10]

한편 소백산설을 주장하는 학자의 경우, 천지 동남 기슭이 압·두 양강 분수령이 아니고, 소백산이 진정한 분수령이며, 비석이 소백산에서 천지 근처로 이동되었다고 주장하는 것도 천지 동쪽에 송화강 지류가 분포되어 있으며, 또한 흑석구를 송화강 상류로 간주하였기 때문이었다.[11] 그리하여 송화강 물이 전혀 없는 소백산에서 분수령과

---

7) 『비변사등록』 65책, 숙종 39년 정월 28일.

8) 두만강 발원지에 대한 실지 답사는 이화자, 『백두산 답사와 한중국경사』, 341~375쪽 참조.

9) 김노규, 『북여요선』, 이의복기사, 양태진, 『한국국경사연구』 부록, 340쪽.

10) 1885년 제1차 감계도를 보면, 오도백하 지류에 '董維窩棚水'(董棚水임)·'斜乙水'를 표기하였으며, 1887년 제2차 감계도에도 '董棚水'·'斜乙水'를 표기하였는데, 동붕수가 단류하는 물줄기였다.

11) 목극등 정계 시, 정계비 동쪽에 있는 흑석구를 두만강 수원이 땅속에서 복류하

입비처를 찾고자 하였다. 그러나 전술했듯이, 목극등이 송화강 상류를 두만강 수원으로 잘못 정한 사실을 염두에 둘 경우, 분수령 동쪽에서 송화강 물줄기를 완전히 배제할 수 없다. 즉 다시 말하여, 목극등이 정한 두만강 수원은 반드시 두만강 물줄기와 송화강 물줄기가 섞여 있는 오늘날 홍토수 근처에서 찾아야 하며, 송화강 물줄기가 전혀 없는 소백산이나 삼지연 일대에서 찾을 수 없다.

3. '대홍단수상류'의 지칭 및 홍단수와 마주한 분수령

소백산설의 또 한 가지 주장은 소백산과 마주한 두만강 수원인데, 목극등이 오늘날 홍단수를 두만강 수원으로 정했다고 보았다. 그 근거를 접반사 박권이 말한 이른바 목극등이 정한 '대홍단수상류'가 진정한 두만강이 아니며, 임강대 근처에서 대홍단수에 합류하는 물줄기가 진정한 두만강이라고 한 데 두었다.12)

기실 박권의 이 말을 통해, 두 갈래 물줄기를 가려낼 수 있으며, 하나가 목극등이 정한 대홍단수상류, 즉 홍토수가 흘러내려 와 형성된 오늘날 두만강 본류이며, 다른 하나가 오늘날 숭선(화룡시) 근처에서 두만강에 합류하는 홍기하였다. 그러나 소백산설을 주장하는 학자의

는 곳으로 간주하였으며, 즉 두만강 단류처였다. 흑석구와 송화강이 이어졌는지 여부를 조사하기 위해, 목극등은 청조의 대통관과 조선의 군관·역관으로 하여금 흑석구를 따라 60여 리를 가서 보게 하였고, 그 자신도 비석을 세운 후 흑석구를 따라 내려가 송화강 상류 가까이에서 묵었다(김지남, 『북정록』, 5월 23일조, 99~101쪽 ; 『숙종실록』 권52, 숙종 38년 10월 경신·11월 임오 ; 권53, 숙종 39년 3월 임인 ; 『승정원일기』 467책, 숙종 39년 3월 15일 ; 『동문휘고』 원편 권48, 강계, 제1책, 907쪽).

12) 김지남, 『북정록』, 5월 21일조, 97쪽 ; 『숙종실록』 권51, 숙종 38년 6월 을묘.

경우, 단지 글자 표면의 뜻만 보고 목극등이 오늘날 홍단수를 정원으로 정했다고 주장하였다. 즉 대홍단수(오늘날 홍토수)와 소홍단수(오늘날 홍단수)의 차이를 혼동하고 있으며, 사료에 대한 분석이 깊지 못함을 말해준다.

이 밖에 소백산설을 주장하는 학자의 경우, 홍단수에서 출발하여 이와 마주한 분수령이 소백산이며, 소백산의 지리형세가 비문의 내용과 부합된다고 주장하였다.13)

그러나 여기에 또 한 가지 착오가 발견된다. 즉 홍단수 발원지의 지리형세를 놓고 볼 때, 이와 마주한 분수령이 소백산이 아니라 삼지연 또는 허항령이기 때문이다. 목극등 정계 시, 청조의 2등 시위 포소륜과 접반사 박권 등의 경우, 압록강 상류에서 출발하여 허항령을 넘어 삼지연에 도착하였으며, 홍단수를 따라 내려가 어윤강변에 도착하였다. 이와는 대조적으로 소백산의 지리위치는 삼지연 서북쪽에 있으며, 둘 사이가 50~60리 되었다. 그러므로 홍단수와 마주한 분수령이 삼지연 또는 허항령이며, 소백산이 아니었다(5·6·11참조).

요컨대, 소백산설은 두만강 수원을 착각하였을 뿐만 아니라, 그와 마주한 분수령도 착각하였다. 그 이유를 따져보면, 사료를 깊이 연구하지 못한 원인도 있겠지만, 지리 위치를 잘 알지 못한 이유도 있으며, 또한 광서감계 때 중국측 대표와 그 이후의 오록정(吳祿貞) 등이 '소백산 이비설'을 주장한 영향도 크다고 생각된다.

13) 徐德源, 「穆克登碑的性質及其鑿立地點與位移述考-近世中朝邊界爭議的焦點」; 刁書仁, 「康熙年間穆克登查邊定界考辨」; 刁書仁·王崇時, 『古代中朝宗藩關係與中朝疆界歷史研究』, 367~368쪽; 陳慧, 『穆克登碑問題研究-清代中朝圖們江界務考證』, 142~164쪽.

4. 맺는말

'만문장백산도'를 통해 압·두 양강 분수령을 살펴보면, 총칭 '포달산' 이라고 하였는데, 남·북 두 줄기로 나뉘어졌다. 북쪽 줄기가 백두산 동남기슭에서 시작하여 동남쪽으로 뻗어나갔으며, 그 양쪽에서 압록강원과 두만강원이 발원하여 흘러갔다. 이곳이 양강 수원의 분수령이며, 비문의 내용과 맞아떨어지는 입비처였다. 이와는 대조적으로 소백산은 분수령 산맥에 속하지 않았으며, 남쪽 줄기의 서쪽에 위치해 있었기에, 목극등 정계의 입비처가 아니었다.

소백산설의 출발점은 두만강 수원을 입증하는 데서 시작되었으며, 박권이 말한 이른바 '대홍단수상류'를 오늘날 홍단수(남쪽 지류)로 착각하여, 목극등이 홍단수를 정원으로 정했다고 하였지만, 실은 오늘날 홍토수(북쪽 지류)를 두만강 수원으로 정했다. 즉 사료에 나오는 대홍단수와 소홍단수를 혼동하고 있다. 이뿐만 아니라, 홍단수와 마주한 분수령을 소백산으로 지목한 것도 잘못된 것이며, 지리형세를 놓고 볼 때, 홍단수와 마주한 분수령이 소백산이 아니라, 삼지연 또는 허항령이기 때문이다.

비문의 내용을 근거로 분수령 동쪽에서 송화강 물줄기를 완전히 배제하는 것도 착오이다. 사료의 객관성에서 출발할 경우, 분수령 동쪽에는 두만강 물줄기만 있고 송화강 물줄기가 없어서는 안 되며, 목극등이 송화강 상류를 두만강 수원으로 잘못 정한 사실과 어긋나기 때문이다. 그런 선상에서 송화강 물줄기가 전혀 없는 소백산 또는 삼지연이 분수령 또는 입비처가 될 수 없다.

목극등이 정한 분수령과 입비처를 정확하게 알기 위해서는 비문의 내용뿐만 아니라, 한중 양측 사료를 종합 분석해야 하며, 예컨대 『청실록』·만문장백산도·『황여전람도』·제소남의 『수도제강』·『청회전도』 등과 『목극등정계도』의 모사본(프랑스도·규장각도)·『조선왕조실록』·『비변사등록』·『동문휘고』·『북정록』(김지남)·『북정일기』(박권)·『백두산기』(홍세태) 등을 비교 분석해야 한다. 이는 목극등 정계와 관련된 직간접 자료로서 이들 자료를 종합 분석해야 정확한 결론을 얻을 수 있다. 비록 광서 감계담판 자료 및 그 후의 오록정·류건봉 등의 답사 자료를 통하여, 목극등의 정계 유적을 살필 수는 있지만, 목극등이 정한 분수령·입비처를 판단하는 1차 증거로 삼을 수 없다. 그럼에도 불구하고 소백산설을 주장하는 학자의 경우 후자의 판단에 의지해 증명하고자 함으로 착오가 발생하게 되는 것이다.

김지남의 『북정록』과 백두산정계

머리말

김지남이 쓴 『북정록』은 백두산정계 연구의 일차적 자료로서 학계의 중시를 받아 왔다. 그 내용은 일기체로서, 목극등이 국경을 조사한 과정과 정계에 대해 날짜대로 기록하였다. 이는 『숙종실록』에 기록된 접반사 박권의 장계, 『동문휘고』의 목극등 자문, 박권의 『북정일기』 및 홍세태의 『백두산기』 등과 상호 인증되었으며, 사료적 가치가 높이 평가되었다. 그러나 정계 과정에서 김지남이 연로한 관계로, 목극등과 함께 백두산에 오르고, 수원을 찾아 정계비를 세우는 과정에서 제외된 까닭으로, 내용면에 있어서 한계가 존재하였다. 이에 대해 기존 연구에서는 인식하지 못하고 있다.

또한 『북정록』의 서로 다른 판본에 따라 관건적인 사료에 착오가 존재함도 인식하지 못하였다. 예를 들어, 기록 중에 목극등이 두만강을 따라 내려갔는데, "그 물이 남증산(南甑山) 근처에 와서 합쳤다."라는 어구를 그 반대로, "그 물이 남증산 근처에 와서 합치지 않았다"로 착각하였다. 『북정록』의 판본에 따라 어떤 책에는 '래(來)'자로 기록한 반면, 어떤 책에는 '미(未)'자로 착각한 것을 분별하지 못하였다. 그리하여 기록에 나오는 '대홍단수상류'를 오늘날 홍단수(남쪽 지류)로 잘못 비정하였고, 목극등이 홍단수를 두만강 수원으로 정했다고 착각하였다.[1] 전술했듯이, 실은 그 북쪽에 있는 홍토수를 수원으로 정하였다.

위와 같은 문제점을 감안하여, 이 글은 『북정록』 내용에 대한 재검토를 행하며, 일기에 수록된 차사원·군관의 치보(馳報)·보장(報狀)을 지도 자료와 비교 분석하여, 일기의 사료적 가치와 그 한계점에 대해 짚어보고자 한다. 아울러 청측에서 지도 제작을 은폐한 사실과 의도에 대해서도 살펴보고자 하며, 이를 통해 국경 조사에 대한 양국의 서로 다른 태도 및 종번관계 하의 상호교류의 실태에 대해 알아보고자 한다.

1. 역관 김지남과 『북정록』

김지남(1654~1718)은 조선후기 저명한 한역(漢譯) 역관이며, 자는 계명(季明)이고 호는 광천(廣川)이다. 조선 사행단의 일원으로 여러 차례 중국과 일본에 다녀왔으며, 조선왕조의 사대·교린 외교에 공헌하

1) 『북정록』은 필사본과 여러 인쇄본이 존재한다. 1930년 조선총독부 '조선사편수회'가 필사한 것(국사편찬위원회 소장)을 기초로 하여 여러 인쇄본이 생겼다. 예컨대 『백산학보』본(1974), 동북아역사재단본(『백두산정계비자료집』 6, 2006) 등이 있다. 이 중에서 국편의 필사본과 동북아역사재단의 인쇄본은 모두 "물길을 따라 내려가 찾았더니, 그 물이 남증산 근처에서 와서 합쳤다"라고 기록하였다. 그러나 『백산학보』본과 그 영인본인 '백산문화'본(『간도영유권관계자료집』)의 경우 '來'자를 '未'자로 잘못 써서, "그 물이 남증산 근처에 와서 합치지 않았다"로 기록하고 있다. 陳慧는 그의 저서 『穆克登碑問題研究-淸代中朝圖們江界務考證』(156~160쪽)에서 '백산문화'본을 근거로 목극등이 정한 물이 남증산 근처에 와서 합치지 않음으로 인하여, 홍토수가 아니고 홍단수라고 잘못 해석하였다. 즉 다시 말하여 목극등이 홍토수를 정한 것이 아니라 홍단수를 정했다고 착각하였다.

였다. 1692년 그가 북경에 갔을 때 연경에서 염초를 만드는 방법을 구하여 귀국 후 성공하였으며, 『신전자초방(新傳煮硝方)』이라는 책을 지어 새로운 화약 기술이 조선에 수입되는 데 공헌하였다.[2] 1708년 아들 김경문과 함께 조선 사역원 역사서인 『통문관지』를 지었는데, 그가 죽은 뒤 1720년에 출간되었다. 또한 그가 일본에 사행으로 갔던 일기 『동사일록(東槎日錄)』도 전한다. 그는 다섯째 아들이 과거에 합격함으로 인하여, 품계가 추증되어 사역원 지중추부사(정2품)가 되었다.[3]

1711년 김지남은 수역으로 압록강 상류의 위원에 파견되었으며, 청사 목극등을 마중하였다. 이것이 목극등의 제1차 사계(査界)였다. 청에서 조선에 사계에 관한 자문을 보내지 않고, '이만지월경사건'을 조사한다는 명목으로 조선 경내를 통하여 백두산으로 향하고자 하였으나, 조선의 저지로 실패하고 말았다. 이때 김지남이 수역으로 목극등을 수행한 관계로 그 이듬해 다시 백두산에 파견되었다.

1712년 김지남은 재차 백두산에 파견되어 접반사 박권과 함께 압록강 상류 후주(厚州)에 도착하여 오라총관 목극등을 맞이하였다. 그러나 그와 조선의 두 사신(접반사와 관찰사)이 연로한 관계로 목극등과 함께 백두산 천지에 오르지 못하였으며, 수원을 조사하여 비석을 세우는 과정에서 제외되었다. 부득이 그는 두 사신과 함께 지형이 평탄한 삼지연을 통하여 무산에 가서 목극등 일행을 기다렸다. 그런 관계로 그의 일기는 가장 중요한 일차 기록이 빠지게 되었다. 그러나 김지남은 목극등을 수행하여 천지에 올랐던 조선의 군관·차사관·역관이 두 사신

---

2) 『통문관지』 권7, 인물, 김지남, 24~25쪽, 『국역통문관지』 제2책, 세종대왕기념사업회, 1998년, 부록 ; 하우봉, 『增正交隣志』, 해제, 한국고전종합DB, 1997년.

3) 『통문관지』 권7, 인물, 김지남, 24~25쪽 ; 한국학중앙연구원 편, 『한국민족문화대백과』, '통문관지'조, NAVER 지식백과.

에게 보고한 내용을 상세히 기록하였으며, 이로써 일기 자료의 부족함을 보완할 수 있었다.

김지남은 일행이 경유한 산과 하천, 묵은 역참과 마을을 상세히 기록하였으며, 함경도 지역의 풍부한 지명 정보를 담아냈다. 특히 백두산 이동과 이남의 지명이 지역적 특색을 띠고 있었으며, 예컨대 서수라덕(산이 높고 평평한 곳을 북쪽 속어로 덕이라고 칭함)·백덕·곤장우·속돌천·화피덕·한덕립지당(지당이란 북쪽 속어로 얼음 절벽을 칭함)·소백산·박달곶·삼지연·허항령·임연수(이명수임)·보다회산(포태산이라고도 함)·남증산·노은동산·홍단수·장파·어윤강(서두수임)·박하천 등이 포함되었다.

이뿐만 아니라 김지남은 연로에서 만난 사람과 사건을 일일이 기록하였는데, 예컨대 4월 26일(음력, 아래 동일함) 후주 동대파수 앞에서 청나라 통관 홍이가(洪二哥)를 만난 후 들은 목극등의 행정, 즉 4월 6일 성경에서 출발하여, 4월 25일에 압록강 지류인 팔도구에 도착한 사실 등을 상세히 기록하였다. 특히 김지남은 조선의 수역(首譯)으로서 목극등과 두 사신 간의 통역과 소식을 전하는 역할을 담당하였으며, 양측 문서가 모두 그의 손을 거쳐 전해졌다. 이 모든 것이 『북정록』의 중요한 소재가 되었다.

『북정록』에는 목극등의 노정 말고도 양측 대표가 압록강·두만강 수원을 둘러싼 논쟁과 두만강 단류처(斷流處)에 설책할 데 대해 토론한 내용이 포함되었다. 이는 조청 양국의 영토 이익과 관계되는 중요한 문제로서, 목극등이든 조선의 두 사신이든 소홀히 할 수 없었기에, 각기 조정에 보고함과 동시에 증거자료를 남기기 위해, 공동으로 '백두산지도'를 소지하였을 뿐만 아니라, 두만강 단류처에 설책할 데 대한 협상 문서를 보유하게 되었다. 후자가 설책에 관한 목극등의 자문과 두 사신의 정문(呈文)이다. 이에 관한 내용은 『북정록』뿐만 아니라, 관찬 『동문휘고』에도 기록되었다.[4] 이로써 『북정록』의 사료적 가치를 짐작할 수 있다.

2. 차사관·군관의 치보(馳報) 내용에 대한 분석

전술했듯이, 김지남은 비록 조선의 수역이었지만, 연로한 관계로 목극등과 함께 백두산 천지에 오르지 못하였으며, 수원을 찾아 비석을 세우는 과정에서 제외되었다. 그리하여 그의 일기가 가장 관건적인 일차 기록이 빠지게 되었다. 즉 다시 말하여 그가 기록한 목극등의 백두산 행정은 다른 사람의 보고에 근거한 것이며, 목극등을 수행하였던 조선의 차사관·군관·역관의 보장(報狀)·치보(馳報) 내용을 인용하였다.

아래에 조선의 차사관·군관·역관의 보장(報狀)·치보(馳報) 내용을 지도 자료인 '만문장백산도'(그림 5) 및 『목극등정계도』(그림 6·7) 등과 비교 분석함으로써, 목극등이 경유한 지점·주숙처·날짜 등에 관한 상세한 정보를 알아보기로 하자.

『북정록』에는 차사관·군관·역관이 조선의 두 사신에게 한 보고를 다음과 같이 전술하였다. 1712년 5월 9일, "이른 아침, 총관(목극등임)의 수행 차사원인 나난 만호 박도상의 보고장에 이르기를 '총관이 곤장우에서 15리를 가서 압록강 상류 속돌천 강변에 이르렀으나 절벽이라 발댈 곳이 없어서, 총관이 먼저 맞은편으로 넘어가(압록강 서안) 장막

4) 『동문휘고』 원편 권48, 강계, 8~9쪽, 제1책, 907쪽.

을 친 후 우리나라 사람들을 불러와 묵게 하였습니다.'라고 하였다."[5)]

5월 11일, "이른 아침, 총관의 수행 차사관인 거산 찰방 허량이 치보하기를 '일행은 첫날(5월 8일)에 저들 쪽(압록강 서안)에 넘어가 묵었습니다. 이튿날(5월 9일), 화피덕(압록강 서안)에서 80리를 가서 물을 건너 묵었습니다(작은 못, 압록강 서안임).[6)] 데리고 간 인마는 모두 무사합니다. 이튿날(5월 10일)에는 속돌천 상류를 건너 한덕립지당(압록강 동안)에서 묵을 예정입니다. 11일 백두산 수원을 찾아볼 것이지만 번개가 치고 큰비가 내려 내일 일정은 기대하기 어렵습니다.'라고 하였다."[7)]

위와 같이, 두 차사원의 치보(5월 8·9일)는 일행이 두 길로 나눠진 후, 목극등이 청나라 갑군과 조선의 길잡이 등을 데리고 압록강을 거슬러 올라가 백두산 천지 방향으로 행한 노정이며, 첫날과 둘째 날은 압록강 서쪽에서 묵었고, 셋째 날은 압록강 동쪽에서 묵었으며, 넷째 날(5월 11일)에 백두산 천지에 오를 계획이라고 하였다. 이 치보에 나오는 경유한 지점과 투숙한 곳의 명칭은 만문장백산도(그림 5) 및 『목극등정계도』(그림 6·7)와 맞아떨어졌다. 단지 지도에 나오는 지명이 간소하며, 예컨대 화피덕을 '화덕'라고 하거나, 한덕립지당을 '지당'이라고 하였다.

위를 이어, 5월 15일 김지남의 일기는 다음과 같았다. "지난 밤(5월

5) 김지남, 『북정록』, 5월 9일조, 87쪽.

6) 홍세태의 『백두산기』에 5월 9일 목극등 일행이 화피덕을 지났으며, "80여 리를 가서 작은 늪에 이르러 멈췄다."고 하였는데, 이 날 여전히 압록강 서쪽에 있었음을 말해준다. 이튿날 5월 10일 동쪽으로 압록강을 건넜으며, 양안 사이에서 "아홉 번이나 왔다 갔다 하였으며", 박달곶(압록강 동쪽)에서 잤다. 이 기록은 프랑스지도와 규장각지도와도 맞아떨어졌다(홍세태, 『백두산기』, 134~135쪽 참조).

7) 김지남, 『북정록』, 5월 11일조, 88~89쪽.

14일) 총관을 수행하였던 군관 이선전(李宣傳) 의복(義復)이 치보하기를, '11일 총관이 백두산 꼭대기에 올라갔는데, 압록강 수원이 과연 산허리에서 나와 정계하였습니다. 토문강 수원은 백두산 동쪽 가장 아래쪽에서 작은 물줄기가 동류하였는데(흑석구임, 그림 6·7 참조), 총관이 이를 두만강원이고 정하여, 두 물줄기 사이 산비탈에 비석을 세워 정계하려 하였습니다.'고 하였다."[8)]

이의복의 위 치보 내용은 매우 중요하다. 목극등이 계획대로 5월 11일 백두산 천지에 올라 백두산 남쪽 기슭에서 발원하는 압록강 수원을 경계로 정함과 동시에, 백두산에서 동류하는 작은 물줄기를 두만강 수원으로 정하려 하였으며, 두 수원 중간의 산비탈에 비석을 세워 정계하려고 한다는 내용이었다. 그러나 그의 치보 내용은 모호한 부분이 없지 않았다. 압록강 수원은 상대적으로 간단하지만(동원과 서원 두 갈래임), 두만강 상류의 물줄기가 복잡하여 이른바 동류하는 작은 물줄기란 어떤 하천을 가리키는지 알 수 없기 때문이다.

이 문제는 지도 자료를 참고할 경우 일목요연해진다. 〈그림 5·6·7〉과 같이, 백두산 남쪽 비탈에서 발원하는 압록강 수원이 두 개인데 서원과 동원이다. 이 밖에 백두산 동쪽에서 동류하는 작은 물줄기란 실은 진정한 두만강이 아니며, 입비처 동쪽에서 동으로 뻗어나간 마른 골짜기로서, 즉 후세에 흑석구(황화송구자라고도 함)라고 불린 곳이었다.[9)] 이와는 별도로 진정한 두만강 수원 즉 물이 솟아난다는 용출처(湧出處)는 멀리 떨어져 있었다.

---

8) 김지남, 『북정록』, 5월 15일조, 90~91쪽.

9) 흑석구의 명칭은 1908년 奉吉勘界委員이었던 류건봉이 지은 것이다. 광서감계(1885·1887) 때에는 이를 '황화송구자(黃花松溝子)'라고 불렀다(劉建封, 『長白山江崗志略』, 『長白叢書』 初集, 344~345쪽 ; 『백두산정계비관계서류』, 광서 11년 11월 8일 照覆, 서울대학교 규장각 소장(규26302) 참조).

『북정록』의 그 아래의 치보는 모두 두만강 수원에 관한 것이었다. 그러나 내용이 모호하여, 흑석구를 가리키는지, 아니면 두만강 물줄기를 가리키는지 구분하기 어려웠다. 아래에 『북정록』의 치보 내용을 지도 자료와 결부시켜 분석해보기로 하자.

『북정록』에 기록하기를, 5월 15일 "김경문 등의 수본(手本)이 따라 왔는데, 대략 이르기를 '총관이 비석을 세워 정계하려 하였으며, 동류하는 물줄기(흑석구임)에 대하여 그들 대통관(洪二哥임) 및 우리나라 군관 조태상·역관 김응헌 및 길안내자 등으로 하여금 60여 리를 가서 조사하도록 하였는데, 확실히 물길이 있었으며 의심할 바 아니다'라고 하였다."[10] 이 수본이 도착한 날이 5월 15일임으로 그 전의 일을 말하고 있음을 알 수 있다. 즉 목극등은 비석을 세우기 전에, 양측 인원들로 하여금 흑석구(50여 리임)를 따라 끝까지 가보도록 하였는데, 이는 흑석구의 물이 송화강에 흘러들까봐 걱정하였기 때문이었다. 둘 사이가 이어지지 않았음을 확인한 후, 그는 비로소 압록강 동원과 흑석구 중간의 분수령에 비석을 세워 정계하였다. 이 날이 1712년 5월 15일이었다.

비석을 세운 후 목극등은 모든 인마를 거느리고 백두산을 떠났다. 그의 행진 노선이 지도에 나타났다. 〈그림 5·6·7〉과 같이, 5월 16일 목극등 일행은 흑석구의 대각봉 근처에서 묵었다.[11] 이튿날 골짜기를 따라 내려가 하류에 도착하였으며, 그날 밤(5월 17일) 흑석구 하류 이북의 송화강 지류 발원지에서 묵었다. 이 역시 흑석구와 송화강의 관계를 알아보기 위해서였다. 5월 18일 일행은 두만강 상류 홍토수를 따라 내려갔으며, 홍토수 옆에서 묵었다(홍토수의 위치는 그림 23

10) 김지남, 『북정록』, 5월 15일조, 90~91쪽.

11) 대각봉은 흑석구 상류 동남안에 있으며, 흑석구의 지리 표식으로 간주되었다.

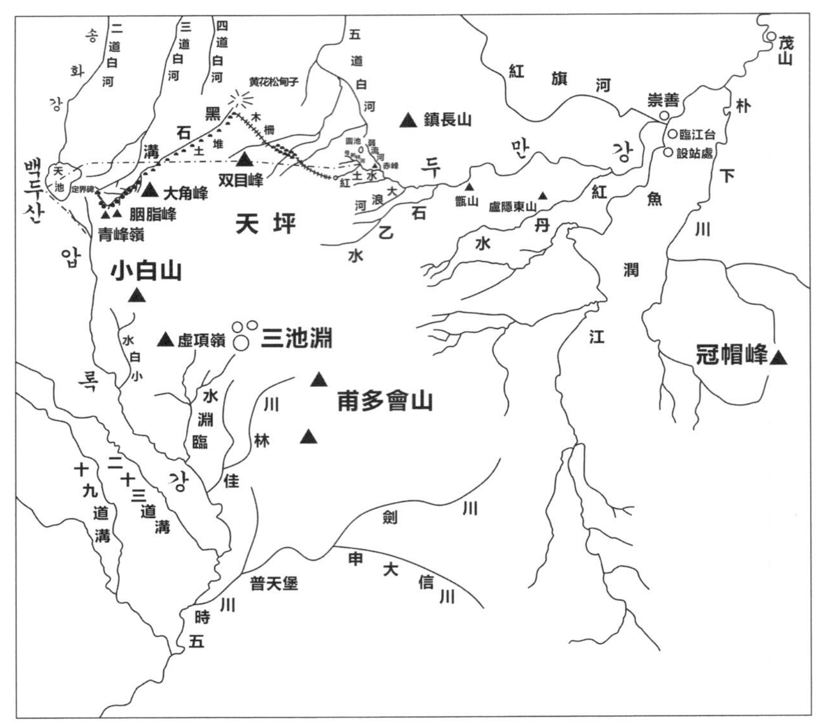

〈그림 23〉 목극등 정계 표시도

참조). 홍토수란 두만강 물이 솟아난다는 용출처이며, 진정한 두만강 수원이었다.

그 이후의 치보 내용은 홍토수를 따라 내려간 것이며, 예컨대 5월 18일 기록하기를 "이른 아침, 이선전 의복이 치고하기를, '총관이 두만강 원류가 혹시 단류하는 곳이 있을지 모르며, 반드시 명백히 조사해야 한다고 하였습니다. 지금 물줄기를 따라 내려갑니다.'라고 하였다."[12)]

5월 19일, "이른 아침, 백두산으로 간 차원·군관 등이 치보하기를

12) 김지남, 『북정록』, 5월 18일조, 93쪽.

'총관이 반드시 강을 따라 조사해야 한다고 하였으며, 이미 길을 떠났는데, 멀고 가까움과 빠르고 늦음을 알 수 없습니다. 일행의 식량이 다 떨어졌기에 속히 운송하여 구급하기 바랍니다.'"라고 하였다.[13]

5월 21일, "풍산 만호 한세흡이 사람을 보내 치고하기를 '총관 일행은 백두산 수원(홍토수임)을 따라 내려가 남증산에 도착하였으며, 노은동산 길을 따라 내려가 오늘 도착할 것입니다.'라고 하였다. 그리하여 시위(侍衛, 布蘇倫임)를 따라 급히 떠났다. 접반사(박권임)도 따라 떠났으며, 어윤강변 설참(設站)한 곳에 이르렀는데, … 5리를 못 가서 총관(목극등임)과 마주쳤다."[14]

위와 같이, 목극등은 두만강 수원을 따라 내려가 남증산에 이르렀으며, 노은동산 길을 따라 내려갔다. 그리하여 임강대(어윤강 입구 남쪽 5리임,[15] 그림 23 참조)에서 기다리던 접반사 박권과 무산에서 기다리던 이선부·포소륜·김지남 등이 모두 어윤강변의 설참한 곳(어윤강 입구 남쪽 10리임[16])에 가서 목극등을 마중하였다. 여기서 '노은동산 길'이란 그 이전에 박권·김지남 등이 경유한 길이었다.[17] 즉 앞뒤로 두 팀이 모두 이 길을 통해 무산에 도착한 것이었다. 다만 그 위의 노정이 서로 다르며(그림 5·6·7 참조), 목극등이 북쪽 길, 즉 백두산에서 출발하여 흑석구·홍토수를 따라 내려갔으며, 박권·김지남은 남쪽 길, 즉 삼지연을 출발하여 홍단수를 따라 내려갔다. 김지남은 그들이 하루 사이에 "세 번이나 같은 물"을 지났다고 하였는데, 즉 홍단수를 가리켰다.[18]

---

13) 김지남, 『북정록』, 5월 19일조, 93쪽.
14) 김지남, 『북정록』, 5월 21일조, 96쪽.
15) 김지남, 『북정록』, 5월 14일조, 89쪽.
16) 김지남, 『북정록』, 5월 21일조, 97쪽.
17) 김지남, 『북정록』, 5월 11일조, 88~89쪽.

3. 목극등과 박권 사이 두만강 수원을 둘러싼 논쟁

『북정록』 기록에 의하면, 목극등과 박권 사이에 두만강 수원을 둘러싼 논쟁은 5월 21일 어윤강변 설참처(設站處)에서 벌어졌다. 박권이 토인들의 말에 근거하여, 목극등이 정한 홍토수가 정원이 아니며, 백두산에서 동류하는 물이 임강대(臨江臺) 위에서 흘러들어오는데, 이것이 진정한 두만강이라고 하였다.[19] 그렇다면 조선 토인들이 말하는 진정한 두만강이란 어떤 물을 가리키는가?

목극등이 어윤강변에 도착하기 전에 5월 16일, 전권관(前權管) 원익성(元益成)이 박권에게 보고하기를 "북병사 지도의 이른바 두만강이란 대홍단수입니다. 이 밖에 백두산 동쪽에서 발원하는 물줄기가 있는데, 흐르다가 끊기면서 어윤강과 대홍단수에 합칩니다. 여기서 몇 리 위에서 합류하는데, 이것이 진정한 두만강입니다."라고 하였다.[20] 그의 말을 통해 두 갈래 물줄기를 가려낼 수 있다. 하나가 북병사 지도 중의 대홍단수로서, 이는 진정한 두만강이 아니라는 것이었다. 다른 하나가 백두산 동쪽에서 발원하는 물줄기인데 어윤강(서두수임)과 대홍단수에 합치며 진정한 두만강이라는 것이었다. 그 합류처가 임강대 위에서 멀지 않는 곳에 있다고 하였다.

5월 21일 박권은 목극등을 만나자마자 이와 같은 뜻을 급히 전했는데, 만약 목극등이 어윤강변을 떠날 경우 진정한 두만강 합류처와 점점 멀어져 곤란해지기 때문이었다. 박권은 목극등에게 다음과 같이 말하였다. "임강대 근처에서 한 줄기 물이 흘러와 대홍단수에 합치는데,

18) 김지남, 『북정록』, 5월 12일조, 89쪽.
19) 김지남, 『북정록』, 5월 21일조, 97쪽.
20) 김지남, 『북정록』, 5월 16일조, 91쪽.

백두산에서 동류하는 물줄기이며, 이것이 진정한 두만강입니다. 대인(목극등임)께서 얻은 물은 대홍단수의 상류입니다."라고 하고, 또 "임강대 위에서 와서 합치는 물을 이곳 사람들은 모두 두만강이라고 하며, 여기서 10여 리에 지나지 않습니다. 대인께서 잠시 가 볼 경우 그 실상을 알 수 있습니다."라고 하였다.[21)]

그렇다면, 박권이 말하는 임강대(崇善 이남 5리임) 위에서 어윤강(서두수)과 대홍단수에 합친다는 진정한 두만강이란 어떤 물줄기인가? 거리를 놓고 볼 때, 이는 숭선(崇善, 길림성 화룡시임) 위에서 두만강에 흘러드는 오늘날 홍기하(그림 23 참조)를 가리켰다. 즉 다시 말하여, 박권은 홍기하가 진정한 두만강이라고 주장하였으며, 이로써 목극등이 정한 그 남쪽의 홍토수를 부정하려 하였다.

그렇다면, 홍기하가 흘러든다는 대홍단수는 어떤 물줄기인가? 이는 더 말할 나위 없이 오늘날 두만강 본류(그림 23 참조)를 가리킨다. 그러나 두만강 본류를 거슬러 올라갈 경우, 남·북 두 줄기로 나뉘었으며, 북쪽 지류가 홍토·석을수가 합친 물이며, 남쪽 지류가 오늘날 홍단수였다. 그럴 경우, 목극등이 정한 '대홍단수상류'란 북쪽 지류를 가리키는가 아니면 남쪽 지류를 가리키는가?[22)] 답안은 자명한 것이다. 전술했듯이, 목극등이 북쪽 지류인 홍토수를 두만강 수원으로 정한

---

21) 김지남, 『북정록』, 5월 21일조, 97쪽.

22) 원익성과 박권이 대·소 홍단수로서 북쪽 지류와 남쪽 지류를 구별한 것은 북쪽 지류가 남쪽 지류보다 더 크기 때문이다. 즉 다시 말하여 북쪽의 홍토수·석을수가 합친 물이 남쪽의 오늘날 홍단수보다 크기 때문이다. 그러나 이와는 달리 김지남의 경우, 대·소 홍단수로서 오늘날 홍단수의 상류와 하류를 분별하였다. 즉 상류를 소홍단수라고 칭하고 하류의 두만강 입구를 대홍단수라고 칭하였다(김지남, 『북정록』, 5월 12일조, 89쪽). 이는 콜레주 드 프랑스와 규장각에 소장된 『목극등정계도』와 일치하며, 이 두 지도에는 오늘날 홍단수 입구에 '대홍단수'라고 표기하였다(그림6·7 참조).

후, 이 물을 따라 내려와 어윤강변 설참처에 도착했기 때문이다.

기실 『북정록』을 통해서도 이른바 '대홍단수상류'가 오늘날 홍단수가 아님을 단정 지을 수 있다. 그 내용을 살펴보면, 군관·차사관 등이 보고하기를 "가장 아래쪽에서 작은 물을 얻었는데, 총관이 이를 두만강 수원이라고 하였습니다. 그리하여 물줄기를 따라 내려갔는데, 그 물이 남증산 근처에 와서 합쳤습니다."라는 것이었다.[23] 여기서 남증산 근처에서 합류하는 물줄기란 홍토수와 석을수를 가리키며, 홍단수의 경우 그 아래쪽(동쪽) 멀리에서 두만강에 합류하기에(그림 5·6·7·11 참조), 대홍단수상류란 오늘날 홍단수일 수 없다.

그럼에도 불구하고 일부 학자의 경우, 인용문의 '래(來)'자를 '미(未)'자로 착각하여, "그 물이 남증산 근처에 와서 합치지 않았다"로 잘못 이해하여, 목극등이 정한 수원을 판단하는 데 착오가 생기게 되었다.[24] 또 다른 학자의 경우, 사료에 나오는 '홍단' 두 글자만을 보고, 목극등이 홍단수를 수원으로 정했다고 하는데, 이 역시 사료에 대한 세밀한 분석이 따르지 않았음을 말해준다.[25]

요컨대 목극등과 박권 사이 논쟁의 초점은 목극등이 홍토수를 두만강 수원으로 정하였고 이 물을 따라 내려와 어윤강변에 도착하였지만, 박권이 무산 토인의 말에 근거하여 홍기하가 진정한 두만강이라고 하였으며, 목극등으로 하여금 다시 수원을 조사하여 정계할 것을 요구하였다. 이에 대해 목극등이 반대하였으며, 이미 필첩식을 황제에게

23) 김지남, 『북정록』, 5월 21일조, 국사편찬위원회 필사본, 148쪽.

24) 陳慧, 『穆克登定界碑問題研究－清代中朝圖們江界務考證』, 156~160쪽.

25) 목극등이 홍단수를 두만강 수원으로 정했다는 논저는 다음과 같다. 徐德源, 「穆克登碑的性質及其鑿立地點與位移述考-近世中朝邊界爭議的焦點」; 刁書仁, 「康熙年間穆克登査邊定界考辨」, 『中國邊疆史地研究』, 2003년 3기; 刁書仁·王崇時, 『古代中朝宗藩關係與中朝疆界歷史研究』, 北京大學出版社, 2021년, 367~368쪽; 陳慧, 『穆克登碑問題研究-清代中朝圖們江界務考證』, 142~164쪽 등이다.

파견하여 주문하도록 하였으므로, 수원을 변경하고자 할 경우 국왕이 황제에게 다시 주문해야 한다고 하였다. 이때 그를 수행하였던 조선의 군관·차사관 등이 수원이 잘못 정해지지 않았다고 하자, 박권이 한 발 물러섰다.[26)]

이처럼 박권이 목극등과 수원을 다툰 것은 그가 비록 국왕이 파견한 정계관이지만, 연로한 관계로 수원을 찾고 정계비를 세우는 과정에서 배제됨으로 인하여, 초조한 마음이 생겼으며, 조선의 영토가 손실될까 우려되어, 더 북쪽에 있는 홍기하로써 남쪽에 있는 홍토수를 대체하고자 하였으나 실패하고 말았다.

4. 중국측이 지도를 제작하는 의도를 숨긴 이유

『북정록』은 목극등 정계 과정을 기록하였을 뿐만 아니라, 청나라측의 지도 제작에 관한 정보를 제공하기도 하였다. 기실 오라총관 목극등은 두 가지 사명을 띠고 있었다. 하나가 『황여전람도』 제작을 위한 지리조사로서, 백두산 이남과 조청 국경을 조사하고자 하였다. 이는 조선측의 지지가 있어야만 행해질 수 있었다. 다른 하나가 백두산 이남에서 압록강·두만강 수원을 찾아 정계하는 것이었다. 이 두 사명 중에서 백두산정계보다 더 중요한 것이 지도제작을 위한 지리조사라고 할 수 있다. 즉 다시 말하여, 백두산정계는 사계에 대한 조선의 주의를 환기시킴과 동시에 조선의 지지를 얻기 위한 수단에 불과하였다. 특기할 것은 그 과정에서 목극등은 지도제작에 관한 말을 전혀 꺼내지

26) 김지남, 『북정록』, 5월 21일조, 97~98쪽.

않았으며, 가장 중요한 사명을 숨기고 있었다. 이에 관해서는 『북정록』에 그 단서가 잡혔다.

6월 1일 목극등이 두리산에 올라 두만강이 바다로 들어가는 입구를 보고 돌아왔을 때, 역관 김지남이 동행하지 못한 관계로 그 상황에 대해 물었다. 이때 목극등이 한 폭의 지도를 꺼냈는데, 두 사람의 대화 내용은 다음과 같았다.

> 내가(김지남임) 위로하면서 묻기를 "과연 자세히 살펴보았습니까?"라고 하자 총관이 그림을 꺼내면서 말하기를 "높이 올라가 내려다보았더니 역력하게 다 볼 수 있었으며, 물 옆에 가서 보는 것보다 나았습니다."라고 하였다. 내가 그 그림을 보았는데, 필력이 움직이는 것이 보통 사람이 그린 것과 달랐다. 내가 또 묻기를 "이는 류상공(劉相公, 청나라 화원 劉元吉임)이 그린 것입니까?"라고 하자 그가 답하기를 "이는 목상공(목극등임)이 그린 것입니다."라고 하면서 크게 웃어댔다. 즉시 길을 떠났다.[27]

위와 같이, 목극등이 한 폭의 지도를 꺼냈는데, 김지남은 그 화법의 정교함에 크게 놀랐는데, 필력이 범상치 않았기 때문이다. 그가 본 지도가 수행 화원인 류원길이 그린 백두산지도보다 훨씬 뛰어났음을 말해준다. 그러나 목극등은 실정을 말하지 않고 우스갯소리로 지나갔다.

이처럼 김지남이 목격한 지도의 실체가 목극등이 갖고 온 다른 지도일 가능성이 크다. 예컨대 서양 선교사들이 『황여전람도』 제작을 위해 그린 측량도로서,[28] 목극등이 현장에 갖고 와서 비교함과 동시에

27) 김지남, 『북정록』, 6월 1일조, 108~109쪽.

28) 1709~1710년 서양 선교사들의 중국 만주지역에 대한 지리 측정은 翁文灝,

착오를 수정하고자 한 것일 수 있다. 이에 관해서는 『천하여도총절(天下輿圖總折)』에 다음과 같은 기록이 있다. 즉 "강희 53년 7월 23일, 황지를 받들고 장백산·고려 지도 두 장을 바치다."이다.[29] 이 두 폭의 지도 가운데, 전자가 류화원이 그린 백두산지도이고, 후자가 고려지도 즉 김지남이 목격한 정교한 지도일 가능성이 크다. 이 밖에 『만문주비주접』에 또 기록하기를, 목극등이 "6월 3일 훈춘에 도착하였으며", "7월 초에 성경에 도착할 수 있다"고 하였는데,[30] 그가 7월 23일 북경에 도착하여, 강희제에게 주문함과 동시에 두 폭의 지도를 바쳤을 가능성이 높다.

이처럼 목극등은 지도제작의 실정을 숨겼을 뿐만 아니라, 귀국 후의 노정과 후속 답사에 대해서도 말하지 않았다. 1905년 나이토 고난이 성경 상봉각에서 발견한 '만문장백산도'를 통해 볼 경우, 해란강에 답사 노선이 표기되었을 뿐더러, 훈춘에서 출발하여 가야하·부르하통하 및 목단강에도 답사노선이 표기되어 있었다. 후자가 목극등의 후속 답사 노정과 일치한다.

또한 『만문주비주접』에 의하면, 성경장군이 파견한 효기교 아이구가 "영고탑 이쪽 필이간하(畢爾幹河) 역참에서 목극등 등과 만났다"고 하였다.[31] 이른바 필이간하 역참이란 필이간하가 경박호에 들어가는 입구(목단강)로서, 목극등이 이곳을 통하여 영고탑성에 도착하였고,

---

「淸初測繪地圖考」; 秦國經, 「18世紀西洋人在測繪淸朝輿圖中的活動與貢獻」, 『淸史研究』, 1997년 1기; 白鴻葉·李孝聰, 『康熙朝'皇輿全覽圖'』, 國家圖書館出版社, 2014년, 48~57쪽 등 참조.

29) 中國第一歷史檔案館 소장, 『天下輿圖總折』, 필사본.

30) 中國第一歷史檔案館 편, 『康熙朝滿文朱批奏摺全譯』, 中國社會科學出版社, 1986년, 798쪽.

31) 中國第一歷史檔案館 편, 『康熙朝滿文朱批奏摺全譯』, 798쪽.

다시 성경에 가고 북경에 이르러 황제에게 보고하였던 것이다. 그럼에도 불구하고 목극등은 후속 답사 일정과 지도제작에 관하여 조선 사람들에게 말하지 않은듯하다. 모든 일을 빠짐없이 기록하는 김지남의 일기 및 상대적으로 소략하게 기록한 박권의 일기에 이에 관한 내용이 전혀 보이지 않았다.

이처럼 국경 조사의 가장 큰 목적이 지도 제작에 있음을 은폐한 까닭은 조선에서 여러 차례 청의 사계를 저지한 것과 무관하지 않았다. 그리하여 강희 황지에서조차 "이번에 가는 것은 우리 변경을 조사하기 위함이며, 그들 나라와는 상관이 없다."[32]고 하였다.[33]

한편 조선측이 청의 사계를 저지한 이유는 첫째로, 청나라 사신을 접대하는 비용이 과중할까 두려워서였다. 둘째로, 종번관계의 형식하에 양국 간의 신임이 돈독하지 못하였으며, 조선 사대부들의 청에 대한 증오와 불신이 깊었으며, 문화적으로 청을 인정하지 않고 오랑캐로 간주하여, 청에 대한 경계를 늦추지 않았다.[34] 셋째로, 조선 사람들의 뿌리 깊은 '화이관'의 영향으로 "오랑캐는 백년의 운이 없다"고 여겨, 청이 비록 일시적으로 중원에 들어갔지만, 곧 패귀하여 그들의 옛 소굴인 영고탑으로 돌아갈 것이며, 그때 필히 조선 경내를 통과할 것이므로 이에 대한 대비책으로, 조선의 지리정보가 청에 알려지는 것을 피하고자 노력하였다.[35]

---

32) 『동문휘고』, 원편 권48, 강계, 5~6쪽, 제1책, 905~906쪽.

33) 조선측이 청의 사계를 저지한 연구는 이화자, 『조청국경문제연구』, 129~148쪽 참조.

34) 조선 소중화 의식에 관해서는 정옥자, 『조선후기 조선중화사상 연구』, 일지사, 1998년 ; 孫衛國, 『大明旗號與小中華意識: 朝鮮王朝尊周思明思想研究(1637~1800)』, 商務印書館, 2007년 ; 孫衛國, 『從'尊明'到'奉淸': 朝鮮王朝對淸意識嬗變(1627~1910)』, 臺大出版中心, 2018년 등 참조.

35) 조선의 '영고탑패귀설'에 관해서는 배우성, 『조선후기 국토관과 천하관의

5. 맺는말

김지남의 『북정록』의 판본은 필사본과 인쇄본이 있다. 이를 비교해 볼 경우, 필사본의 문자 정확도가 높으며, 인쇄본에는 착오가 많았다. 일부 학자가 '대홍단상류'를 오늘날 홍단수에 비정한 것은 필사본의 "그 물이 남증산 근처에 와 합쳤다"를 "그 물이 남증산 근처에 와 합치지 않았다"(인쇄본)로 잘못 이해한 것과 연관되었다. 즉 비슷한 두 글자인 '래(來)'자를 '미(未)'자로 착각한 것이다.

『북정록』에 기록된 백두산에서의 행정은 김지남이 몸소 경험한 것이 아니기 때문에, 단지 이를 통해 목극등이 정한 두만강 수원을 가려내기 힘들다. 예컨대 그의 일기를 통하여, '대홍단수상류'가 북쪽 지류인 오늘날 홍단수가 아님을 단정 지을 수 있지만, 북쪽 지류에 대하여, 홍토·석을수의 합친 물에 그치며, 더 위는 판단하기 어렵다. 즉 다시 말하여, 목극등이 정한 수원이 홍토수인지 석을수인지 판단하기 어렵다. 이는 『북정록』 기록의 한계에 따른 것이다.

두만강 수원 문제를 해결하는 중요한 자료로서 양측 지도를 들 수 있다. 그 하나가 『목극등정계도』로서 콜레주 드 프랑스에 소장된 『천하제국도』와 서울대학교 규장각에 소장된 『여지도』 속에 들어 있다. 다른 하나가 성경 상봉각의 '만문장백산도'이다. 이 세 지도를 참고할 경우, 두만강 수원 문제가 쉽게 풀린다. 두만강 수원이 오늘날 홍토수를 가리키며, 그 위에 점선이 표기되어 있으며, 목극등이 이 물을 정한 후 물길을 따라 내려갔음을 보여줬다. 이뿐만 아니라 '만문장백산도'와 『황여전람도』의 경우, 홍토수에 '토문강색금'(토문강원)을 표기한 것

변화』, 64~119쪽 ; 이화자, 『조청국경문제연구』, 253~269쪽 참조.

역시 목극등이 홍토수를 두만강 수원으로 정했음을 말해준다.

두만강 수원 문제를 해결하는 또 다른 증거가 『숙종실록』에 기록되어 있으며, 즉 두만강 단류처에 설책한 데 대한 차사원(허량·박도상)의 공사(供辭)이다. 이를 통해 볼 경우, 두만강 단류처(흑석구)가 50여 리이고, 그 아래 물이 솟아나는 곳(발원지)까지 40여 리이며, 거리를 놓고 볼 때, 설책한 두만강 수원이 흑석구 하류에서 가장 가까운 홍토수(16~17㎞)임을 알 수 있다. 즉 다시 말하며, 흑석구 하류에서 멀리 떨어져 있는 석을수나 백리 밖에 있는 홍단수가 설책한 물줄기일 수 없으며, 두만강 수원이 아님을 말해준다.

『북정록』의 사료적 가치는 목극등 정계 사실을 기록함으로써 양측 지도 자료와 서로 대조할 수 있을 뿐만 아니라, 양측 사이 오고간 공문서 예컨대 청나라 예부 자문, 병부패문(牌文), 목극등의 주문, 두 사신이 목극등과 함께 백두산에 오를 것을 간청한 첩문(帖文) 및 목극등과 두 사신이 두만강 단류처에 설책할 것을 논의한 자문과 정문(呈文) 등을 보존하고 있다. 이 같은 공문서는 조선의 외교문서 합성집인 『동문휘고』에도 기록되어 있으며, 이를 통해서도 『북정록』의 사료적 가치가 높음을 알 수 있다.

청과 조선의 국경 및 국경의식 : 종번관계의 구축에서 붕괴까지

머리말

1636년 청태종 홍타이지가 병자호란을 일으켰으며, 국왕 인조는 부득이 남한산성을 나와 청태종에게 항복을 표하였다. 양국 간의 종번관계가 성립되었으며, 1895년 중일 갑오전쟁이 끝나기까지 지속되었다. 종번관계는 조공책봉관계라고도 하며, 번속국인 조선이 정기적으로 청에 조공하고, 종주국인 청이 조선국왕을 책봉하는 형식으로 이루어졌다. 유교의념 하의 '사대자소' 관계이며, 동아시아 특유의 나라와 나라 간의 상하 예의관계였다. 그렇다면 종번관계 하에서 조청 양국의 국경의식은 어떻게 구현되었으며, 국경분쟁은 어떻게 처리되었는지? 이는 이 글에서 검토하고자 하는 핵심문제이다.

일부 학자의 경우, 전근대 나라와 나라 사이의 국경은 상대적으로 모호하여, 근대 국제법 하의 나라와 나라 사이에 명확하게 선으로써 경계를 짓는 것과는 다르다고 본다. 그러나 필자의 경우, 종번관계 하에서 청과 조선은 명확한 경계가 있을뿐더러 선으로써 경계를 지었다고 본다. 즉 다시 말하여, 압록강·두만강 자연 경계뿐만 아니라,

백두산 지역의 육지 경계 예컨대 토석퇴·목책 등 인공 표식물로써 경계를 나누고 있었으며, 이는 뚜렷한 인위적 경계였다. 이로써 양국 간 국경 교섭의 이면에는 국경의식이 기초가 되고 있었음을 말해준다. 이 글에서는 종번관계 하의 청과 조선의 국경의식 및 근대 전환기 특히 종번관계 붕괴 이후의 변화, 대한제국 간도정책의 내재 논리 등에 대해 탐구해 보고자 한다.

1. 청과 조선의 종번관계 성립 및 국경의식

종번관계 하의 국경의식을 알아보기 전에 먼저 근대 국제법 하의 국경 개념에 대해 살펴보기로 하자. 근대 국제법 하에서 국경은 국계(國界)라고도 한다. 국가의 영토 범위를 정하는 경계선이며, 한 나라와 이웃 나라 사이 경계가 접하는 지역이다.[1] 육지 영토 경계를 표시하는 육지 경계의 경우, 그 형성에는 아래의 두 가지가 포함된다. 하나는 오랜 역사 과정에서 형성된 국경으로서 자연 국경이라고 부르며, 호수·산맥·하천 등 자연지형을 통해 형성된 것이다. 다른 하나는 인위적으로 국경을 나누는 인위 국경인데, 두 나라 사이 조약을 통해 국경을 나누는 것이다.[2] 비록 자연 지형으로 경계를 나누더라도 국제법상 국경은 반드시 선이어야 하므로, 구체적인 절차와 합의가 필요하다. 지형적 특색이 산맥일 경우, 산의 능선 혹은 분수령을 경계로 하며, 지형적 특색이 강일 경우 항행 가능한 수로 중심선을 경계로 한다.

1) 黃瑤, 『國際法關鍵詞』, 法律出版社, 2004년, 70쪽.
2) 유병화, 「국제법상 영토의 개념과 권한」, 『영토문제연구』 창간호, 1983년, 76~78쪽.

전근대에 있어서 나라와 나라 사이 국경은 근대 국경과 유사한 점이 있으며, 예컨대 자연 장애물 즉 하천·산맥·도로 등을 경계로 할 뿐만 아니라, 인위적인 시설 즉 성·책(柵)을 설치하여 경계를 나눈다.[3] 다만 근대 국경은 명확하게 선으로써 경계를 하지만 전근대 국경은 모호한 면이 없지 않다.

한중 양국의 경우, 명대 초기로부터 압록강·두만강을 경계로 하였다. 원말명초에 고려·조선왕조는 북진정책을 실시하여 여진족을 소탕함과 동시에 북쪽으로 영토를 확장하였으며, 압록강·두만강 유역을 점하게 되었다. 특히 제4대 국왕 세종(1418~1450 재위)대에 이르러 압록강 상류를 따라 사군(四郡)을 설치하고 두만강 중하류를 따라 육진(六鎭)을 설치함으로써 압록강·두만강을 경계로 하는 변방 구도가 형성되었다.

명말청초에 이르러서도 압록강·두만강을 경계로 하였다. 17세기 초 누르하치가 후금을 세우는 과정에서 여진부락이 점차 국경지역을 떠나 흥경(興京) 지방으로 모였는데, 이는 조선에서 압록강·두만강 국경을 공고히 하는 데 유리하였다. 기록에 따르면, 인조 초년에 국경지역에 사는 여진부락이 별로 없었다고 한다. 1623년(인조 1) 6월 함경도 관찰사가 국왕에게 보고하기를 "육진의 번호(여진족을 가리킴) 등이 모두 깊숙한 곳으로 철수하여 상황이 이전과 다릅니다."고 하였다.[4] 1624년(인조 2) 4월 명나라 요동도독 모문룡(毛文龍)이 5천 병마로써 회령·종성과 마주한 여진부락을 공격하고자 할 때, 국왕은 "건너편에 호종(여진인)이 있다는 것은 들어본 적이 없으며, 군대를 출동하는 것은 무익하다"고 거절하였다. 얼마 후 국왕이 호조판서 심열(沈悅)에

3) 방동인, 『한국의 국경획정연구』, 일조각, 1997년, 2~3쪽.
4) 『인조실록』 권2, 인조 원년 6월 임오.

게 "건너편 번호(여진인) 부락이 얼마나 되느냐?"고 묻자, 심열이 답하기를 "회령 건너편은 20여 호이고, 경흥 건너편은 30여 호가 있으며, 5·6일정을 더 가야 부락이 성합니다."[5]고 답하였다. 이로써 두만강 이북 여진부락이 대부분 흥경 지방으로 철수해 갔음을 알 수 있다.

이뿐만 아니라, 압록강 상류와 백두산 남쪽에 살던 여진부락도 다 철거해 갔다. 1624년(인조 2) 9월 함경도 관찰사 이창정(李昌庭)이 국왕에게 보고하기를 "신이 삼수에 이르러 관방 형세를 살펴보았는데, 백두·장백 두 산이 눈앞에 있었습니다. 부로(父老)에게 물었더니, 백두는 우리 경계에서 4·5일정이며, 장백은 더욱 가깝다고 하였습니다. 전에 호인(여진인) 부락으로 고미평·한민평이 있었는데, 무오년(1618년)부터 모두 노추(奴酋)(누르하치를 가리킴)가 데리고 갔으니, 오늘날 두 산 이남에 사는 호인이 없게 되었습니다. 백두로부터 노추의 소굴까지는 13일정입니다."[6]라고 하였다. 이 인용문에서 '백두'란 백두산을 가리키며, '장백'이란 경성 관모봉(한반도 제2의 고봉)을 가리킨다. 즉 다시 말하여, 백두산 이남과 관모봉 이남에 살던 여진 부락이 누르하치에 의해 흥경 지방으로 철수해 갔다는 것이다.

그 이후 후금(청)은 두 차례 압록강을 넘어서 조선을 공격하였다. 조선은 강렬한 영토 보호의식을 나타냈다. 정묘호란(1627년) 발생 시, 조선은 후금군에 대하여 압록강을 경계로 '각수봉강(各守封疆)' 할 것을 요구하였으며, 후금군 통솔자인 아민(阿敏)이 사람을 파견하여 강화도에서 조선국왕과 서약을 하고 양측이 '형제관계'를 맺은 후, 후금군은 조선의 요구에 따라 압록강 이북지역으로 철수해 갔다. 병자호란(1636년)에 즈음하여 청태종 홍타이지가 쳐들어오자 조선국왕은

5) 『인조실록』 권5, 인조 2년 4월 정해·기해.

6) 『인조실록』 권2, 인조 2년 9월 기묘.

부득이 남한산성에서 나와 항복하고 조청 간에 종번관계가 성립되었다. 청군은 다시 압록강 이북으로 철수하였으며, 조선은 종묘·사직과 영토를 보전할 수 있었다. 이처럼 비록 후금(청)이 두 차례 조선을 공격하였지만, 조선이 신복(臣服)하는 데 만족하였으며 특히 명과의 종번관계를 청산하고 청과의 종번관계를 맺도록 요구하였다.

조청 간에 종번관계가 성립된 후에도 청에 대한 조선의 의구심이 가셔지지 않았다. 청나라 장수가 두만강을 건너 식량을 징발한 데 대하여, 조선 인조는 즉각 자문을 통하여, "소방이 비록 대조(大朝, 청조를 가리킴)와 한 집안과 같지만, 서로 간에 강역의 경계를 달리 합니다. 오늘 만약 마음대로 하고 금약을 지키지 않을 경우, 강역의 구분이 없어지고 변방이 불안해집니다. 오늘 이후로는 공적인 사무가 있어 서류를 소지한 자를 제외하고는 별도로 금약을 행할 것이며, 마음대로 월경하는 것을 허용하지 않으며, 이로써 변방 주민을 안착시키고 폐해를 없앨 수 있으니, 천만다행입니다."라고 하였다.[7] 즉 국경을 준수하고 마음대로 두만강을 넘지 말도록 요구하였다.

같은 시기 청측 역시 강한 국경 보호의식을 나타냈다. 1644년 청의 중원 입관 이후, 조선 변민들의 빈번한 월경 채삼·벌목 및 사냥 등 행위에 대하여, 청은 발상지를 보호하기 위하여 호부·형부 자문과 황제칙서를 통하여, 조선으로 하여금 변민을 단속하여 압록강·두만강 국경을 넘지 말도록 요구하였다. 순치 연간에 조선 변민의 월경을 금할 것을 요구한 청의 자문과 칙서의 내용은 다음과 같았다.[8]

---

7) 『淸太宗實錄』 권54, 숭덕 6年 정월 병술, 8~9쪽, 中華書局 1986년 영인본, 제2책, 722~723쪽.

8) 『동문회고』 원편 권49, 범월, 2~7쪽, 제1책, 924~926쪽.

(1) 순치 3년(1646년), 조선 운총 토병 10명이 두만강을 건너 사냥했을 때, 청나라 호부자문 : "나라에는 경계가 있는데, 어찌 함부로 넘어올 수 있는가?"

(2) 순치 5년(1648년), 조선 회령·종성의 20여 명이 두만강을 건너 사냥했을 때, 청나라 호부자문 : "각자는 경계가 있으며, 월경하여 이익을 도모하는 것을 엄금한다."

(3) 순치 6년(1649년), 함경북도 변민이 두만강 이북에 있는 뢰달호(여진부족)에게 고기와 쌀 등 음식을 보냈을 때, 청나라 호부자문: "나라에는 일정한 경계가 있는데, 어찌 함부로 넘는 것을 용납하겠는가?"

(4) 순치 9년(1652년), 조선 벽동 23명이 압록강을 건너 채삼했을 때, 황제 칙서 : "삼을 훔치는 것은 작은 일이나, 국경을 지키는 것은 큰일이다."

(5) 위 안건, 청나라 형부자문 : "외국 백성은 마음대로 대국의 경내로 들어와서는 안 된다."

〈표 1〉 순치 연간 청에서 국경을 엄수할 것을 요구한 사례

시간	문서 종류	문서 내용	하천
순치 3년 1646년	청나라 호부자문	나라에는 경계가 있는데 어찌 함부로 넘어올 수 있는가?	두만강
순치 5년 1648년	청나라 호부자문	각자는 경계가 있으며, 월경하여 이익을 도모하는 것을 엄금한다.	두만강
순치 6년 1649년	청나라 호부자문	나라에는 일정한 경계가 있는데, 어찌 함부로 넘는 것을 용납하겠는가?	두만강
순치 9년 1652년	황제칙서	삼을 훔치는 것은 작은 일이나, 국경을 지키는 것은 큰일이다.	압록강
순치 9년 1652년	청나라 형부자문	외국 백성은 마음대로 대국의 경내로 들어와서는 안 된다.	압록강

강희 연간에 이르러 조선 변민의 빈번한 월경 벌목과 채삼에 대하여,[9] 청은 압록강·두만강을 '금강(禁江)'으로 규정하고, 조선인이 마음대로 넘어가지 못하며, 위반한 자는 엄벌에 처하며, 주모자는 변경에 효수하고, 지방관 역시 연대 책임을 묻도록 하였다. 구체적인 교섭 사례는 다음과 같았다.[10]

(1) 강희 원년(1662년), 의주 사람 2명이 압록강을 건너 벌목했을 때, 청나라 예부자문 : "금령을 어기고 월강하여 우리 경내에 들어와 벌목하고 채삼한 것이 한 차례에 그치지 않았다."

(2) 위 안건, 청나라 예부자문 : "제멋대로 금강을 넘어서 벌목했다."

(3) 강희 19년(1680년), 온성 박시웅 등 3명이 두만강을 건너 벌목했을 때, 청 예부 관원이 범인을 심문 : "너희들이 전에 공술한 이른바 강을 건너 피나무 껍질을 취하여 끈을 만들었다는 것은 거짓이며, 다른 원인이 있을 것이고 금강(禁江)을 건넌 것은 사실이다."

(4) 위 안건, 청 예부 관원이 범인을 심문 : "너희들이 나무껍질을 얻기 위해 잡혔다는 것은 거짓이다. 어찌 나무껍질을 위해 금강을 건넜겠느냐?"

(5) 강희 24년(1685년), 조선 변민·토병 등 수십명이 압록강을 건너 삼도구에서 채삼하다가 청의 지도제작 인원을 습격했을 때, 황제칙서 : "강을 건너지 말라는 금령을 어기고, 채삼하는 사람과 말을 조총으로 살상하였으며, 인삼과 의복 등을 탈취하였다."

---

9) 청대 조청 양국 변민의 월경 교섭에 관해서는 이화자, 『조청국경문제연구』, 참조.

10) 『동문휘고』 원편 권50, 범월, 8·20·24쪽, 제1책, 951·957·959쪽 ; 원편 권52, 범월, 16쪽, 제1책, 988쪽.

〈표 2〉 청에서 압록강·두만강을 '禁江'으로 규정한 사례

시간	문서 종류	문서 내용	하천
강희 1년 1662년	청나라 예부자문	금령을 어기고 월강하여 우리 경내에 들어와 벌목하고 채삼한 것이 한 차례에 그치지 않았다.	압록강
강희 1년 1662년	청나라 예부자문	제멋대로 금강을 넘어서 벌목했다.	압록강
강희 19년 1680년	청나라 예부자문	너희들이 전에 공술한 이른바 강을 건너 피나무 껍질을 취하여 끈을 만들었다는 것은 거짓이며, 다른 원인이 있을 것이고 금강을 건넌 것은 사실이다.	두만강
강희 19년 1680년	청나라 예부자문	너희들이 나무껍질을 얻기 위해 잡혔다는 것은 거짓이다. 어찌 나무껍질을 위해 금강을 건넜겠느냐?	두만강
강희 29년 1690년	황제칙서	강을 건너지 말라는 금령을 어기고, 채삼하는 사람과 말을 조총으로 살상하였으며, 인삼과 의복 등을 탈취하였다.	두만강

위와 같이, 청이 두 차례 조선을 공격하고 두 나라 사이 종번관계가 성립되는 과정에서, 조선은 강한 영토보호 의식을 보여주었으며, 한편으로는 청군의 압록강 이북으로의 철수를 요구하였고, 다른 한편으로는 청조 군민이 마음대로 두만강을 건너는 것을 금하도록 요구하여, 압록강·두만강 경계가 침범당하지 않도록 노력하였다. 청나라의 경우 두 차례 정벌을 통하여 조선을 신복시킨 후, 팔기(八旗)로 하여금 압록강 이북으로 철수케 하여 조선의 영토를 보전하였으며, 청의 거족적인 중원입관 후 조선 변민들의 빈번한 월경 채삼과 벌목에 대하여, 발상지를 보호하고자 조선 변민들의 월경을 엄금할 것을 요구하였다. 강희 초년에 이르러 압록강·두만강을 '금강'으로 규정하였고 위반한 자에 대해서는 엄벌로 처했으며 지방관도 연대책임을 지게 하였다. 이처럼 조청 양국이 압록강·두만강을 경계로 한 사실에서 출발하여, 1712년 백두산정계를 실시했으며, 백두산 일대 경계선을 확정하기에 이르렀다.

2. 종번관계 하의 백두산정계

1712년 청에서 오라총관 목극등을 파견하여 백두산 답사를 진행하였다. 이에 대한 학계의 관점이 서로 다르며, 일부에서는 한중 양국의 정계이고 목극등이 세운 비(碑)를 '정계비'라고 부르지만, 일부에서는 청의 일방적인 변경 조사라고 보고, '사변비(査邊碑)'·'심시비(審視碑)' 또는 '목극등비'라 부른다.[11] 다수의 학자들은 목극등의 국경 조사가 비록 절차상 이런저런 결점과 부족함이 있지만, 과정과 결과로 볼 때 양국 간의 정계에 속하며, 전에 모호했던 백두산 일대 경계선을 확정하였다고 본다. 예컨대 중국학자 양소전(楊昭全)의 경우 과거 여진에 속했으며 그 후 청에 속해야 할 백두산 천지 남쪽 넓은 공지가 조선에 넘어갔으며, 청이 땅을 잃고 조선이 땅을 얻었다고 주장한다.[12]

한국학계의 경우 목극등 정계의 성격에 대해서는 별로 논쟁이 없으며, 목극등이 세운 비를 '정계비' 또는 '백두산정계비'라고 부른다. 다만 비문의 이른바 '동위토문(東爲土門)'을 해독할 때 착오가 있으며, '토문'이 두만강을 가리키는 것이 아니라 송화강 상류를 가리킨다고 본다. 즉 다시 말하여 목극등이 두만강을 경계로 정한 것을 부인하며, 토문·두만 2강설을 주장한다. 1강설과 2강설은 간도(오늘날 연변의 일부지역) 영토 귀속문제와 직결되어, 역사상 한중·중일 분쟁의 핵심 화제가

11) 백두산정계에 관한 연구는 다음과 같다. 篠田治策, 『白頭山定界碑』, 樂浪書院, 1938年 ; 張存武, 「清代中韓邊務問題探源」 ; 楊昭全·孫玉梅, 『中朝邊界史』 ; 徐德源, 『穆克登碑的性質及其鑿立地点与位移述考－近世中朝邊界爭議的焦点』 ; 刁書仁, 『康熙年間穆克登查邊定界考辨』 ; 이화자, 『조청국경문제연구』 ; 陳慧, 『穆克登碑問題研究－清代中朝圖們江界務考証』 ; Nianshen Song, 『Making Borders in Mondern East Asia: The Tumen River Demarcation, 1881~1919』, CAMBRIDGE UNIVERSITY PRESS, 2018년 등이다.

12) 楊昭全·孫玉梅, 『中朝邊界史』, 193~196쪽.

되었다.

필자의 경우 목극등 정계의 성격에 대해 인정함과 동시에 형식적인 면에서 대등한 관계의 정계가 될 수 없으며, 종번관계 즉 상하예의 질서 하의 정계라고 보았다. 오라총관 목극등이 칙사 신분으로 파견되었고, 조선은 청의 사신을 영접하기 위하여 접반사 또는 문위사(問慰使)를 파견하였다. 서울에서 파견된 박권(朴權)이 접반사였고 함경도 관찰사 이선부(李善溥)도 청사를 영접하기 위해 파견되었다. 조선측은 청의 각급 인원들에게 줄 예단을 준비했으며, 예컨대 문위사의 명의로 준비한 예단을 보면, 총관 목극등 앞으로 홍록남백주(紅綠藍白紬) 10필 등 예물, 2등 시위 앞으로 홍록남백주 각 5필 등 예물, 7품 필첩식·6품 통사·무품 통사 앞으로 홍록남백주 각 5필 등 예물이 포함되었다. 이 밖에 함경도 관찰사 명의로 예단을 준비했는데 양적으로 줄어들었다.[13] 여하튼 종번관계 하의 정계는 형식적으로 대등하지 않지만 결과적으로 조선에 불리한 것은 아니었다.

아래에 목극등 답사 중에 조선측 인원과의 대화, 답사가 끝난 후 조선측이 백두산에 설치한 경계 표식물, 조선 군신 간에 '땅을 얻었다'고 한 언설 및 조선 국왕이 강희제에게 올린 '사정계표(謝定界表)' 등을 통하여, 목극등의 국경 조사가 종번관계 하의 정계임을 논증하고자 한다.

첫째로 목극등이 조선에서 땅을 얻었다고 한 발언을 통해 알아보기로 하자. 목극등이 조선 사람들과 함께 수원을 조사하고 비를 세우는 과정에서 두 번이나 조선에서 땅을 많이 얻었다고 언급하였다. 두만강 수원을 찾을 때, 그는 두만강 상류 세 갈래 물줄기 중에서 가장 북쪽에

13) 김지남, 『북정록』, 3월 23일조, 59~62쪽.

있는 제1파를 수원으로 정하고 조선으로 하여금 제1파에 설책(設柵)할 것을 요구하였다. 이와는 대조적으로 조선인들이 말하는 이른바 '용출처(湧出處)'란 제2파로서 제1파의 남쪽에 위치했다. 즉 다시 말하여 양측이 가리키는 수원이 서로 달랐다. 이때 목극등이 말하기를 "제1파에 설책할 경우 너의 나라에서 말하는 이른바 용출처(제2파임)보다 10리가 멀어지니 너의 나라가 땅을 더 얻게 되어 다행이다"라고 하였다.[14] 즉 북쪽의 제1파를 수원으로 정할 경우 남쪽의 제2파보다 조선에서 10여 리 땅을 더 얻는다는 것이었다.

이 밖에 천지 동남 기슭 분수령에 비를 세울 때, 목극등이 동행한 조선인들에게 조선에서 '얻은 땅이 매우 넓다'고 말했는데, 군관 이의복(李義復)이 그 상황을 다음과 같이 묘사하였다.

> 분수령 협곡의 너비가 30보이며, 오른쪽 미곤(未坤, 서남쪽임)과 왼쪽 인갑(寅甲, 동북임)으로 경계를 이루는 골짜기가 있었다. 왼쪽으로 산 아래 평지가 조금 돌출한 곳이 있었는데 암석이 있어서 이로써 받침대로 삼았다. 청사가 여러 날을 이곳에 머물면서 물길이 나뉜 형세를 두루 살펴본 후 돌에 글을 새겨 기록하고, 받침대 위에 돌을 새겨 세웠다. 우리를 돌아다보며 말하기를 "너의 나라가 얻은 땅이 매우 넓도다."라고 말하였다.[15]

그렇다면, 목극등이 이른바 조선에서 '얻은 땅이 매우 넓다'고 한 것은 어디를 가리키는 것일까? 목극등과 조선 역관 김지남 사이 대화를 통해 알아보기로 하자. 기록에 의하면, 목극등과 김지남 사이에 백두산

---

14) 『숙종실록』 권52, 숙종38년 12월 병진.

15) 김노규, 『북여요선』, 白頭圖本考, 양태진, 『한국국경사연구』 부록, 340쪽.

남쪽지역 귀속문제를 놓고 대화가 있었다. 목극등이 묻기를 "백두산 이남에 파수가 설치되어 있는가?"고 하자, 김지남이 답하기를 "이 땅은 절험하여 인적이 드물기 때문에 황폐하여 파수가 없으며, 마치 대국의 책문 밖의 땅과 같습니다."[16]라고 하였다. 즉 김지남은 청의 유조변(柳條邊) 밖의 공지로서 백두산 남쪽 공지를 비유하고 있으며, 비록 조선에서 파수를 설치하지 않았지만 조선에 속한다고 주장하였다. 필자의 고증에 의하면, 백두산 남쪽 공지란 천지에서 혜산에 이르는 지역을 가리키며, 그 사이가 약 5·6일정이 되며, 사람이 살지 않는 공지로서 조선에서 파수를 설치하지 않았고 행정 시설도 없었다.[17] 위 대화를 이어 목극등이 또 묻기를 "이른바 천지 남쪽이 조선 땅이라고 하는 것은 문서적 근거가 있는가?"고 하였더니, 김지남이 답하기를 "나라를 세운 후로부터 지금까지 전해져 왔는데 어찌 문서가 필요하겠습니까?"[18]라고 하였다. 이 두 사람의 대화를 통해 볼 때, 목극등이 이른바 조선에서 '얻은 땅이 매우 넓다'고 한 것은 황폐하고 파수가 설치되지 않은 백두산 천지 남쪽 지역을 가리키며, 백두산정계를 통하여 조선에 귀속되었다. 즉 다시 말하여 조선은 천지 남쪽을 영토로 보유하고자 한 정계 목표를 이루었다고 하겠다. 이에 역관 김경문이 기뻐하며 말하기를 "매우 훌륭하십니다. 공(묵극등을 가리킴)의 이번 행차로 이 산(백두산을 가리킴)과 더불어 영원하리오."[19]라고 하였다.

둘째로 목극등은 백두산 동남 기슭(분수령, 약 4㎞)에 비를 세웠을 뿐만 아니라, 동쪽에도 토석퇴(흑석구)·목책(평지) 등 인공 표식물을

16) 『숙종실록』 권51, 숙종38년 5월 정해.
17) 李花子, 『明淸時期朝鮮地理称謂之長白山与白頭山』, 『淸史研究』, 2019년 4기.
18) 『숙종실록』 권51, 숙종 38년 5월 정해.
19) 홍세태, 『백두산기』, 137~138쪽.

설치하도록 요구하여, 압록강 수원과 두만강 수원을 연결시켜 놓도록 하였다.[20] 압록강·두만강이 자연 경계라고 한다면, 백두산에 설치한 정계비·토석퇴·목책은 인위적인 경계이다. 이 같은 인공 표식물(정계비와 토석퇴)이 후세에 이르러서도 존재하였으며(목책이 부식되어 없어짐), 목극등 정계의 옛 표식으로서 그 후의 광서 감계담판 및 중일 간도문제 담판에 영향을 미치게 되었다.

셋째로 목극등이 답사를 끝내고 귀국한 후, 조선 군신들은 조선에서 '땅을 얻었다'고 보았으며, 그 범위는 백두산 남쪽 지역뿐만 아니라, 백두산 동쪽 지역도 포함되었다. 접반사 박권의 『북정일기』에 다음과 같이 기록하였다.

> 오시천(吾時川)으로부터 어윤강에 이르고 장백산 이북 백두산 이남 천여 리 땅이 본디 우리나라 땅입니다. 그러나 『여지승람』이나 『북관지』에 '피지(彼地)'라고 기록하였습니다. 그리하여 우리나라 채렵자들이 금령을 어길까 두려워 마음대로 다니지 못하였습니다. 오늘 계한이 이미 정해졌으므로 연변 사람들이 이러한 곳이 우리나라 경이라는 것을 알게 되었습니다. 그 사이에 있는 서수라덕·허항령·완항령(緩項嶺), 그리고 보다회산 주위가 모두 삼전(蔘田)이며, 곳곳에서 초서(貂鼠)가 산출됩니다. 백두산 아래 이른바 천평·장파 등지에는 자작나무가 줄지어 있어 끝이 보이지 않습니다. 또 삼갑(三甲, 삼수·갑산임)·무산 사람들이 이러한 곳에서 채취하는 것을 허락하게 되면 의식(衣食)을 충족히 할 수 있습니다.[21]

---

20) 정계비터와 압록·두만 양강 수원을 잇는 토석퇴·목책에 관해서는 이화자, 『백두산 답사와 한중국경사』, 35~57·90~125쪽 참조.

21) 박권, 『북정일기』, 7월 13일조, 130~131쪽.

위 인용문과 같이, 조선에서 땅을 얻었다는 범위는 서쪽의 압록강 상류 오시천에서 동쪽의 두만강 상류 어윤강까지, 남쪽의 경성'장백산'(경성 관모봉임)에서 북쪽의 백두산까지 천여 리가 된다는 것이었다.

이 밖에 영의정 서종태(徐宗泰) 역시 강역이 확대되었음을 인정하였다. 그는 국왕에게 계문하기를, 북도의 정계하는 일은 "청나라 관리가 우리나라 일을 순조롭게 처리해 줘서 오래 걸리지 않고 끝낼 수 있었습니다. 또한 정계 이후 강역이 넓어진 것은 참으로 다행스런 일입니다."라고 하였다. 국왕이 이에 대해 "처음에는 백두산 남쪽 땅을 다투는 우려가 없지 않았으나, 끝에 가서 순조롭게 정계를 마치고 돌아왔습니다."라고 하였다. 서종태가 건의하기를 "마땅히 사은해야 합니다."라고 하자, 국왕은 동지사로 하여금 사은사를 겸하게 하여 청에서 사신을 파견하여 정계한 데 대해 사은을 표하였다.[22]

넷째로 조선국왕은 강희제에게 '사정계표'를 올렸는데, 이는 오늘날 국서와 같은 것으로서 종번관계 하의 예의 구현 외에 국왕 문서의 형식으로 목극등 정계의 결과를 인정한 것이었다. 1712년 11월 국왕의 명의로 올린 '사정계표'의 내용은 다음과 같았다.

> 작년 여름에 청사가 경계를 조사하러 왔을 때, 외국(조선임)의 공급을 번거롭게 하지 않고 변경의 계한을 바로 하였으며, 이는 모두 황제의 자소지덕(字小之德)을 보여준 것이며, 간사한 무리들의 범월하는 우려를 없애기 위해서입니다. 소방(조선임)의 군신들은 이에 감격하고 칭송하며 하늘을 우러러 추대하며, 삼가 받들어 표를 올려 감사를 표합니다. … 청사가 우리나라에 와서 강역의 일을 바르게 하고,

22) 『승정원일기』 469책, 숙종 38년 6월 20일.

두 지방 사이 금지와 방어를 엄하게 하였으며, 물로써 계한을 삼고 산으로써 남북을 표하였으며 돌을 새겨 세웠습니다. 또한 우리나라에서 공급하는 수고를 없앴으며, 예리한 생각으로써 간사한 무리들의 범월의 우려를 없애서 영원한 계책으로 삼았습니다. … 이에 삼가 표를 올려 감사를 표하며 계문합니다.[23)]

즉 청에서 조선에 사신을 파견하여 경계를 조사하고 조선으로 하여금 공급의 폐단을 없애고 '변경의 계한'을 바로 잡아 조선인들이 경계를 몰라 월경하는 우려를 없앤 데 대해 사은을 표했다. 표문 중에 '물로써 계한을 삼고'라는 것은 압록강·두만강을 경계로 함을 가리킨다. '산으로써 남북을 표하였으며'라는 것은 백두산 이북이 청에 속하고 이남이 조선에 속함을 가리킨다. '돌을 새겨 세웠다'라는 것은 분수령에 돌을 새겨 비를 세웠음을 가리킨다. 요컨대 국왕의 문서는 양측이 압록강·두만강 및 백두산을 경계로 하며, 돌에 글을 새겨 비를 세워 증거로 삼는다는 내용이었다.

이뿐만 아니라, 국왕은 시를 지어 '국경 분쟁'의 근심이 사라진 가벼운 심정을 토로하기도 하였다. 이는 '백두산도'에 대한 제시(題詩)로서, 청나라 화원이 그린 '백산도(圖)'일 것으로 추정된다. 청나라 화원이 두 폭의 백산도를 그렸는데, 하나를 강희제에게 올리고 다른 하나를 조선 국왕에게 전달하였다.[24)] 국왕의 제시의 내용은 다음과 같았다.

그림(繪素)으로 보아도 가장 북쪽에 있으니, 산에 올라보면 기운이

---

23) 『동문휘고』 원편 권48, 강계, 9~10쪽, 제1책, 907~908쪽.

24) 김지남, 『북정록』, 5월 8일·5월 24일조, 86~87·101~102쪽 ; 『숙종실록』 권51, 숙종 38년 5월 정유.

어떠하랴. 누가 구름이 멀다 하였느냐, 별과 닿을 듯 하도다. 산 정상에 깊고 깊은 물이 있으니, 흘러내려 성대한 강물이 되는구나. 전에 있었던 쟁계의 우려가 스스로 사라지노라.[25)]

위 시에서 '그림'이란 '백산도'를 말한다. "그림으로 보아도 가장 북쪽에 있으니, 산에 올라보면 기운이 어떠하랴"란 백두산이 조선 강역의 최북단에 위치하고 있어 요원하지만 크고 높음을 말한다. "누가 구름이 멀다 하였느냐, 별과 닿을 듯 하도다"란 역시 백두산이 요원하고 웅장하다는 뜻이다. "산 정상에 깊고 깊은 물이 있으니 흘러내려 성대한 강물이 되는구나"란 백두산 천지가 압록강·두만강 발원지이고 흘러서 큰 강이 됨을 말한다. "전에 있었던 쟁계의 우려가 스스로 사라지노라"란 백두산 이남이 조선에 속하고 이북이 중국에 속하게 되어, 경계를 다투던 우려가 사라지게 되었음을 말하고 있다. 요컨대 정계 이후 백두산 천지 남쪽과 동쪽 지역을 강역으로 보유하게 되어 걱정이 사라졌음을 토로한 내용이었다.

기실 목극등 정계의 관건은 백두산에 있었으며, 강희제의 관심사 역시 여기에 집중되었다. 백두산은 이른 시기부터 만주족 조상의 발상지로 간주되었다. 후금 천총(天聰) 연간에 편찬된『만주실록』서두에 백두산이 기록되어 있고, 만주족 발상 신화가 있었다. 즉 "만주는 백두산에서 기원하였으며, 산(백두산)의 동북 포고리산 아래 포이호리라는 연못이 있었다. 하늘에서 세 선녀가 내려와 목욕을 하니, 맏이가 은고륜, 둘째가 정고륜, 막내가 불고륜이라고 하였다. 목욕을 마치고 연못

---

25) 繪素觀猶北 登山氣若何 雲霄誰謂遠 星斗定應摩 巓有深深水 流爲浩浩河 向時爭界慮 從此自消磨(김노규,『북여요선』, 白頭圖本考, 양태진,『한국국경사연구』부록, 337쪽).

가에 올라갔더니, 신작(神雀)이 불고룬의 옷 위에 주과(朱果)를 올려놓았는데 빛깔이 탐스럽게 보였다. 불고룬이 좋아하여 놓치기 싫어하였으며, 입 안에 넣고 옷을 입었더니 주과가 배안에 들어가 잉태한 느낌이 었다." 불고룬이 낳은 포고리옹순이라는 아이가 용모가 남달랐고 태어나자마자 말을 하였고 후에 삼성(三姓)지역(黑龍江 依蘭)의 난을 평정하여 국주(國主)로 추대되었으며, 청 왕조의 시조로 간주되었다.[26] 만주족 신화에 나오는 포고리산과 포이호리의 위치에 대해서는 정확히 알 수 없으며, 어떤 이는 백두산 동쪽 약 40㎞에 있는 적봉(赤峰)과 서북쪽에 있는 원지(圓池)에 비정하는가 하면,[27] 또 어떤 이는 백두산 북쪽 약 180㎞에 있는 돈화(敦化) 육정산(六鼎山)과 성련호(聖蓮湖)에 비정하기도 하였다.

청대 황제 중 강희제의 백두산에 대한 관심이 남달랐으며, 여러 차례 사람을 파견하여 백두산을 답사하였다. 백두산에 대한 예의 표현 외에 지리지·지도를 편찬하기 위해서였다. 강희제는 『성경통지』·『청일통지』 및 『황여전람도』를 편찬하기 위하여, 여러 차례 사람을 파견하여 송화강과 압록강을 거슬러 올라가 백두산 천지에 이르도록 하였다. 강희 16년(1677) 내대신(內大臣) 무묵눌(武默訥)을 파견하여 답사한 후 이듬해 "장백산신을 봉하여, 사전(祀典)은 오악(五嶽)과 같이 하였다."[28] 강희 23년(1684) 주방협령(駐防協領) 늑초(勒楚) 등을 파견하여 답사한 후 편찬한 『성경통지』 '장백산'조에는 백두산에서 용맥(龍脈)이 시작되어 서쪽으로 뻗어나가 흥경 영릉(永陵)의 개운산(開運山), 성경 복릉(福

---

26) 遼宁省檔案館 편, 『滿洲實錄: 滿文·漢文』, 遼宁教育出版社, 2012년, 11~17쪽.

27) 劉建封, 『長白山江崗志略』, 李澍田 주편, 『長白叢書』 初集, 吉林文史出版社, 1987년, 338~339쪽 ; 王瑞祥·劉建封 등 편, 『長白山灵迹全影』, 1911년.

28) 王士禎, 『池北偶談』, 中華書局, 2006년, 88~91쪽 ; 『欽定八旗通志』 卷149, 武默訥傳, 『景印文淵閣四庫全書』, 史部424, 臺灣商務印書館, 1986년, 464~465쪽.

陵)의 천주산(天柱山)과 소릉(昭陵)의 융업산(隆業山)에 이른다고 기록하였으며,[29] 백두산을 용맥의 시작점 즉 청조 발상을 상징하는 성산으로 간주하였다.

강희대 『황여전람도』 제작에 이르러서는, 1712년 오라총관 목극등을 파견하여 수원을 조사하고 정계를 행하였다. 강희제는 전대 지리지를 참고하고 또 여러 차례 답사를 통하여, 압록강·두만강이 백두산에서 발원하고 조청 양국이 두 강을 경계로 함을 잘 알고 있었다. 즉 그는 "압록강이 백두산 동남에서 흘러나오며", "압록강 서북이 중국 땅이고, 강 동남이 조선 땅이며, 강을 경계를 한다." "토문강이 백두산 동쪽에서 흘러나오고, 토문강 서남이 조선 땅이고 강 동북이 중국 땅이며, 역시 강을 경계로 한다. 이러한 곳은 다 잘 알고 있다."고 보았다. 이에 기초하여 목극등 사계(査界)의 중점을 압록강·두만강 사이 백두산에 두었으며, 목극등더러 "이 기회를 타서 가장 끝에 이르러 자세히 살펴보되 반드시 변경을 잘 조사하여 주문하라."고 하였다.[30] 즉 백두산정계의 명을 내린 것이었다.

그 이후 목극등이 백두산에 올라 수원을 조사하고 정계하는 중에서 양측의 백두산에 대한 분쟁은 별로 없었다.[31] 조선은 백두산을 얻고자 요구하지 않았으며, 백두산을 신성시하는 것도 그 이후 영조대의 일이었다. 조선의 정계 목표는 백두산 남쪽 지역을 경내에 포함시키는 것이었다. 비록 일부 신하 예컨대 판부사 이유(李濡)의 경우 천지를

29) 『淸圣祖實錄』 권69, 강희 16년 9월 병자 ; 권71, 강희 17년 정월 경인.

30) 『淸圣祖實錄』 권246, 강희 50년, 5월 계사.

31) 목극등과 박권 사이 두만강 수원에 대한 논쟁이 있었으며, 목극등이 정한 것은 홍토산수이고, 박권은 홍기하가 두만강 정원이라고 주장하였다. 두 사람의 두만강 수원 관련 논쟁은 이화자, 『백두산 답사와 한중 국경사』, 74쪽 참조.

반으로 나눌 것(橫截作限)을 제기했지만,[32] 더 많은 신하들은 백두산이 청에서 신성시되고 있음을 잘 알고 있었기에, 다만 백두산 천지 남쪽이 조선에 속함을 요구하도록 하였다. 그 이후 역관 김지남이 목극등에게 전하기를 "백두산 꼭대기에 큰 못(천지임)이 있는데, 서쪽으로 흘러 압록강이고, 동쪽으로 흘러 두만강이며, 큰 못의 남쪽이 곧 우리나라 경계입니다."라고 하였다.[33] 이를 통하여 종번관계 하에 조청 양국은 상대방의 영토 이익에 대해 배려해 주었으며, 백두산정계를 통하여 천지가 청 경내에 포함되도록 하고 거꾸로 청은 백두산 천지 남쪽과 동쪽 공지가 조선에 속하도록 하였다.

백두산정계 결과, 목극등이 천지 동남 기슭 약 4㎞에 정계비를 세웠고, 서쪽의 압록강 수원과 동쪽의 두만강 수원을 경계로 함을 확정하였다. 비문에는 "서쪽으로 압록이고 동쪽으로 토문이며, 분수령상에 비를 새겨 기록한다"고 명시하였다. 정계비 위치가 백두산 천지 가까이에 놓여 있었기에 조선은 천지 남쪽 넓은 공지를 얻게 되었다. 한편 정계비 위치로 볼 때, 천지가 중국 경내로 들어갔지만 입비처가 천지 가까이에 놓여 있었기 때문에 양국은 대체로 백두산 천지를 경계로 하였으며, 그 이후 백두산에 대한 국가의 제례가 이루어졌다. 영조대에 이르러 백두산을 조선왕조의 발상지로 간주하여 신성시하였으며, 함경도 갑산에 '망제각(望祭閣)'을 세워 망제를 실시하였다. 백두산과 조선의 거리가 더욱 가까워졌으며, 특히 풍수지리에서 백두산은 조선 산맥의 '조종산(祖宗山)'으로 여겨져, 마치 인체의 머리 부분과 같이 인식되어 백두산에 대한 종산 인식이 이른 시기에 생겨났다. 그리하여 조선의 백두산 인식이 크게 달라졌으며, 오랑캐의 산으로부터 조선의 산으로

---

32) 홍세태, 『백두산기』, 133쪽 ; 『비변사등록』 64책, 숙종 38년 3월 24일.

33) 『숙종실록』 권51, 숙종 38년 5월 정해 ; 김지남, 『북정록』, 4월 29일조, 72쪽.

바뀌었다. 특히 대한제국에 이르러 백두산을 5악 중의 하나인 북악으로 정하고 국가의 악진해독(岳鎭海瀆) 제사 체계에 포함시켰으며, 대한제국 황제권과 독립의식을 상징하는 신성한 산으로 되었다.[34]

3. 종번관계 하의 국경분쟁 및 처리방식

백두산정계로부터 170년이 지난 고종대에 이르러, 조청 양국 간에 두만강을 둘러싼 국경분쟁이 일어났다. 이는 조선에 전례 없던 자연재해가 일어났으며, 조선 변민들이 압록강·두만강을 건너가 강 이북 땅을 개간한 것과 관련된다. 이를 계기로 조선인들의 중국 동북지역으로의 이주가 시작되었고, 두만강 이북지역을 '간도(間島)' 또는 '간도(墾島)'라고 불렀다. 이와 때를 같이하여 서양 열강들의 침입 특히 일본의 대륙정책 추진으로 말미암아 동아시아 정세가 크게 변하게 되었다. 전통시대에서 근대로의 전환기에 들어갔으며, 청조와 조선을 포함한 주변 국가들 간의 종번관계가 크게 동요하였다.

1876년 조선과 일본이 '강화도조약'을 체결하였고 조선은 개항기에 들어갔으며 일본의 세력이 조선에 침투하기 시작하였다. 같은 해 유구가 일본에 병탄된 데 이어, 1885년 베트남이 프랑스 식민지로 전락되었다. 조청 양국의 종번관계가 붕괴되는 것을 막기 위하여, 청은 '임오군란'(1882년)을 탄압하는 기회를 틈타 조선에 군대를 파견하였으며, 정치·경제·군사 등에서 조선에 대한 통제를 강화하였다. 이와 동시에 북양대신 이홍장(李鴻章)의 건의에 따라 조선은 미·영·프·독·러·이탈

34) 조선왕조의 백두산 인식에 관해서는 강석화, 『조선후기 함경도와 북방영토의식』, 103~106쪽 ; 이화자, 『조청국경문제연구』, 270~288쪽 참조.

리아 등 서방 열강과 수호통상조약을 체결하였으며, 이홍장의 이른바 '오랑캐로써 오랑캐를 통제한다'(以夷制夷)는 정책으로써 일본과 러시아가 조선을 독차지하는 것을 막고자 하였다.

근대의 전환기에 이르러, 조청 양국 간에 두만강을 둘러싼 국경 분쟁이 일게 되었으며, 그 도화선은 조선 변민들의 두만강 이북 간도 지역으로의 월경 개간 및 두만강 경계를 부인하는 데 있었다. 조선의 근거는 이른바 토문·두만 2강설로서, 두만강을 경계로 하는 것이 아니라 토문강 즉 송화강 상류를 경계로 하며, 토문·두만 사이에 있는 간도가 조선에 속한다고 주장하였다.

조선의 요구대로 1885년 조청 양국은 각기 대표를 파견하여 공동 감계를 실시하였다. 청에서는 길림상무위원 진영(秦煐)을 위시한 감계 대표를 파견하였고, 조선은 안변부사 이중하(李重夏)를 위시한 감계 대표를 파견하였다. 이 공동 감계를 통하여 조선 측 경계 인식에 큰 변화가 일어났다. 조선측 감계 대표인 이중하는 문헌자료를 참고하고 또 실지 답사를 통하여, 토문·두만 2강설이 잘못되었음을 인식하였다. 즉 그는 토문·두만이 동일한 강임을 인식하였는데, 이는 '토문강=두만강'의 관건 증거를 파악한 것과 관련되었다. 실지 답사를 통하여, 그는 흑석구와 두만강 수원 사이가 이어져 있었으며, 목책이 존재하였으나 부식되어 이른바 토문·두만 2강설이 생기게 되었음을 알게 되었다. 그는 이 같은 상황을 『추후별단(追後別單)』을 통하여 조선 정부에 보고하였다.[35] 이로 인하여 1년 후인 1887년 제2차 공동 감계 시, 조선은 2강설을 포기하고 토문강 즉 두만강을 경계로 함을 인정하였다. 요컨대 두 차례 공동 감계를 통하여, 양측이 두만강 본류에서 일치를 보았다고

---

35) 조선 감계사 이중하가 발견한 흑석구와 홍토산수 사이의 목책 흔적에 관해서는 이화자, 『한중국경사 연구』, 56~104쪽 참조.

하겠다. 다만 두만강 상류 물줄기 특히 분수령에 있어서 의견 차이를 좁히지 못하였다. 중국측은 소백산(분수령)·석을수를 경계로 할 것을 요구하였고, 조선측은 정계비(분수령)·토석퇴·홍토산수를 경계로 할 것을 요구하였다. 여기서 조선측이 요구한 정계비·토석퇴·홍토산수가 실은 목극등 정계의 옛 경계였으며, 즉 다시 말하여 조선은 목극등이 정한 옛 경계를 지키고자 하였다.

앞에서 보았듯이 두 차례 공동감계 시 양측의 영토 관념이 강하지 않다고 말할 수 없다. 결과적으로 양측은 타협을 보지 못하였고 국경조약을 체결하지 못하였다. 기실 1887년 제2차 감계 때 두만강 상류 지역에서의 양측 차이가 크지 않았다. 조선측이 요구한 홍토산수 발원지와 중국측이 요구한 석을수 발원지의 거리가 멀지 않았으나 주요 의견 차가 분수령에 존재하였다. 조선측은 정계비터가 분수령이며 목극등이 정한 옛 경계를 준수할 것을 요구하였다. 중국측은 정계비터가 백두산 천지와 너무 가까워 청의 백두산 발상지에 장애가 될 뿐더러 송화강에도 장애가 있다고 여겼다.[36] 그리하여 처음에는 천지 동남쪽 삼지연(천지에서 약 50㎞ 거리)을 경계로 할 것을 요구하다가 한 발 물러나 소백산(천지에서 약 30㎞ 거리)을 경계로 할 것을 요구하였다.[37] 즉 다시 말하여 중국측 대표의 관심사가 백두산 천지에 있었으며, 천지를 중국 경내에 포함시키고자 하였으며, 조선측은 목극등이 정한 옛 경계를 지키고자 하였다.

아래에 제2차 감계담판 때 조선측 감계 대표인 이중하가 말한 이른바

36) 고려대학교 아세아문제연구소 편, 『구한국외교문서』 제8권, 청안1, 고려대학교출판부, 476~477쪽 ; 이중하, 『문답기』, 피원답폭(彼員答幅), 1885년, 서울대 규장각 소장(규21041), 마이크로필름 34쪽.

37) 광서 감계담판에 대한 재평가는 이화자, 『한중국경사 연구』, 124~149쪽 참조.

"내 머리가 잘려나가도 나라의 강토는 줄어들 수 없다"[38]는 발언에 대한 해석이 잘못되었음을 밝히고자 한다. 양측 대표가 논쟁한 것은 석을수와 홍토산수였으며, 이중하가 다툰 것은 홍토산수였고 목극등이 정한 옛 경계를 준수할 것을 요구하였다. 이에 대해 일부에서는 이중하가 토문강 즉 송화강 상류를 다툰 것이라고 잘못 해석하고 있다.[39] 여하튼 이중하의 위 발언을 통하여, 조선의 영토의식의 강화 즉 '한 치의 땅도 양보할 수 없다'는 강한 영토의식을 엿볼 수 있었다.

위에서처럼 두 차례 감계담판을 통하여 양국은 국경 합의에 이르지 못하였으며, 종번관계 하에서 국경분쟁을 잠재우기로 하였다. 실지답사가 끝난 후 길림장군이 중국측 감계대표(진영 등)의 제안에 따라 총리아문에 소백산·석을수를 따라 '화하금탕고(華夏金湯固) 하산대려장(河山帶礪長)'이라는 '십자비'를 세우고자 제기하였으나 조선은 여전히 반대하였다. 이에 총리아문과 광서제는 조청 양국의 종번관계 수호라는 원칙에서 분쟁을 보류하도록 하였다. 1889년(광서 15) 총리아문이 주의(奏議)하기를 "조선은 대를 이어 번봉을 지켜왔으며, 오랫동안 중국의 보살핌을 받고 있었으므로, 너무 급히 처리할 필요가 없습니다." "잠시 늦추도록 할 것을 청합니다."라고 하였다. 즉 십자비를 설치하도록 조선에 강제하지 말 것을 건의하였다. 이에 대해 광서제가 "논의대로 하라"는 유지를 내렸다.[40] 이로써 공동 감계가 일단락되었으며, 종번관계 하의 국경 교섭도 막을 내리게 되었다.

---

38) 이중하, 『감계사교섭보고서』, 윤4월 16일, 1887년, 서울대학교 규장각 소장(11514의 2), 마이크로필름 21쪽.

39) 서길수, 『백두산국경연구』, 여유당, 2009년, 129~130쪽.

40) 總理衙門 편, 『吉朝分界案』, 全國圖書館文獻縮微復制中心, 『國家圖書館藏淸代孤本外交檔案續編』 제5책, 2005년, 1884쪽.

4. 종번관계의 붕괴와 대한제국의 간도정책

중일 갑오전쟁은 중국의 패배로 끝났고, 1895년 중일 『마관조약』에 조선이 '독립자주국'임을 규정하였다. 이로써 조청 양국간 200여 년간 유지되었던 종번관계가 끝났다. 1897년 조선은 '대한제국' 수립을 선포하였으며, 얼마 후 간도에 대한 확장정책을 실시하였다.[41]

대한제국이 간도정책을 추진한 데는 두 가지 유리한 조건이 있었다. 첫째는 1900년 러시아가 중국 의화단운동의 기회를 틈타 동청철도 보호를 빌미로 출병하여 동북 전역을 차지함과 동시에 두만강 이북 연길·훈춘 지역에 파병하였다. 같은 해 7월 러시아군이 블라디보스토크에서 훈춘으로 진공하여 훈춘성을 점령하였다. 그 이후 가야하·석두하·밀강·훈춘하 등을 따라 초소를 설치하고 남강(南崗)에 러시아군을 주둔시켰다.[42] 한편 고종이 '아관파천'을 실시한 후 대한제국은 러시아에 의존하여 일본의 침략을 막고자 하였으며, 간도문제에 있어서도 러시아 힘에 의지해 중국의 손에서 이 지역을 탈취하고자 하였다.

둘째로 두만강 이북지역에 월경한 조선 개간민 10만 명이 살고 있었고, 청의 행정시설이 완전치 못하여 개간민들의 이익을 제대로 보호할 수 없었다. 1902년 청은 국자가(局子街)에 연길청을 설치하였고, 화룡욕(和龍峪)에 분방경력(分防經歷)을 두었다. 대한제국은 기회를 틈타 이범윤을 '북간도관리사'로 파견하여 두만강 이북지역을 대한제국 판도로 만들고자 계획하였다. 비록 정식 군대를 파견하지 못했지만, 이범윤은 사포대(私砲隊)를 건립하고 병영을 세웠으며, 청의 회용(會勇)

41) 대한제국의 간도 정책에 관해서는 이화자, 『한국국경사 연구』, 123~172쪽 참조.

42) 中央研究院近代史研究所 편, 『清季中日韓關系史料』 제9권, 1972년, 5728쪽.

과 군대를 습격하였다. 또한 조선 개간민의 호적을 조사하고 세금을 거둬들였으며, 사수(社首)와 위원 등을 임명하기에 이르렀다.[43] 이로써 청의 행정력에 타격을 가했고 대한제국의 행정시설을 구축하고자 시도하였다.

그렇다면 대한제국이 간도정책을 추진하게 된 영토적 근거는 무엇인가? 어떠한 영토의식을 나타낸 것인가? 같은 시기 대한제국의 인사(人士) 및 정부는 압록강·두만강 이북지역을 '공광지(空曠地)' 또는 '한광지(閑曠地)' 즉 비어 있는 땅이라고 언급하였다. 예컨대 1897년 함경북도 관찰사 조존우(趙存禹)가 '담판 5조'를 내놓았는데, 제5조에 다음과 같이 지적하였다. "이 땅(압록강·두만강 이북지역임)은 비어 있은 지 수백년이 되었으며, 양국은 서로 금하였다. 청에서 사람을 보내어 금하고 쇄환하도록 하였으며, 우리 사람이 들어가면 율에 따라 효시하고 벌을 주어 금하였다. 근래에 들어 청에서 금하지 않고 우리도 금하지 않으니, 서로 섞여 살고 주객의 차이가 현저하며, 마음대로 고용하니 어찌 억울함이 심하지 않겠는가?" 즉 압록·두만 이북지역이 조청 양국의 공동 금지구역이었으며 비어둔 땅이라는 것이었다. 이어 그는 대한제국 정부가 국제공법에 의거해 각국 공사·영사 앞에서 두만강 이북의 영토 귀속문제를 담판할 것을 건의하였다.[44]

이 밖에 1899년 한중 양국이 『한청통상조약』을 체결할 때, 대한제국측 대표가 두만강 이북지역을 '접경 지역의 황폐한 땅'이라고 언급한 데 대해 중국측 대표가 강하게 반발하였다. 중국측 담판 대표인 서수붕(徐壽朋)은 "변경에는 황폐한 땅이 없으며 말이 타당치 않다."고 하고

43) 中央研究院近代史研究所 편, 『清季中日韓關系史料』 제9권, 5789~5790·5803~5806쪽.

44) 김노규, 『북여요선』, 察界公文考, 양태진, 『한국국경사연구』 부록, 362~364쪽.

또 "월간이란 확실히 중국 경내임을 말해주며, 접경 지역의 땅 혹은 구탈(甌脫)의 고향이 아님을 말해준다."[45]고 하였다. 그는 월경 개간한 조선인에 대해서도 "한민(韓民)으로서 이른 시기부터 중국 경내에서 개간한 자에 대해서는 중국 역시 업에 종사하도록 한다. 그러나 조약을 맺은 후에는 서로 간에 월경 개간하는 것을 엄격히 금해야 한다."고 하였다. 한중 국경에 대해서도 그는 "봉천·길림 일대에는 압록·도문(두만강임)을 경계로 하고 있으며, 경계가 분명치 않은 곳이 없다. 만약 한국정부가 사람을 파견하여 공동 감계를 하고자 할 경우, 육로통상장정을 체결할 때 토론할 것이나 지금은 약정에 넣을 필요가 없다."[46]고 하였다. 즉 『한청통상조약』이 해로무역장정이므로 앞으로 육로통상장정을 체결할 때 다시 육지 경계선을 정하자는 것이었다.

그 이후 1903년 대한제국이 이범윤을 '북간도관리사'로 임명할 때 한국 외부로부터 청의 주한공사 허태신(許台身)에게 보낸 조회문에서 두만강 이북지역이 간광지임을 재차 제기하기에 이르렀다. 그 상세한 내용은 다음과 같았다.

> 우리 내부대신의 문에 이르기를, 북변 간도(墾島)는 한청 교계(交界)에 속하며 민이 거주하지 않고 오랫동안 한광(閑曠)되어 있었습니다. 수십 년래 우리 민의 이주자가 점차 많아졌지만 명관(命官)을 파견하여 산업을 보호하지 못하였습니다. 지난번에 도민(島民)의 호소에 따라 본부에서 시찰 이범윤을 파견하여 사정을 두루 살피고 황화(皇

45) 王彦威·王亮 편, 『清季外交史料』 권140, 湖南師範大學出版社, 2015년, 2700~2701쪽.

46) 조선외부, 『한청의약공독(韓淸議約公牘)』, 서울대학교 규장각 소장(규15302), 44쪽.

化)를 선포하였습니다. 시찰의 보고에 의하면, 우리 인민이 간도(懇島)에 이주한 자가 수만호 십여 만구가 되지만 관을 파견하여 관할하지 못하였으며, 청나라 관의 학대를 받고 있습니다. 외부에 이문하고 또 서울에 주차한 청국 공사에게 조회하여 모든 것을 의논하여 침탈을 막고 생명을 보호해야 한다고 하였습니다. 이에 근거하여 살펴보건대, 우리 민의 이주자가 그토록 많지만 믿을만한 것이 없고 청나라 관의 행패와 학대를 받고 있으며 어루만지는 도리에 소홀히 하였으니 특별히 보호관을 두지 않을 수 없습니다. 도민의 소원에 따라 시찰 이범윤을 관리(管理)로 특차하여 섬에 주차하며 모든 일을 전관하여 처리하며, 생명·재산을 보호한다는 뜻으로 주문하여 재가를 받았습니다. 주경(駐京) 청국 공사에게 알리고 또 섬 부근의 청국 관원에게 명하여 억지로 치발하거나 법외 학대를 하는 것을 금하며, 민생을 안착시키고 이웃 국가 간의 우의를 돈독히 하기 바랍니다.[47]

위 조회문과 같이 간도가 양국 사이 비어 있는 땅 즉 간광지임을 강조했을 뿐, 2강설에 근거하여 간도가 조선에 속함을 주장하지 않았다. 그러나 내부대신의 주문에는 그러한 내용이 들어 있었다.[48] 대한제국 외부의 경우, 외교 사무를 주관하는 기구로서 전의 감계담판(정해) 때 조선측이 토문·두만 2강설이 잘못되었음을 인정함과 동시에 땅을 빌려 두만강 이북 조선 유민들을 안치할 것을 요구한 데 대해 알고

47) 中央研究院近代史研究所 편, 『清季中日韓關系史料』 제9권, 5693~5694쪽.

48) 내부대신 임시 서리 의정부 참정 김규홍의 주문 내용은 다음과 같다. "강계에 대해 논할 경우, 분수령 정계비 아래 토문강 이남지역은 마땅히 우리나라 경내이며 결수를 정하여 세금을 정해야 한다. 그럼에도 불구하고 수백년 공광지를 갑자기 정하는 것은 일을 처리함이 과장된 면이 없지 않다"(『고종실록』 권43, 고종 40년 8월 11일(양력)).

있었다. 뿐만 아니라 1899년 외부는 이른바 토문·두만 2강설이란 변민들의 허언일 뿐이라고 질타하였다.[49] 그러므로 위 조회문을 비롯하여 1902~1904년 이범윤·서상무가 두만강·압록강 이북지역에서의 활동을 둘러싼 교섭 중, 외부는 간도가 조선에 속함을 언급하지 않았고, 보호관을 파견한다는 명의로서 강북 지역의 조선인을 관할하고자 하였다. 그런 이유 때문에 이범윤의 신분에 대한 중국측 항의가 이어졌으며, 예컨대 조회문에 "한국측은 해구통상장정을 인용해서는 안 되며, 중국측의 동의 없이 영사를 파견해서는 안 된다."고 하였다.[50] 이에 대해 한국측은 청나라 비적을 소탕한다든지 청나라 상인의 소요를 없애기 위함이라고 하면서,[51] 이범윤의 두만강 이북에서의 활동을 묵인하거나 지지하였다.

이처럼 대한제국의 간도정책의 근거 또는 영토관념은 종전의 2강설이 아니었고 두만강 이북지역이 비어 있는 땅 즉 공광지 또는 간광지이며, 청에 속하지도 않고 조선에 속하지도 않는다고 주장하였다. 이는 실은 국제법의 '무주지' 개념에 근접한 것이었으며, 함경도 관찰사 조존우의 경우 국제공법에 근거해 각국 공사·영사 앞에서 두만강 이북지역의 영토 귀속문제를 담판할 것을 건의하였다.[52] 러일전쟁 이후 일본이 두만강 이북 간도지역으로 확장할 때 비슷한 논리를 폈으며, 간도의 귀속이 미정임을 주장함과 동시에 조선인을 마적이나 무뢰배의 침탈에서 보호하기 위하여 '통감부간도파출소'를 설립한다고 하였다.

---

49) 은정태, 「대한제국기 간도문제의 추이와 '식민화'」, 『역사문제연구』 17호, 2007년.

50) 中央硏究院近代史硏究所 편, 『清季中日韓關系史料』 제9권, 5694~5695·5746~5747·5788·5805·5821쪽.

51) 中央硏究院近代史硏究所 편, 『清季中日韓關系史料』 제9권, 5748~5752쪽.

52) 김노규, 『북여요선』, 察界公文考, 양태진, 『한국국경사연구』 부록, 362~364쪽.

한편 대한제국 간도정책의 이면에는 공광지 인식 외에 고구려·발해의 구강(舊疆)의식과 조선왕조의 발상지 의식이 혼재하였다. 이는 조선 초기 태조·세종대의 북진정책을 추진할 때 제시한 '조종구지(祖宗舊地)' 의식과 유사한 것이었다. 1903년 이범윤이 두만강 이북지역에서 활동할 때, 흑정자(훈춘에 있음) 동4사를 8사로 고쳐 놓았다. 즉 알동·귀화·석간·옥천·금당·능곡·노동·회룡 등 8사였다.[53] 이 중 알동은 조선 목조(穆祖)가 5천호 다루가치를 임했던 곳이고, 금당 역시 두만강 이북 목조의 옛 터였다. 이로써 이범윤이 영토 개척 포부와 의지를 알 수 있었다.

요컨대 대한제국의 간도정책의 근거는 '간광지' 주장과 고토의식이었으며, 러시아가 두만강 이북지역을 점하고 있는 기회를 이용하고 또 개간민의 힘을 빌어서, 영토 확장정책을 펴고자 하였다. 이는 앞서 감계담판 시 양측이 인정한 두만강을 경계로 한다는 협의에 어긋난 것이었으며, 대한제국 팽창정책의 일면을 보여준다. 일부 학자의 경우 이를 대한제국의 '식민화' 정책과 제국주의 속성이라고 보고 있는데 도리가 없지 않다. 결과적으로 이범윤의 활동은 러시아와 중국의 틈새에서 진행되었으며, 비록 러시아가 처음에는 이범윤의 행동을 묵인하였지만, 중국측의 강렬한 반대에 부딪쳐 '길강군(吉强軍)'을 파견하여 반격하도록 허락하여, 이범윤과 그의 사포대는 두만강 이북지역에서 쫓겨나게 되었고 대한제국의 간도정책은 실패로 끝났다.

53) 고려대학교 아세아문제연구소 편, 『구한국외교문서』 제9권, 청안2, 688쪽.

5. 맺는말

이 글에서는 조청 간에 종번관계의 성립에서부터 붕괴까지 양국 변민의 월경·정계 및 국경논쟁 중에서 표현된 국경의식과 국경문제 처리방식에 대해 살펴보았다.

조선은 후금(청)의 두 차례 군사적 침입을 받았으며, 양국 간의 종번관계가 성립되었다. 이 과정에서 조선은 강한 강역 보호의식을 나타냈으며, 청군으로 하여금 압록강 이북으로 철수할 것을 요구하였고 또 청 군민이 마음대로 두만강을 넘지 말도록 요구하였다. 즉 양국이 '비록 한 집안과 같지만, 강역에는 각자의 경계가 있음'을 강조하였다.

청은 거족적인 중원입관과 더불어 발상지에 대한 보호의식이 강해졌다. 조선 변민들이 압록강·두만강을 넘는 것을 엄금할 것을 요구하였고, 압록강·두만강을 '금강'으로 규정하여 위반한 자를 엄벌할 것을 요구하였으며, 주범은 변경에 효시하고 지방관도 연대 책임을 지게 하였다. 종번관계 하에서 월경자에 대한 엄격한 처벌 제도가 형성되었다. 이로써 양국 사이 압록강·두만강 경계를 유지하였다. 1712년 목극등 정계는 양측이 압록강·두만강을 경계로 한다는 사실에서 출발하여 그간 모호했던 백두산 지역 경계선을 확정하였다. 이때 천지 동남 기슭에 세운 비석과 그 동쪽에 설치한 토석퇴·목책 등 인공 표식물은 압록강·두만강 천연 국경을 제외한 인위적 국경으로서, 전근대시기에 선으로써 경계를 나누는 특징을 갖게 되었다.

종번관계 하에 진행된 정계는 상대방의 이익을 배려할 수 있었다. 1712년 정계 시 백두산 귀속에 대한 분쟁은 별로 없었으며, 청의 발상지로서 백두산 천지가 청 경내에 들어갔고, 조선은 백두산 천지 남쪽 공지를 얻는 데 만족하게 되었다. 그럼에도 불구하고 입비처가 천지 가까이(천지 동남 약 4㎞)에 놓인 관계로 양측은 대체로 천지를 경계로 하게 되었고 그 이후 조선의 백두산에 대한 제례가 형성되었다.

종번관계 하에서 국경분쟁 역시 진정세를 탔다. 고종대에 이르러 조선 변민의 두만강 이북지역으로의 월경 개간과 더불어, 한때 조선은 두만강 국경에 대한 방향을 잃었으며, 이른바 토문·두만 2강설을 주장하여, 두만강 경계를 부인하였다. 그러나 제1차 공동 감계를 통하여 조선측은 2강설이 착오임을 인정하고 목극등이 정한 옛 경계를 준수할 것을 요구하였다. 오히려 중국측 대표가 분수령에 대한 인식이 잘못되어 담판이 무산되고 말았다. 중국측 대표의 경우 먼저 천지에서 약 50㎞ 떨어진 삼지연을 경계로 할 것을 요구하다가 한 발 물러나 천지에서 약 30㎞ 떨어진 소백산을 경계로 할 것을 요구하였다. 결국 길림장군이 소백산·석을수를 따라 '십자비'를 세울 것을 건의했으나, 청 총리아문과 광서제에 의해 유보되었다. 종번관계 유지라는 원칙에 준한 결과였다.

조청 양국이 서로의 영토 이익을 배려하지 않게 된 것은 종번관계가 붕괴된 후부터였다. 특히 대한제국은 두만강 이북 간도지역을 판도에 넣고자 확장정책을 폈다. 앞서 공동감계에서 양측은 두만강을 경계로 함을 인정하였기 때문에 대한제국의 간도정책의 근거는 종전의 2강설이 아니었고 간도가 조선에 속한다고 주장하지도 않았다. 다만 두만강 이북지역이 '비어 있는 땅' 즉 '간광지' 또는 '공광지'이며, 중국에 속하지도 않고 조선에 속하지도 않는다고 주장하였다. 이는 국제법상의 '무주지' 개념에 근접한 것으로서 그 이후 일본이 간도문제를 도발할 때 비슷한 논리를 폈다. 이 때문에 일부 학자들은 대한제국의 간도정책을 '식민화' 정책에 속하고 제국주의 속성을 띠고 있다고 보았다.

제3편

간도문제 연구

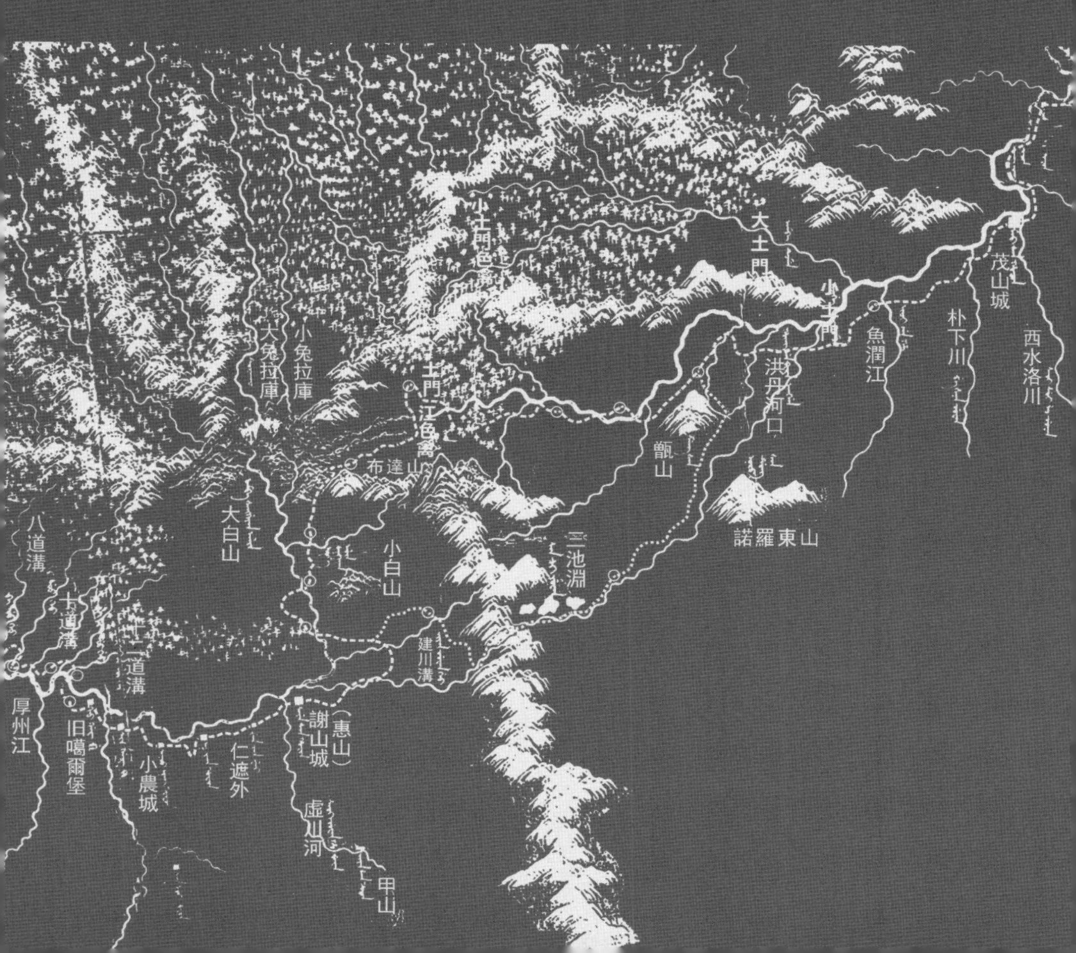
大土門
小土門
魚潤江
朴下川
茂山城
西水洛川
洪丹河口
甑山
諾羅東山
三池淵
大兎拉庫
小兎拉庫
布達山
大白山
小白山
八道溝
二道溝
建川溝
厚州江
旧噶爾堡
小農城
仁遮外
謝山城
(惠山)
虛川河
甲山

일본의 간도 지리 개념을 이용한 확장 시도 : 사이토 스에지로의 『간도시찰보고서』를 중심으로

머리말

1907년 5월 일본 육군중좌 사이토 스에지로(齋藤季治郎)가 조선통감부에 『간도시찰보고서(間島視察報告書)』를 올렸다. 그 내용은 오늘날 중국 연변(延邊) 3현(연길·화룡·안도)에 대한 정보 수집 자료이며, 간도 가정(假定) 범위를 설정한 것, 간도의 일반 상황에 대한 내용, 및 간도에 대한 개발계획 등이 포함되었다.[1)] 이는 일본이 연변지역에 대한 침투 확장을 위해 정보를 수집한 것이었다.

내용 면에서 가장 돋보이는 것은 간도의 가정 범위를 설정한 것과 '통감부간도파출소'를 세울 지점을 정한 것이었다.[2)] 보고서의 원문은

---

1) 사이토 스에지로의 『간도시찰보고서』에 기술된 간도 일반 상황을 보면, 간도의 지세·중한 이민의 비례·교통·청정부의 통치상황·주민의 상황·물산·상업 등이 포함되었다. 장래의 계획은 통감부간도파출소의 설치 위치·권한·청조 지방관부와의 교섭 원칙·간도 개발 계획 등이 포함되었다(齋藤季治郎, 『間島視察報告書』, 『間島ノ版図ニ關シ淸韓兩國紛議一件』, 參考書 第二卷, アジア歷史資料センター, REEL No.1-0366/0006-0045 참조).

2) 통감부간도파출소의 설치 위치는 마안산 남쪽 평지인 해란강 북안이었는데, 오늘날 용정에서 조양천으로 가는 길옆 평지였다(齋藤季治郎, 『間島視察報告書』,

시노다 지사쿠(篠田治策)가 편찬한 『통감부임시간도파출소기요』(1910)에 수록되었다. 그러나 정보의 민감성 때문에 일본에 불리한 일부 내용이 삭제됨으로 인하여, 보고서의 원문은 기요보다 원초적인 정보를 담고 있었으며, 1907년 연변지역의 상황을 이해하고, 특히 일본의 두만강 이북지역과 송화강 상류지역에 대한 확장 시도를 이해하는 데 도움이 되었다.

이 글은 『간도시찰보고서』의 작성 배경과 그 내용을 분석함으로써, 1907년 간도 지리명칭의 구체적인 범위, 일본의 '통감부간도파출소'의 확장 계획과 대한제국의 확장과의 상호 관련성 등에 대해 알아보고자 하며, 일본이 간도 명칭이 두만강 연안지역에 국한되었던 것을 두만강 이북지역으로 확충시킴과 동시에 토문·두만 2강설을 이용하여 간도 영토권을 탈취하고자 하였던 시도 등에 대해 살펴보고자 한다.

1. 『간도시찰보고서』의 작성 배경

러일전쟁 이후 일본은 조선에 통감부를 설치하여 조선을 '보호국'으로 만들었다. 이와 동시에 침략의 목표를 강을 사이에 두고 있는 중국 연변지역으로 돌렸다. 특히 한중 양국의 경계가 정해지지 않은 점 및 두만강 이북에 10만 명이 넘는 조선 이민이 살고 있는 점을 이용하여,[3] 통감부의 '보호'권을 연변지역으로 확장하고자 시도하였으며, 군경을 파견하여 불법적인 '통감부간도파출소'를 설립하고자 계획하

アジア歷史資料センター, REEL No.1-0366/0030-0031).

3) 篠田治策, 『統監府臨時間島派出所紀要』, 大藏省纂現行法規集出版所, 1910년, 史芸研究所, 2000년 영인본, 53쪽.

였다. 그 전략적 목적은 조선에 대한 식민통치를 공고히 함과 동시에 국경을 접하고 있는 러시아를 견제하고 또 연변지역을 발판으로 삼아 중국 만주지역에 대한 침투 확장을 시도하였다.

이에 앞서 대한제국은 러시아가 만주지역을 점거한 기회를 이용하여, 1902년 이범윤을 '시찰사'(이듬해 '관리사'로 승격함)로 두만강 이북지역에 파견하여 확장 정책을 폈다. 이범윤은 사포대(私砲隊)를 조직하고 병영을 설치하여 청나라 군대와 관원을 습격하는가 하면, 조선 개간민의 호구를 조사하고 세금을 징수하며, 행정구역을 나누는 등, 두만강 이북지역을 대한제국의 관할 아래 넣고자 하였다. 이로 인하여 한중간의 분쟁과 교섭이 끊이지 않게 되었다.[4)]

청은 대한제국에 교섭을 제기하였으며, 이범윤을 중국 연변지역에서 철수시키기 위하여, 주한공사 허태신(許台身)에게 명하여, 한국측에 항의하도록 하였으며, 이범윤을 철수시킴과 동시에 즉시 사람을 파견하여 감계(勘界)를 진행하며, 양국 사이에 채 해결하지 못한 두만강 국경문제를 타결하고자 하였다.[5)] 이로써 한국인의 월경 소요를 막고자 하였으나, 오히려 일본에게 조청 국경문제가 해결되지 않았다는 빌미를 주게 되었다.

1904년 러일전쟁이 한창 진행되고 있을 때, 일본의 주북경공사 우치다 고사이(內田康哉)가 청나라 외무부에 러일전쟁이 끝난 후에 사람을 파견하여 감계를 진행하자고 제의한 것이 중국측의 승낙을 얻었다.[6)]

---

4) 대한제국의 간도 확장 정책에 관해서는 楊昭全·孫玉梅, 『中朝邊界史』, 369~445쪽 ; 이화자, 『한중국경사 연구』, 150~172쪽 참조.

5) 광서 을유(1885)·정해(1887) 감계 때, 조청 양국이 공동으로 대표를 파견하여 감계를 진행했으나 두만강 상류에 대한 주장이 서로 달랐으며, 중국측은 소백산·석을수를 경계로 할 것을 주장한 데 비해, 조선측은 정계비·토석토·홍토산수로써 경계를 나눌 것을 요구하였다. 그리하여 담판이 무산되고 말았다.

6) 篠田治策, 『統監府臨時間島派出所紀要』, 33~34쪽 ; 고려대학교 아세아문제연구

이에 일본은 간도의 영토 귀속이 미정(未定)이라고 주장함과 동시에, 간도에 있는 조선인을 보호한다는 구실로 두만강 이북지역에 군경을 파견하여, '통감부간도파출소'를 세우고자 하였다.

간도파출소를 세우려는 계획은 제1대 통감이었던 이토 히로부미(伊藤博文)가 고안한 것이었다. 이를 위해 두 명의 책임자를 임명하였는데, 그중 한 명이 '중국통'으로 불렸던 사이토 스에지로(齋藤季治郎)이다. 그는 러일전쟁에 참전하여 노기 마레스케(乃木希典) 군의 참모가 되었으며, 일본의 주조선군사령부 육군중좌였다. 다른 하나가 도쿄제국대학 법률학과를 졸업한 시노다 지사쿠(篠田治策)인데, 그는 러일전쟁 때 국제법 고문을 담당하였고 여순(旅順)에서 사이토와 교분을 쌓았다. 전쟁 후에는 도쿄에서 변호사업에 종사하였다. 1906년 말, 이 두 사람이 통감부간도파출소 소장과 총무과장에 임명되었다.

이 밖에 문학사 스즈키 신타로(鈴木信太郎)가 간도의 역사를 연구하였고, 오가와 다쿠치(小川琢治, 이학박사, 교토대학 교수)가 지질 광산을 조사하였으며, 농학사 야다 요시히라(八田吉平)가 산업조사를 행하였으며, 구스노 도시나리(楠野俊成)가 일반 행정을 담당하였다. 그리고 한국의 내부 서기관 최기남과 경찰 업무를 담당한 김해룡은 한국인들과의 소통과 교류를 책임졌다. 후자의 경우 '일진회' 소속으로서 친일파 성원이었다. 여하튼 간도파출소에 파견될 일본 군경과 한국 순검이 총 60여 명을 망라하였다.[7)]

일본 도쿄에서 비밀리에 파출소의 설립 준비를 끝낸 후, 이들은 곧바로 간도로 출발하지 않고, 러일 간의 '만몽(滿蒙)협약'의 체결 및

소 편, 『구한국외교문서』 9권, 청안2, 695쪽.

7) 篠田治策, 『間島問題の回顧』, 高岡商店印刷部, 1930년, 4~5쪽 ; 篠田治策, 『統監府臨時間島派出所紀要』, 부록표, 1-2.

일본 주북경공사가 청정부에 간도에 대한 조회문을 보내기를 기다렸다. 이를 통해 러시아를 진정시킴과 동시에, 청 외무부와의 담판을 시작하고자 계획하였다. 이 기회를 이용하여, 1907년 4월 사이토와 시노다가 상인으로 가장하고 비밀리에 두만강 이북지역에 들어가 정보 수집을 행하였으며, 5월에 사이토의 명의로 통감부에 『간도시찰보고서』를 올리게 되었다.[8)]

4월 7일, 사이토와 시노다가 서울에서 출발하여 부산에서 육군 어용선을 타고 청진에 상륙한 후, 트럭을 타고 이틀 가서 회령에 도착하였다. 부산·청진을 거쳐 회령으로 향한 것은 청진과 회령 사이 교통 상황에 대해 알아봄과 동시에 장차 식민 개발의 목적을 위해서였다. 회령에서 육군 정탐인 히라야마 가즈에(平山主計)가 동참하였고 또 다른 한 명의 한국어 통역이 참여하여 총 4명으로 구성되었다.

4월 18일 일행은 회령에서 두만강을 건너 중국 경내로 들어갔으며, 오랑캐령을 지나 동성용·국자가·동불사·노두구를 경유하여 천보산에 이르렀으며, 다시 두도구·동고성자·용정촌을 경유하여 동성용에 돌아온 후, 문암동을 거쳐, 4월 29일 조선 종성에 돌아와 답사를 끝냈다.[9)]

이 비밀 답사가 앞뒤로 22일 걸렸으며, 부산·청진·회령 말고도, 간도의 부르하퉁하·해란강 하곡 분지를 답사하였으며, 두 폭의 지도를 그렸다. 하나가 '간도범위도', 다른 하나가 '간도지형도'로서 보고서의 부도(附圖)에 수록되었다.

이 두 지도에는 동·서 간도의 경계선을 표기하였을 뿐만 아니라, 간도파출소의 설립 위치를 표기하였으며, 국자가를 중심으로 주변으로 뻗어나간 교통 노선을 표기하였는데, 동쪽으로 조선의 회령·청진

---

8) 篠田治策, 『間島問題の回顧』, 4~12쪽 ; 篠田治策, 『統監府臨時間島派出所紀要』, 47쪽.
9) 篠田治策, 『間島問題の回顧』, 6쪽.

및 러시아 연해주에 닿았다. 이로써 간도가 한중러 삼국 접경지대에 놓여 있으며, 전략적 가치가 높다는 것을 보여줬다.

이 두 지도를 작성하기 위해 참고한 지도로는 일본 참모본부 측량부의 20만분의 1 지도와 러시아 군용 40만분의 1 지도 및 연로에서 수집한 정보를 결부시켰다.[10] 답사의 결과물로서 지도의 중요성이 돋보이며, 간도의 가정 범위를 설정함으로써, 그 이후 일본이 군경을 파견하여 간도파출소를 세워, 침투·확장을 실시하는 지리범위를 확정하게 되었다.

2. 간도의 지리범위와 '고간도(古間島)'

『간도시찰보고서』의 서두에는 간도의 가정 경계선에 대해 기술하고 있는데, 이를 '가정(假定)'이라고 일컫는 것은 간도 개념이 아직 두만강 이북지역에 확산되지 않았기 때문이며, 일본측이 임시로 정한 범위로서, 통감부간도파출소의 관할 구역을 설정함과 동시에, 중국측과 간도 영토권 문제를 놓고 담판하기 위해서였다.

간도라는 명칭은 자고로부터 형성된 것은 아니었다. 1870~1880년대 조선의 변경민들이 자연재해로 인하여 두만강 이북지역에 넘어가 땅을 개간하고 이주하면서 생긴 명칭인데, 처음에는 종성 부근의 두만강 섬을 지칭하는 용어로 사용되었으며, 그 섬을 조선 변민들에 의해 개간되었다고 하여 '墾島(간도)'라고도 불렀다. 그 후에 조선의 육진 변민들이 두만강을 넘어 맞은편 땅을 개간하면서 역시 간도라고 불렀

10) 齋藤季治郎, 『間島視察報告書』, アジア歴史資料センター, REEL No.1-0366/0007.

다. 실은 물 중간의 섬이 아니라, 조선 변민에 의해 월경 개간된 중국측 땅이었다. 예를 들어 1885년 조선측 감계사였던 이중하가 두만강변의 개간 상황을 다음과 같이 개진하였다.

> 간도라고 불리는 것은 종성·온성 사이 두만강 물이 나뉘는 곳에 몇 척 되지 않는 땅이었는데, 전토가 본디 귀하여 정축년(1877)으로부터 주민들이 누차 호소하여 경작하게 되었으며 간도(間島)라고 불렀다. 이것이 시작이 되어, 그 이후 종성·회령·무산·온성 4읍의 민들이 점차 간도 밖의 땅을 경작하여 연강의 모든 곳이 개간하지 않은 곳이 없으며 통칭 간도라고 불렀다. 이는 처음에 개간하기 시작한 데서 온 이름이며 실은 물 중간의 섬이 아니다.[11]

위와 같이, 조선 변민들은 강 중간의 섬을 개간하였을 뿐만 아니라, 강을 건너가 맞은편(중국쪽) 두만강 연안 땅을 개간하여 모두 간도라고 불렀다. 이는 어떤 의미에서 보면, 은폐성이 없지 않았으며, 마치 모든 개간지가 두 나라 사이에 놓여 있듯이 보이기 때문이었다. 즉 다시 말하여, 마치 어느 나라에도 속하지 않는 '중간지대'인 듯이 보였다. 그 내면에는 변경민들이 범월의 처벌을 피하기 위한 의도가 깔려 있었다.[12]

한편 조선 변민들은 '기경대재'(1869·1870)의 영향으로 말미암아 두만강 연안 토지를 개간하였을 뿐만 아니라, 두만강 이북 깊숙이

---

11) 이중하, 『을유별단』, 서울대학교 규장각 소장, 『토문감계』(21036), 필름 8쪽.

12) 조선 후기 월경죄에 대한 처벌은 엄했으며, 주범은 변경에 효시하고 지방관은 혁직 또는 변지에 유배하였다. 조청 간의 월경 교섭에 관해서는 이화자, 『조청국경문제연구』 참조.

들어가 개간하게 되었다. 1881년 청은 러시아의 남하를 막기 위해 간도 지역에 대한 이민실변(移民實邊) 정책을 실시하였으며, 훈춘에 초간총국(招墾總局)을 설치하고, 오도구와 국자가에 분국을 설치하였다. 같은 해 훈춘 초간국의 이금용(李金鏞)이 온성 맞은편 가야하 일대에서 조선 변민들에 의해 2000여 상(垧)의 땅이 개간되었으며, 조선의 지방관이 땅문서를 발급하고 구획을 나누어 등록하고 있음을 발견하였다.[13]

이와 동시에 함경도 지방 선비들의 경우, 정부로 하여금 '육진간도전(六鎭間島田)'의 소유권을 인정하고 수세할 것을 건의하였다. 예를 들어 1884년 함경도 유학 이면후가 소를 올려, "육진간도전(六鎭間島田) 수백 결을 빈민에게 속하도록 하여, 생계의 수단으로 할 것"을 청하였다.[14] 같은 해 부호군 지견룡이 소를 올려, "육진 각 읍의 간도전 한 결에 정곡 1석씩 수세할 것"을 청하였다.[15] 여기서 두 사람이 말하는 이른바 '육진간도전'이란 조선 경내에 있는 땅이 아니라 변민들에 의해 월경 개간된 육진 맞은편 중국 경내 땅이며, 즉 무산·회령·종성·경원·경흥 맞은편 개간지를 말한다. 이로써 간도 명칭은 종성 부근의 두만강 섬으로부터 강 이북 연안 지역으로 확대되었음을 알 수 있다.

1897년 대한제국이 성립된 후, 러시아와 조선 개간민들의 힘을 빌어서 간도지역으로 세력을 확장하고자 시도하였다. 1902년 대한제국은 러시아가 만주지역을 점거한 틈을 타서 이범윤을 간도 '시찰사'로 파견하였으며, 그 이듬해 '관리사'로 승격하였다. 조선 개간민의 힘을 빌어서 이 지역을 조선의 관할에 넣고자 한 목적에서였다.

여기서 한 가지 짚고 넘어가야 할 것은 대한제국이 두만강 이북지역

13) 楊昭全·孫玉梅, 『中朝邊界史』, 234쪽.

14) 『승정원일기』 2920책, 고종 21년 2월 24일.

15) 『승정원일기』 2925책, 고종 21년 6월 17일.

의 영토 귀속을 어떻게 보았는가 하는 문제이다. 이는 이범윤의 관리사 신분과도 관련이 있다. 기실 이범윤을 파견하기에 앞서 청의 행정 시설이 이미 두만강 이북지역에 존재하였기 때문에 대한제국의 입장에서 이를 무시할 수 없었다. 이에 관해서는 1903년 한국 외부가 청나라 주한공사 허태신(許台身)에게 보낸 조회문을 통해 알아볼 수 있다. 그 상세한 내용은 다음과 같았다.

> 우리 내부대신의 문에 이르기를, 북변간도(北邊墾島)는 한청 교계(交界)에 속하며 민이 거주하지 않고 오랫동안 비어져 있었습니다. 수십 년래 우리 민의 이주자가 점차 많아졌지만 명관(命官)을 파견하여 산업을 보호하지 못하였습니다. 지난번에 도민(島民)의 호소에 따라 본부에서 시찰 이범윤을 파견하여 사정을 두루 살피고 황화(皇化)를 선포하였습니다. 시찰의 보고에 의하면, 우리 인민이 간도(墾島)에 이주한 자가 수만호 십여 만구가 되지만 관을 파견하여 관할하지 못하였으며, 청나라 관의 학대를 받고 있습니다. 외부에 이문(移文)하고 또 서울에 주차한 청국 공사에게 조회하여 모든 것을 의논하여 침탈을 막고 생명을 보호해야 한다고 하였습니다. 이에 근거하여 살펴보건대, 우리 민의 이주자가 그토록 많지만 믿을만한 것이 없고 청나라 관의 행패와 학대를 받고 있으며 어루만지는 도리에 소홀히 하였으니 특별히 보호관을 두지 않을 수 없습니다. 도민(島民)의 소원에 따라 시찰 이범윤을 관리(管理)로 특차하여 섬에 주차하며 모든 일을 전관하여 처리하며, 생명·재산을 보호한다는 뜻으로 주문하여 재가를 받았습니다. 주경(駐京) 청국 공사에게 알리고 또 섬 부근의 청국 관원에게 명하여 억지로 치발하거나 법외 학대를 하는 것을 금하며, 민생을 안착시키고 이웃 국가 간의 우의를 돈독히

하기 바랍니다.[16]

위와 같이, '북변간도(北邊墾島)'란 조선 변민에 의해 월경 개간된 두만강 이북지역을 가리키며, "민이 거주하지 않고 오랫동안 비어져 있어서" 묵혀진 땅이라고 한 것은 영토 소속을 모호하게 만들고 있음을 알 수 있다. 또한 10여 만의 조선인이 "청나라 관리로부터 학대받고 있으므로", 개간민을 보호하기 위하여, 이범윤을 관리사로 파견한다고 하였다.

이처럼 대한제국이 두만강 이북지역의 영토 귀속을 모호하게 한 것은 다음과 같은 이유 때문이었다. 첫째로, 청조의 행정시설이 먼저 설치된 것을 간과할 수 없었다. 예컨대 1902년 청은 국자가(局子街)에 연길청(延吉廳)을 설치하였고, 화룡욕(和龍峪)에 분방경력(分防經歷)을 설치하였다. 둘째로, 그 이전의 1885·1887년 두 차례의 공동 감계를 통하여, 조선은 두만강을 경계로 함을 인정하였다. 즉 두만강 이북이 중국에 속함을 인정하였기에 공공연히 간도가 조선에 속한다고 주장할 수 없었다.

요컨대 대한제국은 서방 열강의 식민지 확장 방식으로 간도에 외국에 주재하는 영사와 비슷한 보호관을 파견하여, 개간민들을 보호하고자 하였다. 이에 대해 중국측이 강하게 반대하였으며, 중한 양국이 두만강을 경계로 함을 강조하고, 또 중국측의 동의가 없이 해구통상장정(海口通商章程)을 인용하여 영사관(領事官)을 파견할 수 없다고 반박하였다.[17] 그럼에도 불구하고 대한제국측은 청나라 비적이 소요를 일으킨다고 하거나, 청나라 상인이 변경을 소요한다는 구실로 이범윤

16) 『清季中日韓關係史料』 9권, 5693~5694쪽.

17) 『清季中日韓關係史料』 9권, 5694~5695·5730·5746~5747·5788·5805·5821쪽.

의 행동을 묵인하거나 두둔하였다.

이에 힘입어, 이범윤은 사포대를 조직하여 모아산·마안산·두도구 등에 병영을 설립하여, 청나라 병사를 습격하였으며, 개간민들을 적에 등록하여 세금을 징수하였으며, 사수(社首)와 위원을 임명하는 등, 간도 지역을 대한제국의 행정 단위로 편입시키고자 하였다.[18] 그의 이와 같은 행동이 그 이후 일본의 간도파출소에 의해 계승되었으며, 일본은 한발 더 나아가 두만강 이북지역에 군경을 파견함과 동시에 중국측에 간도 영토 귀속문제에 대한 외교담판 즉 '간도안'을 제기하게 되었다.

앞의 인용문의 대한제국 외부 조회문에서 두만강 이북지역을 '북변간도(北邊墾島)'라고 칭한 것은 종성 근처의 '고간도(古間島)'와 구별하기 위해서였다. 이범윤과 그가 이끈 사포대가 중국의 '길강군(吉强軍)'에 의해 두만강 이북지역에서 축출된 이후, 1904년 중한 양국의 변경 관리가 『변계선후장정(邊界善後章程)』을 체결하였다. 그 내용을 살펴보면, "고간도(古間島) 즉 광제욕(光霽峪) 가강지(假江地)는 종래로 종성 한민(韓民)으로 하여금 경작하여 조세를 납부하도록 하였는데, 오늘 여전히 구 례(例)에 따라 처리한다."고 규정하였다.[19] 여기서 '광제욕 가강지'란 종성 부근 강물이 나뉘는 곳의 개간지를 말하며, 즉 간도 명칭의 발원지로서 '고간도'라고 불렀으며, 선후장정에 의해 조선 변민이 개간하는 것을 허락하였다.

그 이후 1907년 4월에 이르러, 사이토와 시노다가 두만강 이북지역에 잠입하여 정보를 수집할 때, 간도 명칭이 여전히 두만강 연안에 국한되

18) 『淸季中日韓關係史料』 9권, 5748~5752·5789~5790·5803~5806쪽 ; 篠田治策, 『統監府臨時間島派出所紀要』, 32쪽.

19) 『淸季中日韓關係史料』 9권, 5252~5253쪽.

어 있었다. 예컨대 무산 맞은편을 '무산간도', 회령 맞은편을 '회령간도', 종성 맞은편을 '종성간도', 온성 맞은편을 '온성간도', 경원 맞은편을 '경원간도'라고 불렀다. 이것이 지방 선비들이 말하는 이른바 '육진간도전'이다.

이와는 대조적으로, 두만강 이북 다른 지역의 경우, 간도라고 부르지 않고, 동강(東崗)·서강(西崗)·남강(南崗)·북강(北崗)이라고 불렀다. 예컨대 북강이란 부르하통하가 흘러지나가는 국자가·조양천·동불사·노두구 등을 가리켰으며, 남강이란 동성용가·육도구·달라자(화룡욕임) 등을 가리켰으며, 서강이란 해란강이 흘러지나가는 두도구 일대를 가리켰으며, 동강이란 훈춘하 일대를 가리켰다.[20] 이처럼 두 가지 지명 계통이 공존한 것은 한중 양국 이민이 공동으로 오늘날 연변지역을 개발했음을 말해준다.

3. 일본측이 간도 범위를 설정한 의도와 책략

일본이 간도문제에 개입한 후 두만강 이북지역을 통칭하여 '간도(間島)'라고 불렀다. 글자의 본 뜻이 사이 섬을 나타내고 있었기에, 이로써 이른바 '중립지'·'귀속미정지'를 강조하고자 하였다.

1906년 11월 조선통감이었던 이토 히로부미가 외무대신 하야시 다다스(林董)에게 보낸 편지에서 "간도가 청에 속하는지 아니면 조선에 속하는지는 오랜 현안문제로서 지금까지 해결되지 못하고 있습니다.

20) 齋藤季治郎, 『間島視察報告書』, アジア歷史資料センター, REEL No.1-0366/0011-0014 ; 『間島ノ情況報告』(1907년 3월), 『間島ノ版図ニ關シ淸韓兩國紛議一件』 第一卷, アジア歷史資料センター, REEL No.1-0350/0203-0205.

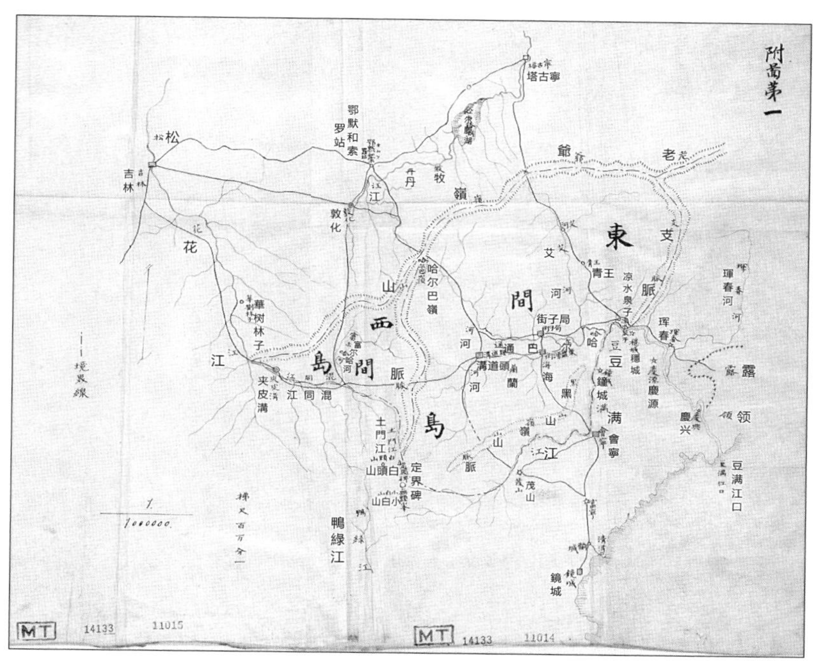

〈그림 24〉 간도도(齋藤季治郎, 『間島視察報告書』 부도)

이번에 한국정부로부터 간도에 살고 있는 한국인을 보호할 데 대한 별지의 조회를 받았으며, 이에 대해 제국 정부(일본)는 묻지 않을 수 없으며, 속히 우리 관헌을 그곳에 파견하고 또 한국 관리를 이에 부속하여 한국인을 보호하는 실을 거두어야 합니다."라고 하였다. 즉 간도가 귀속 미정지임을 강조함과 동시에 군경을 파견하여 한국인을 '보호'할 것을 건의하였다. 이를 실현하기 위하여 그는 '간도독무청(督務廳)편제'·'간도헌병대편제표'·'간도독무청문관봉급세계표(歲計表)'·'간도헌병대세계(歲計)예산' 등을 작성하여, 외무대신에게 보냈으며, 두만강 이북에 '통감부간도파출소'를 설립하기 위한 준비를 다그쳤다.[21]

이듬해 4월, 사이토와 시노다가 정보 수집에 나섰으며, 그들의 주요

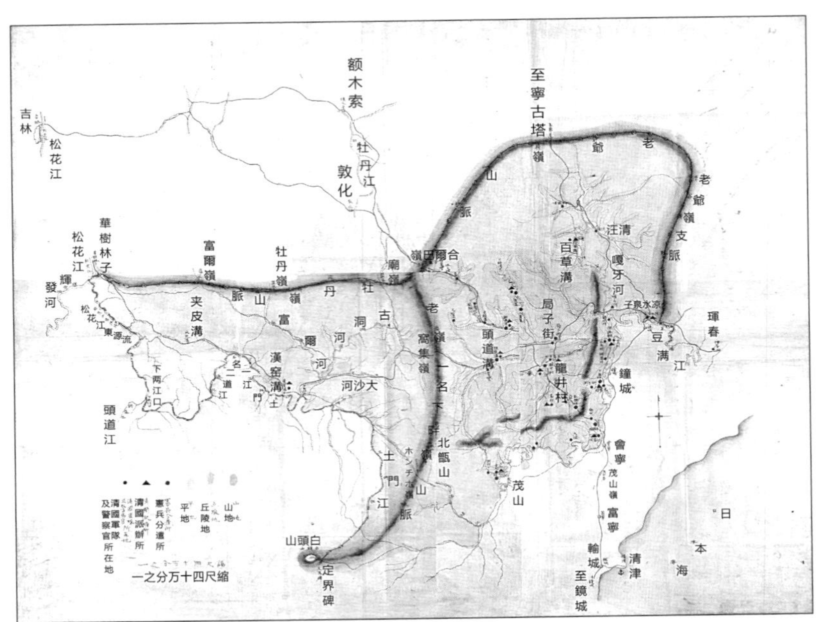

〈그림 25〉 憲兵及淸國軍隊配置圖(齋藤季治郎, 『間島ト日韓及ヒ北滿洲ト丿關係』 부도, 1908년)

임무는 간도의 가정 경계를 설정하는 것과 파출소의 설치 지점을 조사하는 것이었다. 이를 통해 일본 군경의 활동 범위를 미리 설정함과 동시에 중국측과 영토문제에 관한 외교담판을 진행하고자 하였다.

『간도시찰보고서』를 통해 보면, 두만강변의 간도 명칭(무산간도·회령간도 등)을 보유함과 동시에 두만강 이북의 다른 지역 및 송화강 이북지역을 총망라하여, 전자를 '동간도'라고 하고 후자를 '서간도'라고 설정하였다.[22)]

그 상세한 경계선은 다음과 같았다. 즉 북쪽은 로야령(老爺嶺)을

21) 『日本外交文書』, 40권 2책, 間島問題一件, 巖南堂書店, 2002년, 78~79쪽.

22) 통감부간도파출소가 설립된 이후, 압록강 이북의 '서간도'와 구별하기 위하여, 동간도와 서간도를 동간도동부와 동간도서부로 개칭하였다.

경계로 하며, 동쪽은 로야령이 동쪽으로 뻗어나간 산맥 및 가야하·훈춘하의 분수령을 경계로 하며, 서쪽은 하발령(哈爾巴嶺, 부르하퉁하 발원지임)에서 시작하여 남쪽으로 백두산정계비를 잇는 선을 경계로 하였는데, 이 큰 삼각형 안이 동간도였다. 한편 이와 연접한 이도송화강 지역을 '서간도'라고 설정하였으며, 즉 백두산정계비로부터 이도송화강을 따라 내려가 두도송화강과 합치는 곳에 이르며, 여기서부터 동북으로 뻗어나간 하발령을 잇는 선으로서 경계를 삼았다. 이 작은 삼각형 안이 서간도였다.[23)]

아래에 사이토와 시노다가 동·서 간도의 가정 범위를 설정한 근거와 의도에 대해 살펴보기로 하자.

우선 서간도를 놓고 보면, 백두산정계비와 이도송화강을 경계로 하며, 특히 이도송화강을 '토문강'이라고 표기한 것은 그릇된 '토문강=송화강상류'설을 이용한 것으로서, 중국측과의 담판을 통하여, 송화강 이남에 있는 이른바 간도가 조선에 속함을 주장하기 위해서였다.

이처럼 조선 이민이 소수를 점하는 이도송화강 지역을 간도 범위에 넣은 것은 그곳의 풍부한 광물자원과 삼림자원을 탈취하기 위해서이며, 특히 금광으로 유명한 한변외(韓邊外, 夾皮溝라고도 함) 지역을 차지하기 위해서였다. 시찰보고서에 부록된 지도(그림 24 참조)를 통해서도 이도송화강 북안에 '협피구'라는 지명이 표기되어 있음이 발견된다. 그러나 이곳을 잘 알지 못한 까닭으로 위치를 잘못 표기하였다. 그 이듬해 12월 다른 보고서(『間島ト日韓及北滿洲ト ノ關係』)를 올릴 때 착오를 시정하였으며, 서간도의 경계선을 확충하여, 양강구(두도·이도송화강 합수목)에서 휘발하(輝發河) 입구로 변경하였는데,[24)] 이

---

23) 齋藤季治郎, 『間島視察報告書』, アジア歷史資料センター, REEL No.1-0366/0008-0011.

역시 협피구를 포함한 '한변외'를 간도 범위에 넣기 위해서였다.

그 다음으로, 동간도의 범위를 놓고 보면, 토지가 비옥한 두만강 유역, 즉 부르하통하·해란강·가야하의 하곡과 분지를 포함하였으며, 이들 수계와 인접한 수계의 분수령을 경계로 삼았다.

전술했듯이, 간도 범위를 설정한 전제는 정계비 비문의 이른바 '동위토문'을 송화강 상류로 보는 가설에 근거한 것이며, 즉 한중 양국이 송화강 상류를 경계로 하며, 두만강을 경계로 하지 않는다는 설에 기초하였다. 그럴 경우 송화강 이남이 다 조선에 속해야 하지만, 현실적으로 이는 불가능하였다. 길림·영고탑·훈춘이 중일 조약에 의해 개방지가 되었기에, 중국에 속함을 이미 인정하였다.[25] 이 밖에 러시아 연해주 지역은 1860년 체결된 『북경조약』에 의해 러시아 영토가 되었기에, 이 역시 변경할 수 없는 사실이었다.

그리하여 간도 가정 범위를 설정할 때, 위 지역을 제외시키지 않을 수 없었다. 시찰보고서를 통해 보면, 간도의 북쪽은 로야령을 경계로 함으로써, 영고탑·돈화(1882년 현을 설치함)를 제외시켰다. 또 동쪽은 가야하·훈춘하의 분수령을 경계로 함으로써, 훈춘과 러시아 연해주를 제외시켰다. 또 서쪽은 이도송화강을 따라 내려가 두도송화강의 합류처(뒤에 휘발하입구로 변경함)에 이름으로써, 길림(오늘날 길림시)을 제외시켰다.

이처럼 시찰보고서는 간도 가정 범위를 두만강 연안에 국한하지 않고, 두만강 이북지역과 이도송화강 이북지역으로 확대하였다. 이와

---

24) 齋藤季治郎, 『間島ト日韓及ヒ北滿洲トノ關係』(1908년 12월), 『間島ノ版図ニ關シ淸韓兩國紛議一件』, 第十四卷, アジア歷史資料センター, REEL No.1-0360/0122-0126.

25) 러일전쟁이 끝난 뒤 체결한 『중일회의동삼성사의정약(中日會議東三省事宜正約)』(1905)에 근거하여, 길림·영고탑·훈춘이 개방되었다.

동시에 간도 개념의 혼동을 막기 위해 공문서에 '간도' 개념을 신중히 쓸 것을 건의하였다. 그 상세한 내용은 다음과 같았다.

> 오늘날 우리가 간도라고 부르는 것은 그 뜻이 넓고 좁음이 있기에 각별히 주의해야 합니다. 토인의 칭호를 그대로 공문서나 조회문에 쓸 수 없기 때문입니다. 단지 간도라고 부르는 것은 강 맞은편의 작은 구역을 말하기에 피차 교섭할 때 뜻밖의 착오가 발생하는 것을 없애야 하며, 장차 청국과의 교섭 공문서에서 간도문제라는 어구를 피하고 '청한(淸韓)국경문제'라고 불러야 합니다.[26)]

즉 일본 정부로 하여금 공문서에서 '간도문제'라고 칭하지 말고 '청한국경문제'라고 칭하도록 건의하였다. 필경 중국측과 담판하고자 하는 것은 두만강변에 개간된 작은 범위의 땅이 아니라, 두만강 이북과 이도송화강 이북을 포함한 넓은 지역의 영토 귀속 문제이기 때문이었다. 같은 해 7월, 간도파출소 명의로 올린 또 다른 보고서의 경우 '청한국경문제연혁'이라는 제목을 달았다.[27)]

4. 맺는말

'간도'라는 지리 개념은 1870~1880년대 조선 변민들이 최초로 사용한 것이며, 종성 부근의 두만강 사주를 가리키는 말로서, 두만강 물이

26) 齋藤季治郎, 『間島視察報告書』, アジア歷史資料センター, REEL No.1-0366/0034(『統監府臨時間島派出所紀要』에는 인용문의 내용이 삭제되었음).

27) 篠田治策, 『統監府臨時間島派出所紀要』, 84·85쪽.

나뉘는 중간 섬을 개간함으로 인하여, 사이 섬(間島) 또는 개간한 섬(墾島)이라고 불렀다. 그 이후 육진의 강 맞은편을 월경 개간함으로 인하여, '무산간도'·'회령간도'·'종성간도'·'온성간도'라는 명칭이 붙게 되었다. 1907년 일본 육군중좌 사이토가 두만강 이북지역에 들어가 정보를 수집할 때, 간도라는 명칭은 여전히 두만강 연안 지역을 지칭하였으며, 두만강 이북의 다른 지역은 동강·서강·남강·북강 등으로 불렀다. 즉 중한 양측의 이주민에 따른 두 가지 지명 계통이 공존하고 있었다. 이것이 『간도시찰보고서』에 반영된 지명 정보이다.

러일전쟁 이후 일본은 한중러 삼국 접경지대에 위치한 연변의 전략적 중요성에 관심을 갖게 되었으며, 조선인을 보호한다는 구실로 두만강 이북지역에 '통감부간도파출소'를 세우고자 계획하였다. 그리하여 육군중좌 사이토 등을 두만강 이북지역에 파견하여 조사한 후 통감부에 '간도시찰보고서'를 올리게 하였다. 그들의 주요 임무는 조선인을 관할 통치하는 세력 범위를 정하는 것이었으며, 이를 '간도'라고 통칭하게 되었다. 그 범위는 두만강 이북지역뿐만 아니라 이도송화강 이북지역도 포함되었으며, 전자를 '동간도' 후자를 '서간도'라고 불렀다. 이를 간도라고 호칭하게 된 것은 글자 중에 '중간'이란 뜻을 빌어, 영토귀속이 미정임을 강조함과 동시에, 중국측과 담판하여 이를 탈취하기 위해서였다.

간도의 가정 범위를 설정한 근거는 '토문강=송화강상류설'이었다. 즉 한중 양국이 송화강을 경계로 하며, 두만강을 경계로 하지 않는다는 가설에서 출발하였다. 그러나 현실적으로 송화강 이남이 다 조선에 속할 수 없었기에, 이미 개방된 길림·영고탑을 간도 범위에서 제외시켰다. 특히 송화강 전 구간으로 경계를 삼을 수 없음을 고려하여, 송화강 상류의 일부 구간 즉 이도송화강을 '토문강'으로 가칭하여, 간도 범위를 설정하였으며, '토문강=송화강상류설'을 이용하여, 중국측과 담판하여 간도의 영토권을 탈취하고자 하였다.

그러나 중국측의 반대와 저항으로 일본의 시도가 실패하였다. 1909년 체결된 중일 '간도협약'('圖們江中韓界務條款'이라고도 함)에는 한중 양국이 두만강을 경계로 함을 규정하였으며, 일본측은 '동간도'에 한하여 부분적 이권을 얻게 되었다. 이 조약에 근거하여, 동간도를 조선인 잡거구역으로 정하였으며, 일본이 영사관과 분관을 설치하는 것을 허용함과 동시에 네 곳의 상부지를 개방하도록 하였다. 그 이후 이곳을 간도(연변 4현)라고 부르게 되었으나, 이른바 서간도 즉 송화강 상류의 한변외는 간도문제에서 제외되었고 그 후에 간도라고도 불리지 않았다.

간도 중립지대론에 대한 비판: 시노다 지사쿠의 『백두산정계비』의 내용 체계

머리말

1938년 시노다 지사쿠(篠田治策)가 쓴 『백두산정계비』는 주로 간도 영유권 문제를 다루었으며, 청과 조선의 종번관계 건립 및 조청 국경교섭에 관한 내용이 주를 차지하였다. 1712년 백두산정계를 포함하여, 1885·1887년 조청 양국의 공동감계, 1903~1905년 이범윤이 두만강 이북지역에서의 활동과 그에 따른 조청 교섭, 1907~1909년 '통감부간도파출소'의 불법 활동과 중일간의 '간도협약' 체결 등에 관한 내용이었다. 그 나름대로 조청 국경사의 체계를 세우고 있었으며, 해방 후 중한 양국 학계에 큰 영향을 미쳤다. 중국 학계의 경우 이를 비판적으로 계승하였지만,[1] 한국 학계의 경우 이 책의 서술 체계를 그대로 계승하고 있어서 문제가 되었다.[2]

---

1) 楊昭全·孫玉梅가 지은 『中朝邊界史』를 보면, 청대 이후의 한중국경사의 논술 체계가 시노다의 『백두산정계비』의 영향을 받고 있으며, 많은 자료를 시노다의 책에서 직접 인용하였다.

2) 신기석이 1955년에 발표한 「간도귀속문제」(『중앙대학교30주년기념논문집』) 라는 글의 내용이 해방 후 한국학자들의 간도문제 연구의 기초를 닦아놓았으

시노다는 이 책에서 한일 양국의 사료를 많이 인용하였는데, 처음 공개된 자료가 적지 않았다. 예컨대 1885·1887년 감계담판 자료, 이범윤이 두만강 이북지역에서의 활동 자료, 간도파출소가 성립해서부터 철수하기까지의 자료 등이다.

저자 시노다가 처한 시대와 특수한 신분, 즉 그가 일본의 간도 확장정책의 선두에 섰기 때문에, 목적의식이 매우 강했으며, 그 내면에는 일본의 침략정책을 대변하는 의도가 숨어 있었기에, 한중 양국 학자들의 비판의 대상이 되었다.[3]

이 책은 총 18장으로 나뉘며, 서두에 삽도와 자서(自序)가 들어 있었다. 삽도는 사진과 지도로 구성되었으며, 예컨대 '백두산정계비탁본', 천지 동파 사진, 흑석구의 석퇴·토퇴 사진, '잔존한 정계비 구부(龜趺)' 사진, 백두산정계비 사진, '백두산부근약도' 등이 포함되었다. 자서에는 정계비가 1931년 7월 28~29일 아침에 일본 주조선 국경수비대(무산·삼장·혜산)가 지나간 후 사라진 사실을 기록하였는데, 이는 정계비의 향방을 알려주는 중요한 자료였다.

이 책의 본문은 6개 부분으로 나뉘었는데, 다음과 같은 내용이 포함되었다. 청·조선과 백두산·간도와의 관계(1~6장), 1712년 백두산정계(7~11장), 1885·1887년 조청 양국의 공동감계(12~15장), 대한제국이

며, 시노다의 『백두산정계비』의 관점을 거의 다 받아들이고 있다. 예컨대 중립지대가 17세기에 형성되었으며, 조선인들이 간도지역을 개척하였지만 일본의 '간도협약'에 의해 희생되었다고 보았다(배성준, 「한·중의 간도문제 인식과 갈등구조」, 단국대학교 동양학연구소 편, 『동양학』 43기, 2008년, 340쪽. 신기석의 논문은 그의 저서 『간도영유권에 관한 연구』(탐구당, 1979년)에 재수록됨).

3) 王德朋, 「篠田治策與'白頭山定界碑'」, 『中國邊疆史地研究』, 2006년 1기 ; 박장근, 「간도의 중국 관할-篠田治策의 간도론에 대한 비판적인 분석」, 『일본근대학연구』 49집, 2015년 ; 宋念申, 「發明'無人地帶': 篠田治策的間島定義」, 『區域輯刊』 7집, 社科文獻出版社, 2018년.

이범윤을 '북간도관리사'로 파견한 것과 조청간의 교섭(16장), 1909년 '간도협약'의 체결과 통감부간도파출소의 철퇴(17~18장) 등이다. 부록에는 『간도문제회고록』을 첨부하였다. 회고록의 내용을 보면, 정문과 중복되는 내용이 없지 않았으나, 정문에 포함되지 않은 내용도 있었으며, 예컨대 파출소가 성립해서부터 철수까지의 상세한 과정을 서술함과 동시에 저자(시노다)의 간도문제에 대한 연구 결론을 밝히고 있었다.

이 글은 『백두산정계비』의 내용체계를 분석함으로써, 시노다가 구축한 간도 영유권의 이론체계 특히 '중립지대'론에 대해 살펴봄과 동시에, 이를 위해 관건적인 사료를 모호하게 만든 점, 사료의 내용을 본뜻과 달리 제멋대로 해석한 점, 또는 사실을 왜곡한 수법 등에 대해 폭로하고 비판하고자 한다. 이는 조청 국경 변천사를 정확히 이해하는데 도움이 될 뿐만 아니라, 잘못된 영토관을 바로잡는 데도 도움이 된다.

1. 시노다 지사쿠와 간도문제

시노다 지사쿠는 1872년 일본 시즈오카현(靜岡縣)에서 태어나 킨조학교(현 錦城고등학교)를 졸업하고 도쿄대학에 입학하였으며, 졸업 후 1899년 도쿄에서 변호사업에 종사하였다. 1904년 그는 평민의 신분으로 러일전쟁에 참가하였으며, 여순 전투에 참가하여 제3군의 국제법 고문이 되었다.[4] 그는 자신이 평민 신분으로 결연히 참군하게 된 것은 1고의 교풍에 감화된 것이며, "나라를 위해서"라면 모든 것을

4) 九州大學韓國硏究センター専門委員會 편,「篠田治策文書」,『韓國硏究センター年報』 vol.8, 2008年, 87쪽 ; 篠田治策,『白頭山定界碑』, 288~289쪽.

다 희생할 수 있으며, 반드시 러시아에 복수해야 한다는 마음을 가졌다고 하였다. 전쟁이 끝난 후 그는 도쿄에 돌아가 여전히 변호사업에 종사하였다.[5] 1907년 일본이 조청 국경분쟁을 이용하여 간도문제를 도발하고자 할 때, 종군 경력과 국제법 실천 경험이 있는 시노다가 발탁되었다.

육군중좌인 사이토가 시노다를 찾아가 간도문제가 천여 평방리의 영토 득실과 관계될 뿐만 아니라, 일본의 위신과 한국의 국방에 중요한 의의가 있으므로, "국가를 위하여" 힘을 보탤 것을 당부하였다. 이에 시노다가 분발하여, "자신의 이익을 불사하고", 한민의 '보호' 및 일본정부를 위해 간도문제를 해결하는 데 일조하고자 하였다.[6] 그 이후 사이토는 현역 군관으로서 통감부간도파출소의 소장이 되었고, 시노다는 문관으로서 총무과장이 되었다. 이들 두 사람은 일본의 간도 확장정책을 위해 중요한 역할을 하게 되었다. 시노다의 직위는 파출소 소장 다음이었으며, 소장이 자리를 비우면 대리 소장을 맡아 사무를 처리하였다. 또한 중국측 길림변무공서와의 교섭을 행하기도 하였고, 역사적·법률적으로 간도문제를 연구하였다.[7] 그의 저서인 『백두산정계비』는 그가 간도문제를 연구한 결과물이라고 할 수 있다.

1907년 3~7월, 간도파출소의 설립을 준비하고 있을 때, 시노다는 서울에서 한국정부의 소장 기록과 문헌에 대해 조사하였으며, 조청 국경 연혁사에 대해 연구하였다. 그리하여 같은 해 7월 통감부에 『청한국경문제연혁』이라는 보고서를 올렸다.[8] 이보다 앞서 4월에 '러일협

---

5) 篠田治策, 『白頭山定界碑』, 288~289쪽.

6) 篠田治策, 『白頭山定界碑』, 289~290쪽.

7) 篠田治策, 『白頭山定界碑』, 291쪽 ; 篠田治策 편, 『統監府臨時間島派出所紀要』, 40~41쪽.

8) 篠田治策, 『白頭山定界碑』, 84~85쪽.

약의 체결을 기다리고 있을 때, 그는 사이토와 함께 20여 일간 두만강 이북지역 즉 오늘날 중국 연변지역에 들어가 정보를 수집함과 동시에 간도파출소의 설립 지점을 물색하였으며, 조선인을 '보호'할 지리범위 즉 간도 가정 범위를 설정하였다.[9] 이는 그 이후 이들 두 사람이 60여 명의 일본 헌병과 조선 순검을 거느리고 간도로의 돌진과 불법적인 간도파출소를 세우게 되는 기초를 마련하게 되었다.

같은 해 8월 19일, 간도파출소가 용정촌에 불법적으로 세워진 이후, 조청간의 국경 특히 두만강 국경상황을 알아보기 위하여, 파출소가 여러 차례 사람을 파견하여 국경 일대를 답사하였다. 그 중에는 일본 참모본부 측량수와의 공동답사가 포함되며, 예컨대 백두산 동남록에 세워진 정계비를 조사하였고, 그 동쪽에 있는 흑석구와 송화강 상류·두만강 지류에 대해 조사하였으며, 두만강 연안에 '십자비(十字碑)'(華夏金湯固 河山帶礪長)가 있는지 여부를 조사하였으며, 전무산부사(府使) 지창한을 불러들여 홍토산수(홍토수)에 목책이 세워졌는지 여부도 조사하였다.

이상과 같이 실지답사 및 문헌자료에 대한 연구를 통하여, 1908년에 『간도문제의 전말과 의견서』라는 보고서를 통감부에 올렸으며, 외무성에 보내져 중일간의 간도문제 담판의 참고가 되었다. 그 주요 관점은 토문·두만 2강설을 이용하여, 중국측의 두만강설과 간도가 중국에 속한다는 관점을 반박하였다.[10]

간도파출소가 존속하였던 2년 3개월 동안, 그 주요 임무는 불법적인 행정시설을 확충하여, 중국측 길림변무공서와 맞섰으며, 예컨대 간도

9) 일본이 설정한 간도 지리범위에 대해서는 이화자, 『백두산 답사와 한중국경사』, 316~337쪽 참조.

10) 篠田治策 편, 『統監府臨時間島派出所紀要』, 81~84쪽.

를 4개 구역 즉 북두소·종성간도·회령간도·무산간도로 나누었으며, 그 아래에 41사(社)·290촌으로 나누어, 도사장·사장·촌장을 임명하였다. 이와 동시에 조선인을 '보호'한다는 명목으로 헌병분견소를 세웠는데, 가장 많게는 14개, 헌병 250여 명, 조선 순검 63명이 망라되었다.

이 밖에 조선인에 대한 호구조사를 진행하여 호구부를 만들었는데, 간도의 조선인이 약 82,999명, 중국인이 27,371명이었다.[11] 또한 간도 지역에 대한 식민개발 준비를 위하여 기초시설을 건설하였으며, 예컨대 '간도자혜병원'·'보통학교'를 세웠으며, 회령에서 간도까지 이정표를 설치하고(중국측이 이를 뽑아버림), 회령에서 용정촌까지 전선을 배설하였으며, 용정촌에 '간도우편국'을 세웠다. 간도의 농업·지질·광산자원을 조사하였으며, 고적·고성지·고분 등을 조사하였다.[12]

간도파출소의 위와 같은 조치는 중국의 주권에 크게 손상을 입혔으며, 간도를 식민지로 간주하여 식민개발을 위한 기초시설 건설과 자원조사를 행한 것이었다. 이에 대해 오록정을 위시로 한 길림변무공서가 치열하게 맞서 싸웠으며, 파출소의 확장세가 억제됨과 동시에, 북경에서 진행되던 중일간의 간도문제 담판에도 영향을 미치게 되었다. 결과적으로 일본측은 부득불 타협하게 되었으며, 간도의 영유권이 중국에 속함을 인정하였을 뿐만 아니라, 잡거지의 조선인 재판권이 중국에 속함을 인정하였다.[13] 1909년 9월 중일 양국이 '간도협약'을 체결하였으며, 중한 양국이 두만강을 경계로 함을 규정함과 동시에 간도파출소

---

11) 篠田治策 편, 『統監府臨時間島派出所紀要』, 158~159쪽 ; 篠田治策, 『白頭山定界碑』, 270~271쪽.

12) 篠田治策, 『白頭山定界碑』, 270~271쪽.

13) 중일간의 간도문제 담판에 관해서는 楊昭全·孫玉梅, 『中朝邊界史』, 488~526쪽 ; 姜龍範, 『近代中朝日三國對間島朝鮮人的政策研究』, 黑龍江朝鮮民族出版社, 2000년, 130~163쪽 ; 이화자, 『백두산 답사와 한중국경사』, 272~315쪽 등 참조.

가 속히 철수할 것을 규정하였다.

시노다는 조약 체결 직전까지 중국측 변무공서와 맞서 싸웠으며, 간도파출소의 힘이 부족함을 느껴(중국측 군사가 4000여 명에 이름),[14] 일본정부에 군대를 증파할 것을 요구하였다. 이를 위해, 그는 먼저 서울에 가서 통감부에 간도 파병을 요구하였으며, 이어 도쿄의 외무성에 가서 유세하였지만, 신문에서 중일 양국이 조약을 체결한 소식을 접하게 되어, 통탄과 후회를 금치 못하였다.[15] 여하튼 '간도협약'에 따라 간도파출소가 11월 3일 간도에서 철수하였으며, 이에 대신하여 일본영사관이 설치되었다. 이로써 시노다의 간도 영유권 탈취의 꿈이 깨지게 되었다.

시노다는 그 후에 통감부 비서관에 임명되었으며, 1910년『통감부임시간도파출소기요』를 편찬하였다. 1919년 식민지 조선의 평안도 지사를 담당하였으며, 1923년 이왕직 차관에 임명되었고, 1927년 실록편찬관을 담당하여, 고종·순종실록 편찬위원장을 맡았으며, 1932년 이왕직장관을 담당하였다. 이왕직 관직은 그로 하여금『조선왕조실록』을 포함한 한국 문헌자료를 쉽게 접할 수 있게 하였으며, 여기다가 그의 2년 3개월간 간도파출소의 활동경력을 결부시켜, 1938년『백두산정계비』를 편찬하게 되었다.

이 밖에 그는 1927년 이왕직 차관에 있을 때, 조선의 영친왕 부부를 동반하여 유럽을 유람한 후 이듬해『구주어순유수행일기(歐洲御巡遊隨行日記)』를 지었다. 1935년 이왕직 장관 신분으로 영친왕을 호종하여 대만을 시찰하고『대만을 보다』를 지었다. 또한 그는『일로(日露)전쟁국제공법』·『문록역(文祿役)과 평양』·『남한산성 개성사-극동에 있어

14) 篠田治策 편,『統監府臨時間島派出所紀要』, 243~244쪽.

15) 篠田治策,『白頭山定界碑』, 329~335쪽.

서의 Capitulation의 일례』·『간도문제회고록』 등을 저술하였다. 1940년 경성제국대학 제9대 총장에 임명되었으며, 1946년 사망하였다.[16)]

2. 간도 '중립지대론'

시노다는 『백두산정계비』에서 간도 영유권 문제를 논하였다. 즉 간도가 중국에 속하는지 아니면 조선에 속하는지에 관한 문제였다. 그의 주장대로라면, 간도는 어느 쪽에도 속하지 않는 무주지이며 중립지대였다. 이른바 무주지(無主地)라는 것은 국제법 개념으로서 땅을 차지하기 전에 어느 국가의 영토에도 속하지 않음을 말한다.[17)] 국제법상의 무주지는 두 가지 유형이 있는바, 하나는 종래로 어느 국가에 의해 점령되지 않은 곳을 말하는데, 시노다는 간도가 이 부류에 속하지 않는다고 주장하였다. 다른 하나는 어떤 국가에 속했지만 포기한 영토를 말하며, 간도가 여기에 속한다고 주장하였다. 즉 만주가 흥기할 때, 간도 지역의 여진 부족을 정복했지만 인민을 정복했을 뿐, 땅은 포기했다는 것이었다. 또한 여진족은 본디 미개화 집단으로서 국가를 이루지 못하였기에, 그들이 살고 있던 곳은 자연히 무인지대가 되었다는 것이었다.[18)] 요컨대 국제법의 무주지 개념을 두만강 이북지역에

---

16) 『고종실록』, 부록/편집위원 ; 『순종실록』, 부록/편집위원 ; 『순종실록』 3권, 순종 2년 11월 21일 ; 『순종실록』 부록 14권, 순종 16년 2월 24일 ; 『순종실록』 부록 14권, 순종 16년 3월 10일 ; 九州大學韓國硏究センター專門委員會 편, 「篠田治策文書」, 87~88쪽 ; 위키백과, '시노다 지사쿠' 등 참조.

17) 학자들의 연구에 의하면, 오늘날에는 세계 범위에서 선점 대상이 될 만한 무주지가 거의 없다고 한다(白桂梅, 『國際法』, 北京大學出版社, 2010년 제2판, 337쪽).

18) 篠田治策, 『白頭山定界碑』, 26~27쪽.

적용시켜, 간도를 무주·무인의 중립지대라고 보았다.

한편 시노다는 중립지대가 형성된 경위에 대하여, 청이 두 차례 조선을 공격하여 조선이 청의 속국이 되었을 때, 양국이 '무인지대' 약속을 지키게 되었다고 주장하였다. 그 근거로서 프랑스인 뒤 알드가 편찬한 『중화제국전지(全志)』의 지도와 레이지 비망록을 예로 들었다. 이 지도의 경우, 강희 『황여전람도』와 밀접한 관련이 있으며, 북경의 선교사가 지도의 초고를 파리에 있는 뒤 알드에게 보냈는데, 후자가 당빌에게 부탁하여 지도를 그렸기에 '당빌지도'라고도 불렸다.[19)]

만주지역에 대한 지리조사 및 지도제작에 참여하였던 프랑스 선교사 레이지는 비망록을 통하여, 당빌지도의 압록강·두만강 이북에 있는 점선과 조청 국경에 대해 피력하였는데, 그 내용은 다음과 같았다. 즉 "봉황성의 동쪽에 조선국의 서쪽 국경이 있으며, 만주가 중국을 칠 때 먼저 조선과 싸워 후자를 정복하였다. 그때 장책(長柵)과 조선 국경 사이에 무인지대를 세울 것을 의정하였다. 이 국경은 지도상에 점선으로 표시한다."는 것이었다.

이 두만강 이북에 표기된 점선에 대하여, 시노다는 "두만강 밖에 있으며, 녹둔도를 망라하여, 흑산령 산맥으로부터 보타산에 이르고, 압록강 상류에 이르러 두도구로부터 십이도구에 이르는 여러 하천을 거쳐, 송화강 서쪽 수원과 여러 하천의 분수령이 되는 백두산과 그 여맥 및 혼강(混江, 즉 渾江임) 본류의 약간 서쪽을 지나, 대소고하(鼓河) 수원으로부터 압록강과 봉황성의 중간에 이르는 곳에 점선이 그려져 있다."고 하였다. 요컨대 시노다는 조청 국경이 두만강 이북에 있으며, 그 북쪽에 양측이 의정한 무인지대가 존재한다고 주장하였다.[20)]

---

19) 篠田治策, 『白頭山定界碑』, 88쪽.

20) 篠田治策, 『白頭山定界碑』, 22~23쪽.

그렇다면 그의 말대로, 청이 두 차례 조선을 공격할 때 양측이 '무인지대'를 존중할 데 대한 약속을 맺었는가? 사료에 의하면, 1627년 '정묘호란' 때 양측은 '각수봉강(各守封疆)'할 것을 약속하였는데, 이는 후금군이 압록강을 건너 조선을 침범하지 않을 것과 압록강 이북으로 철거할 것을 약속한 내용이었다. 또한 1636년 '병자호란' 때 조선이 패하여 국왕이 남한산성을 나와 홍타이지에게 신하를 칭하고 양국간에 종번관계를 성립하였다. 이때 청군이 약속대로 압록강 이북으로 철거하였으나 '무인지대'에 관한 약속은 없었다. 선교사 레이지가 비록 『황여전람도』 편찬에 참여하였지만, 청과 조선의 역사 및 국경에 대해 잘 알지 못하였다. 이 점에 대하여 그 자신도 조선에 가본 적이 없으며, "그 성격에 대해 잘 알지 못한다."고 함과 동시에, 그가 제공한 지도가 "완성된 작품이 아님"을 들어 부족함이 없지 않다고 인정하였다.[21]

이상에서 본 당빌지도의 두만강 이북 점선과 레이지 비망록에 관한 내용을 발견한 것이 나이토 고난(內藤湖南)이다. 그는 이것이 일본측에 유리하다고 판단하였다.[22] 그리하여 외무성은 당빌지도와 레이지 비망록을 일본의 주외국 영사관과 정부요원들에게 나누어 주었다(1907년 12월 28일).[23] 이에 근거하여 시노다가 그의 책에서 조청 양국이

---

21) J. B. DuHalde, RichardBrookes, trans., The General History of China, Containing a Geographical, Historical, Chronological, Political and Physical Description of the Empire of China, Chinese-Tartary, Corea and Thibet (3d ed., corr.), (London: Printed for J.Watts, 1741), Vol.4 pp.382~383. 宋念申, 「發明"无人地帶" : 篠田治策的間島定義」.

22) 名和悅子, 『內藤湖南の國境領土論再考-20世紀初頭の淸韓國境問題'間島問題'の通して』, 汲古書院, 2012년, 49~68쪽.

23) 『間島ノ版図ニ關シ淸韓兩國紛議一件』, 第十四卷, アジア歷史資料センター, REEL No.1-0353/0563-0581 ; 齋藤季治郎, 『間島問題之顚末並意見書』, 1908년, 『間島ノ版図ニ關シ淸韓兩國紛議一件』, 參考書 제2권, アジア歷史資料センター, REEL No.1-0366/0124-0125.

무인지대를 준수할 것을 약속하였으며, 200여 년을 유지하였다고 주장하게 되었다.

한편 두만강·압록강 이북지역이 사람이 살지 않는 무인지대로 변한 것은 다음과 같은 이유 때문이었다. 첫째로 강희대이래 청의 발상지를 보호하는 봉금정책과 무관하지 않았으며, 관내 한인(漢人)들이 만주지역으로 들어가 개간하는 것을 법으로 금했다. 둘째로 조선이 청에 누차 피차 변민을 격리시킬 것을 요구한 것과 관련되었다. 특히 조선은 청으로 하여금 두만강 이북지역에서 집을 짓고 땅을 개간하며, 압록강변에 초소를 세우는 것을 철회할 것을 여러 차례 요구하여 청이 이를 들어 주었다. 조선의 목적은 피차 변민이 사사로이 교역하고 월경하는 폐단을 막음으로써 외교적 부담을 덜기 위해서이며, 청을 방비하는 군사적 의도도 없지 않았다. 조선에서 제2차 망우초설신(莽牛哨設汛)을 철거할 것을 요구할 때, 건륭제는 "우리가 남겨 놓은 공지에 군대를 주둔하고 둔전을 행할 경우, 그들 경내와 가까이 있어 이를 두려워한 것"이라고 말하였다. 즉 조선이 청을 경계하고 있음을 간파한 것이다.[24)]

그럼에도 불구하고 종번관계 하에서 청은 조선을 회유하기 위하여, 두만강변의 둔전과 압록강변의 설신 계획을 철회하였다. 이뿐만 아니라 양국은 공동으로 '통순회초(統巡會哨)'제를 실시하여, 해마다 성경예부와 조선에서 각기 관원을 파견하여, 공동으로 압록강·두만강 이북지역을 순찰하여 사사로이 황지를 개간하는 자가 있을 경우 즉시 철회하도록 하였다. 이는 조선 변경을 안정시키는 데 유리하였지만, 다른 한편으로 압록강·두만강 이북지역이 오랜 기간 동안 사람이 살지 않는 무인지대로 변하게 되었다. 이 같은 상황은 청조가 봉금을 해제하

24) 『淸高宗實錄』 권271, 건륭 11년 7월 을묘, 中華書局 1969년 영인본, 12책, 532~533쪽.

고 압록강·두만강 이북지역을 개발하기 시작한 동치·광서대까지 지속되었다.[25]

요컨대 시노다의 중립지대론의 결론은 다음과 같았다. 즉 "간도가 한중 양측 어느 쪽에도 속하지 않으며, 자연적으로 형성된 무인의 중립지대이다. 이 간도는 압록강 맞은편 역사상의 간광(間曠)지대도 포함된다. 압록강 맞은편이 청국의 영토가 된 이상, 두만강 맞은편은 한국 영토가 되어야 공평한 조처이다."라는 것이었다.

이와 동시에 그는 자신의 주장이 한국측 주장과 다르며, "한국의 주장은 백두산정계비를 근거로 하여, 정계비에서 발원하는 토문강(흑석구를 일컬음)이남의 간도가 자국 영토라고 하지만", 자신의 결론은 "공평한 학술적 논거에서 출발하였으며, 다만 자신이 "공인으로서 간도에서 행동할 때는 부득불 20여 년 이래의 한국 영토설을 주장하지 않을 수 없었으며, 이로써 두만강 이북이 청국 영토라는 청국 주장에 맞서야 했지만, 이는 국가를 위하여 부득이한 것이었다."고 하였다.[26] 즉 중립지대론이 공평한 학술주장이라는 것이다.

이상에서 본 시노다의 중립지대론은 일본의 간도 확장정책을 위해 대변한 것에 불과하며, 객관적이고 공정할 수 없었다. 그렇다면 그가 왜 간도가 조선에 속한다고 말하지 않고 무주지 또는 중립지대라고 한 것일까? 그 이유를 따져보면, 첫째로 역사사실을 놓고 볼 때, 1712년 백두산정계를 간과할 수 없었으며, 이때 조선이 두만강을 경계로 함을

25) 조선이 청으로 하여금 두만강변에 집을 짓고 땅을 개간하는 것과 압록강변의 망우초 설신(設汛)을 철회하도록 요구하고, 조청 양국이 '통순회초제(統巡會哨制)'를 실시한 내용은 張存武, 「清韓陸防政策及其實施-清季中韓界務糾紛的再解釋」, 『中央研究院近代史研究所集刊』 제3기, 1972년 ; 이화자, 『조청국경문제연구』, 173~221쪽 등 참조.

26) 篠田治策, 『白頭山定界碑』, 298쪽.

인정하였다. 이로부터 170년이 지난 후, 1887년 공동감계 때 조선은 재차 두만강을 경계로 함을 인정하였으며, 단지 두만강 상류에서 양측이 합의를 보지 못했을 뿐이었다.

둘째로, 19세기 중기에 이르러 조선인들이 두만강 이북지역을 차지하고 땅을 개간한 이후, 청에서 일련의 행정기구를 설치하였다. 예컨대 1881년(광서 7) 훈춘에 '초간국(招墾局)'을 설치하였으며, 그 후에 국자가(연길)로 옮겼다. 또한 1903년(광서 29) 청에서 연길청과 광제욕(光霽峪) 분방경력(分防經歷) 등을 설치하여, 두만강 이북지역에 대한 관할통치를 실시하였으며, 조선인에 대한 '귀화입적'을 실시하였다. 이보다 앞서 1714년(강희 53) 청은 훈춘에 협령(協領)을 설치하였으며, 1859년(함풍 9)에 부도통으로 승격하였다. 이로 인하여 간도파출소가 간도의 가정 범위를 설정할 때, 훈춘을 제외시키지 않을 수 없었다. 그렇지 않고서는 간도의 영토귀속이 미정이라는 구실로 청과 담판할 수 없기 때문이었다.[27]

셋째로, 일본측 의도는 간도를 중국에서 떼어내어 분쟁지구로 만들며, 중국측과 담판을 벌여 조선에 귀속시킨 후 일본이 통치하고자 하였다. 일본이 대만을 침략할 때 동일한 수법을 썼으며, 이른바 '무주지'설을 제기하여, "대만의 토번(土蕃)은 청정부의 정권이 미치지 못하는 곳"이기에, "무주지로 볼 수 있다"고 하면서, 이곳에 군대를 파견하는 것은 중국의 주권을 침범하는 것이 아니라고 주장하였다.[28]

---

27) 일본은 1907년 8월 19일 용정촌에 '통감부간도파출소'를 세운 후, 같은 날 북경공사로 하여금 청 외무부에 "간도가 중국 영토인지 아니면 조선 영토인지 오랫동안 해결되지 않았다"라는 조회를 보냈다. 즉 간도의 영토 귀속이 미정이라는 뜻이다(『日本外交文書』 40권 2책, 間島問題一件, 92쪽).

28) 大久保利通·大隈重信이 『臺灣蕃地征伐要略』을 지었다. 王建朗, 『中日關係史話』, 社會科學文獻出版社, 2015년 제2차 인쇄, 12쪽에서 재인용.

넷째로, 간도가 귀속미정지이고 중립지대라고 함으로써 일본의 침략 의도를 은폐할 수 있었으며, 자신들의 불법 활동으로 하여금 합리적이고 합법적인 외의를 쓸 수 있었으며, 앞으로 더 나아가 간도를 점할 수도 후퇴할 수도 있기 때문이었다.

3. 1712년 백두산정계의 불성립에 관한 주장

시노다는 그의 책에서 1712년 청에서 오라총관 목극등을 백두산에 파견한 것은 정계를 위한 것임을 인정하고, '백두산정계비의 건립'이라는 소제목을 달았다. 또한 이는 강희제가 백두산 발상지를 중시한 데 있다고 보았다.[29] 그 이전에 강희제가 여러 차례 사람을 파견하여 백두산을 답사하였으며, 예컨대 1677년 내대신 무묵눌을 백두산에 보내 답사한 후 백두산에 제사를 지냈으며, 1684년·1685년 두 차례 주방협령 늑초를 파견하였으나 압록강 상류 삼도구에서 조선 사람들과 충돌하여 '삼도구사건'이 발생하였으며, 늑초가 소기의 목적을 달성하지 못했다고 기술하였다.[30] 그 이후 1711년에 이르러, 청은 『대청일통지』 편찬을 위하여 조선인 '이만지월경사건'을 조사하는 기회를 타서 목극등을 백두산에 파견하였으며, 그 이듬해 천지 동남 기슭 1리(1일본리는 약 4㎞임) 지점에 정계비를 건립했다고 기술하였다.[31]

또한 강희제가 목극등을 파견하여 정계비를 세운 것은 그의 대외치

---

29) 篠田治策의 『白頭山定界碑』 제11장 제목이 "백두산정계비의 건립"이다.

30) 1685년 비록 '삼도구사건'이 발생하였지만, 그 전해에 늑초(勒楚)가 백두산 천지에 올랐으므로, 그가 목적을 이루지 못했다는 것은 착오이다(董秉忠 등 편, 『盛京通志』(강희 23년) 권9, 烏喇寧古塔境內·長白山조 참조).

31) 篠田治策, 『白頭山定界碑』, 2~6쪽.

세의 중요한 부분이라고 평가하였으며, 그가 흑룡강 유역을 개척할 때 러시아와 조우하게 되어, '알바진전투'를 치렀으며 러시아와 '네르친스크조약'을 체결하였으며, 다섯 종류의 문자로 쓴 국경비를 세우게 되었다고 기술하였다. 그리하여 서쪽으로 외몽고·티베트가 청의 번속이 되었고, 동쪽으로 그들 "조상 발상지였던 백두산에 대하여 조선과 국경을 명확히 할 목적으로 백두산정계비를 세웠다"고 주장하였다.[32)]

이처럼 목극등을 파견하여 정계비를 세웠다고 주장함에도 불구하고, 시노다는 그 결과가 정계가 아니라고 억지 주장하였다. 즉 "법리를 따져 볼 때, 목극등이 정계비를 건립한 것은 전연 무효이며, 왜냐하면, 목극등이 비석을 세울 때, 그 지점이 두만강 발원지인줄 알았지만, 조선측은 실제 분수령에서 발원하는 강원(흑석구를 일컬음)을 경계로 삼고 그 발원지에 비석을 세웠다. 이로 인하여 양국 관헌(官憲)의 생각이 전혀 다르며, 이른바 법률 행위의 요소가 잘못되었다."는 것이었다.[33)] 그 뜻인즉 목극등이 두만강을 정하려다가 송화강 지류(흑석구를 일컬음)의 발원지에 비석을 잘못 세웠으며, 그 결과로 중국측은 여전히 두만강을 경계로 한다고 생각하였지만, 조선측은 송화강 지류를 경계로 한다고 보았기에, 양측의 생각이 전혀 다르며, 이른바 법률 행위의 요소가 잘못되어 정계가 성립되지 않는다는 것이었다.

그렇다면 시노다의 말대로 양측에서 알고 있는 토문과 두만의 수원이 서로 다른 것인가? 또는 토문·두만이 각기 다른 강인가? 이 문제의 관건은 흑석구에 대한 이해와 그 아래 두만강 수원에 이어진 목책이 있었는지 여부이다.

기록에 의하면, 흑석구가 비록 송화강 상류 가까이에 있었지만,

---

32) 篠田治策,『白頭山定界碑』, 74~82쪽.

33) 篠田治策,『白頭山定界碑』, 338쪽.

마른 하천으로서 송화강과도 두만강과도 이어지지 않았고 중간이 끊겨 있었다.[34] 흑석구가 시작되는 곳에 압록강 동원이 있었으며, 그 중간이 이른바 분수령이라고 불리는 입비처(천지 동남 약 4㎞임)였다. 흑석구의 길이가 23~24㎞로서 동북으로 뻗어 있었다. 골짜기가 끝나는 곳은 송화강 상류(오도백하)와 가까웠으며, 동남쪽으로 두만강 수원까지 약 40리(16~17㎞)되었다.[35]

그리하여 목극등이 비석을 세울 때, 흑석구를 두만강 수원의 '입지암류'처 즉 물이 땅속에서 복류하는 곳으로 간주하였다. 그의 요구에 따라 조선은 흑석구의 동남안에 석퇴·토퇴를 설치하였을 뿐만 아니라, 흑석구 끝으로부터 두만강 수원까지 40여 리에 목책을 설치함으로써, 흑석구와 두만강 수원을 이어놓았다. 즉 다시 말하여, 비문의 이른바 '동위토문'이란 흑석구-두만강을 가리키며, 토문·두만이 같은 강이며, 단지 발음이 다를 뿐이었다.[36]

그 이후 시간이 지나면서 두만강 수원에 이어놓은 목책이 다 부식되어 둘 사이가 끊어지게 되었으며, 게다가 흑석구 하류가 송화강 상류(동북향임)와 가까이 있는 관계로 조선인들은 흑석구가 토문강이요 송화강 상류라고 칭하여, 두만강과 구별하였다. 다른 한편으로, 고종대에 이르러 한중 국경분쟁의 내면에는 조선측이 월경 개간한 두만강 이북

34) 조선 고지도에는 흑석구를 '건천(乾川)'이라고 표기하였으며, 규장각 소장 『목극등정계도』에는 '입지암류(入地暗流)'라고 표기하였다(김정호, 『동여도』, 함경도, 1850년대, 서울대학교 규장각 소장 ; 『輿地圖』, 서울대학교 규장각 소장(고4709-1)).

35) 흑석구의 실제 길이에 관해서는 이화자, 『백두산 답사와 한중국경사』, 129~161쪽 참조.

36) 목극등이 흑석구·두만강을 잇는 선으로서 경계를 정한 데 대해서는 이화자, 『한중국경사 연구』, 혜안, 2011년, 16~70쪽 ; 이화자, 『백두산 답사와 한중국경사』, 90~125쪽 참조.

지역을 차지하고자 하는 의도가 작용하였다.

요컨대 목극등이 정계비를 세울 때, 조청 양국이 '동위토문'에 대한 인식은 동일하였으며, 두만강을 가리켰다. 이와 동시에 흑석구에 대한 인식도 동일하였으며, 두만강 수원이 땅속에서 흐르는 곳 즉 두만강 수원을 잇는 부분으로 간주하였다.[37] 이로써 시노다의 이른바 법률 행위의 요소가 잘못되었다는 것은 성립되지 않았다.

그렇다면, 시노다 자신이 비문의 '동위토문'의 뜻과 목극등이 두만강을 경계로 정한 사실에 대해 알고 있었을까? 그는 그의 책의 여러 곳에서 본심을 드러내고 말았다. 예를 들어, "백두산정계비가 이렇게 건립된 것은 그때 중대한 착오가 존재하며, 즉 목극등이 두만강 수원지라고 믿고 정계비를 세운 위치가 토문강 수원 즉 송화강 상류 발원지였다."고 하였다.[38] 그의 말대로 목극등이 두만강 수원을 정하고자 했을 경우, 비문의 '동위토문'이란 잘못 지정한 송화강 상류일 수 없었다. 그러나 시노다는 이를 절대 설파하지 않고 그냥 스쳐지나갔으며, 모호하게 만들었다. 그에게 있어서, 역사의 진실을 캐는 것보다 더 중요한 것은 정계비가 송화강 상류(흑석구를 가리킴)에 세워졌다는 표상이었으며, 비록 공평한 학자의 입장에 섰다고 자찬하였지만 실은 실용주의에 입각하여 일본측에 유리하게 만들고자 사실을 은폐하기에 급급하였

37) 사료에 의하면, 목극등이 잘못 정한 두만강 수원은 적봉(赤峰) 근처에 있으며, 즉 그는 송화강 오도백하로 흘러들어가는 물을 두만강 수원으로 잘못 지정하였다. 그가 귀국한 후 조선은 수원의 착오를 시정하였으며, 목책을 정확한 두만강 수원에 연결시켜 놓았는데, 이것이 홍토수였다. 그러므로 흑석구가 목극등이 잘못 지정한 두만강 수원이라고 보는 것은 착오이며, 흑석구가 처음부터 두만강 수원이 땅속에서 흐르는 복류(伏流)처로 간주되었다(이화자, 『한중국경사 연구』, 16~44쪽 ; 이화자, 『백두산 답사와 한중국경사』, 90~125쪽).

38) 篠田治策, 『白頭山定界碑』, 112쪽.

다. 그리하여 비록 '동위토문'이란 두만강을 가리킨다는 사실을 알고 있었지만, 목책이 다 부식된 점을 이용하여, 그릇된 토문·두만 2강설을 고취하였다.

같은 목적에서 시노다는 조선에서 두만강 수원에 목책을 설치한 사실을 극력 부정하였다. 그는 『동문휘고』의 목극등과 조선의 두 사신 사이에 설책하는 문제를 논의한 자문과 정문(呈文)을 인용하였는데, 그 내용인즉 양측이 두만강 수원의 단류처에 설책하는 문제를 논한 것이었다. 그러나 그는 인용문에 나오는 '두만강'에 대해 무관심하였으며, 단지 목극등이 비석을 잘못 세웠음을 지적하여, "비석을 세울 때 목극등이 정한 물은 북류(흑석구를 가리킴)하는 물줄기였으며, 두만강 원류가 아니었다. 그리하여 정계비로부터 하천의 발원지까지 어떻게 설표하는지에 대해 의문이 생기게 되었다."고만 되풀이하였다.[39]

이 밖에 조선의 차사원들이 흑석구로부터 두만강 수원까지 토석퇴와 목책을 설치한 데 대해, 시노다는 흑석구에 토석퇴를 설치한 것만 인정하고 그 아래 두만강 수원까지 목책이 세워진 사실을 부정하였다. 즉 "현존하는 석퇴·토퇴가 연속 분포되어 있지만, 두만강 상류에 있지 않고 비석의 문자와 일치한 토문 방향(흑석구를 일컬음)에 있다."고 하였고, 또 이는 북평사 홍치중의 명에 따라 설치한 것으로서, "이는 믿을만한 것이다."라고 하였다.

그러나 목책을 설치한 부분에 대해서는, "그 추문(追聞, 나중에 들은 두만강 수원에 목책을 설치한 일) 아래의 것은 얻어 들은 말에 불과하며,[40] 믿을 만한 것이 못 된다."고 하여 설책한 사실을 부정하였다.

---

39) 篠田治策, 『白頭山定界碑』, 117~118쪽.

40) 북평사 홍치중의 소문의 내용은 다음과 같다. "臣追聞 樑(허량임)等急於彌縫 不待朝令 直以木柵屬之第二派水源 夫木柵所止之處 卽地界之所由分也 兩國定界何等

이뿐만 아니라 "그때는 공사의 초기이며, 이듬해 9월까지 공사가 끝나지 않았으며, 흉년을 만나 공사를 중단하게 되었다"고 하여,[41] 설책 공사가 이루어지지 않았음을 거듭 강조하였다.

그럴 경우 설책의 진실이 어떠한지 알아볼 필요가 있다. 기록에 의하면, 차사원들이 두만강 수원까지 목책을 이어놓았다고 한 홍치중의 보고가 1712년 12월이다. 그 이듬해(1713) 4월, 영의정 이유(李濡)가 "백두산정계처에 높은 산이건 깊은 골짜기이건 모두 돌을 쌓고 설책하여 우려가 없도록 할 것"을 건의하였다.[42] 즉 아직 공사가 채 끝나지 않은 흑석구의 전구간(23~24㎞)에 설표할 것을 요구한 것이다. 그 전해 차사원의 보고에 의하면, 흑석구의 일부 구간에만 설표하였기 때문이다. 같은 해(1713) 9월, 비변사가 "백두산에 설책하는 일은 흉년 때문에 잠시 멈출 것"을 건의하였는데,[43] 즉 이유가 말한 흑석구 전구간에 설표하는 일을 가리키지만, 그 전해에(1712년 12월) 차사원들이 이미 두만강 수원까지 40여 리 목책을 설치해 놓았다.[44] 그 이후의 상황은 알 수 없으나, 흉년 때문에 멈췄던 공사가 완성되었으며, 1885·1887년 공동감계 때, 흑석구 전구간에 석퇴·토퇴가 설치된 것을 발견하였다.

목책에 관한 또 다른 증거는 1885·1887년 공동감계 때 이중하의 비밀보고서인 『추후별단』이다. 이 보고서는 홍토산수(홍토수임) 근처에 목책이 이어진 것을 목격한 증거이다. 즉 이중하가 홍토산수 근처에

重大 而乃以一二差員之意 擅定疆域於朝廷所不知之水 此則宜加懲治 以重疆事 而江源一款 亦令廟堂從長善處"(『숙종실록』 권52, 숙종 38년 12월 병진)

41) 篠田治策, 『白頭山定界碑』, 120~121쪽.

42) 『숙종실록』 권53, 숙종 39년 4월 정사.

43) 『숙종실록』 권53, 숙종 39년 4월 정사.

44) 강석화, 『조선후기 함경도와 북방영토의식』, 69~71쪽.

서 "과연 옛날의 표식이 수풀 속에 간간이 있는 것"을 발견하였다. 그는 문헌자료를 결부시켜, 비문의 이른바 '동위토문'이란 두만강을 가리킴을 알게 되었고, 토문·두만이 동일한 강이며, 단지 목책이 부식되어 토문이 두만이 아니라는 논쟁이 생기게 되었음을 깨달았다.[45]

이 같은 증언에 대하여, 시노다는 전적으로 부정하였으며, 전 무산부사인 지창한(이중하와 함께 공동감계에 참여함)의 말을 빌어서 목책이 존재할 수 없다고 주장하였다.[46] 기실 목책이 다 부식된데 대하여, 이중하도 중국측과 담판할 때 어찌할 방법이 없으며, "오늘에 이르러 수백 년간 목책이 다 부식되고 잡목만 울울하여, 옛날의 표기를 저들이나 우리나 다 상세히 알 수 없게 되었다"고 하고,[47] 또 "목책의 형태가 없으니", "이것이야말로 밝히기 어려운 안건이다"라고 난색을 표하였다.[48]

이처럼 시노다는 두만강 수원에 목책이 설치된 사실을 부정하였을 뿐만 아니라, 목극등이 비석을 세운 후 두만강 하류에 이른 것은 '여행'을 위해서이며, 이 여행 중에 박권과 설책에 관한 조회문을 교환하였다고 주장하였다. 또한 나이토가 『간도문제조사서』에서 무산에서 두만강을 건너 벌목한 조선인을 둘러싼 변론(김지남과 목극등)을 통해서도 비문의 이른바 토문이 두만강이라고 한 데 대해, 시노다는 "이는 불이익한 견해라고 하지 않을 수 없다"고 비판하였다.[49]

요컨대 시노다는 무릇 백두산정계와 두만강이 관련된 증거에 대해서는 부당하다고 여겼으며, 이를 부정하기에 급급하였다. 이점에 있어서

---

45) 이중하, 『추후별단』, 1885년, 『토문감계』, 필름 10~11쪽.

46) 篠田治策, 『白頭山定界碑』, 121쪽.

47) 이중하, 『추후별단』, 『토문감계』, 필름 10~11쪽.

48) 이중하, 『별단초』, 『토문감계』, 필름 12쪽.

49) 齋藤季治郎, 『間島問題之顚末並意見書』, アジア歷史資料センター, REEL No.1-0366/0128-0129.

그는 나카이(中井喜太郎)·나이토(內藤湖南) 등 어용학자들보다 못하며, 후자의 경우 사료에 근거하여 목극등이 두만강을 경계로 정한 사실과 비문의 이른바 '동위토문'이 두만강을 가리킴을 인정하였으며, 다만 그 후에 두만강 수원을 잇은 목책이 다 부식되었음을 주장하였다.[50] 이러한 주장이 그 이후 외무성에 영향을 주었으며, 중국측과 담판할 때 부득불 중한 양국이 두만강을 경계로 함을 인정하게 되었다.

이상, 시노다의 1712년 백두산정계에 대한 결론을 요약하면 다음과 같다. 즉 "목극등이 송화강에 흘러들어가는 토문강 상류에 정계비를 세웠으며, 조선으로 하여금 정계비로부터 목극등이 지정한 하천의 발원처까지 토퇴·석퇴를 설치하여 경계를 표시하고자 하였다. 이 때문에 그 이후 간도문제를 둘러싼 큰 논쟁이 일게 되었다."는 것이었다.[51] 즉 정계비·토석퇴가 송화강 상류를 향하고 있으며, 조선인들이 이를 근거로 간도가 조선에 속함을 주장한다는 것이었다.

이처럼 시노다가 간도문제의 관건을 현존하는 입비처·토석퇴와 연결시킨 것은 전적으로 실용주의에 입각하고 있음을 말해준다. 즉 그는 정계비·토석퇴가 흑석구에만 존재하고 그 아래 두만강에 연결된 목책이 다 부식된 점을 충분히 이용하였다. 그가 그의 책 제목을 『백두산정계비』라고 지은 의도도 여기에 있었으며, 정계비·토석퇴가 송화강 상류를 향하고 있으며, 조선이 이를 근거로 간도 영유권을 주장하고 있음을 암시한 것이었다.

---

50) 中井喜太郎, 『間島問題ノ沿革』, 『間島ノ版図ニ關シ清韓兩國紛議一件』 제3권, アジア歷史資料センター, REEL No.1-0352/0272·0336·0337 ; 內藤湖南, 『間島問題調査書』(1907年)제3, 『間島ノ版図ニ關シ清韓兩國紛議一件』附屬書(內藤虎次郎囑託及調査報告), アジア歷史資料センター, REEL No.1-0364/0340.

51) 篠田治策, 『白頭山定界碑』, 121쪽.

4. 1887년 공동감계 결과의 불성립에 관한 주장

시노다는 그의 책에서, 1885년 제1차 공동감계에 대하여, 이중하의 을유(乙酉) 『문답기』를 이용하여, 담판 내용과 경과를 자세히 소개하였다. 예컨대 회령담판, 제1차 무산담판, 삼하강구에서의 담판, 세 길로 나누어 답사한 것 등에 대해 기술하였다. 그의 결론은 다음과 같았다. 즉 "청국 위원이 독단적으로 도문강(圖們江) 즉 두만강을 양국 국경으로 삼았으며, 정계비의 '동위토문'이 국음(國音)과 같다고 하면서 도문강이라고 함부로 결론지었다. 그러나 그곳에 가서 산수의 모양과 입비처의 지세를 본 후에는 더욱 의혹스러워 하였으며, '이는 국경을 조사하기 위한 것이며, 문제를 해결하기 위한 것이 아니다.'라고 하는 등, 여러 구실로서 국경을 정하려 하지 않았다."고 하였다.[52] 이처럼 중국측이 독단적으로 정계비 비문의 '동위토문'을 두만강이라고 주장한 데 비해, 조선측은 토문강 즉 송화강 상류를 경계로 함을 주장하였으며, 양측의 의견이 서로 맞지 않아 담판이 실패하였다는 것이었다.

그의 말대로 겉으로 보면, 1885년 감계담판이 아무런 결과 없이 끝난 것 같지만, 실제에 있어서 조선측의 태도가 크게 변했다. 이는 조선측 감계대표인 이중하의 발견에 기인한 바가 컸다. 전술했듯이, 그가 홍토수 근처에서 "옛날 표식이 아직 수풀 속에 간간이 있는 것"을 발견하였으며, 이를 통해 흑석구와 두만강 수원이 이어졌으며, 비문의 이른바 '동위토문'이 두만강을 가리킴을 알게 되었다. 그리하여 1년 뒤 진행된 제2차 감계담판(1887)에서 조선은 토문강 즉 두만강을 경계로 함을 인정하였으며, 2강설을 포기하였다.[53]

---

52) 篠田治策, 『白頭山定界碑』, 192쪽.

53) 王彦威·王亮 편, 『淸季外交史料』 4, 권69, 1432~1433쪽 ; 고려대학교 아세아문제

그러나 시노다의 주장은 이와 달랐다. 조선측이 여전히 "서면 상으로 정계비와 토문강을 경계로 함을 주장하였다"고 한 것은 2강설을 포기하지 않았음을 내비쳤으며, 사실을 왜곡한 것이었다.[54]

1887년 제2차 공동감계에 대하여, 시노다는 이중하의 『감계사교섭보고서』·『정해장계』·『도문계(圖們界)변석고증팔조』 등을 인용하여, 양측 대표의 회령에서의 담판, 수원지에 대한 재조사, 장파에서의 담판 및 감계담판의 불성립 등을 기술하였다.

그는 담판 중에 중국측 위압으로 말미암아, 이중하가 부득불 양보한 것이라고 주장하였다. 즉 "청국 위원은 총리아문의 명령을 좇아 독단적으로 무산으로부터 바다입구까지 두만강 하류는 이미 그 이전의 담판(제1차 감계담판)에서 확정되었기에, 이번에는 단지 무산 위를 조사하여 두만강 본류를 결정하면 된다고 하였다." 그리하여, "비록 이중하가 (광서)11년 감계의 정계비와 토문강설을 견지하였지만, 부득불 무산 아래는 두만강을 경계로 함에 양보하게 되었다."고 기술하였다.[55]

또한 이중하가 두만강 상류에서 홍토산수를 경계로 할 것을 주장한 것 역시 중국측 핍박에 못 이겨 양보한 것이라고 기술하였다. 즉 "이중하가 광서 11년 감계 때, 토문강(흑석구를 가리킴)을 경계로 함을 힘써 주장하였지만, 힘의 강약이 현격히 차이가 나서 자신의 주장을 끝까지 견지하기 어렵다고 생각하였다. 또한 본국의 내지에서 발원하는 서두수를 두만강 본류로 하는 것이 두려웠기에", "정계비를 유지함과 동시에 가장 가까이에서 발원하는 홍토수로 양보하게 되었다. 그러나 청조는 정계비를 경계로 하는 것을 무시하였다. 이처럼 양국 위원이

연구소 편, 『구한국외교문서』 제8권, 청안1, 328쪽.

54) 篠田治策, 『白頭山定界碑』, 197쪽.

55) 篠田治策, 『白頭山定界碑』, 200~201쪽.

의견이 일치하지 않은 탓으로 담판이 실패하고 말았다."는 것이었다.[56)]

기실 이중하가 정계비·토석퇴·홍토수로서 경계를 나눌 것을 주장한 것은 시노다의 말처럼 중국측 위압 때문에 양보한 것이 아니라, 제1차 감계를 통하여 이것이야말로 목극등이 정한 '옛 경계'임을 알게 되어, 옛 경계를 준수하고자 하였기 때문이었다.[57)]

여하튼 시노다의 제2차 감계에 대한 총적 결론은 이중하가 중국측 위압 때문에 토문강설을 포기하고 두만강설에 동의했다는 것이었다. 그리하여 홍토수·석을수 합류처 이하에서 두만강을 경계로 함에 동의했다고 주장하였다.[58)] 그럼에도 불구하고 양측이 두만강 상류에서 합의를 보지 못한 관계로, 감계 결과가 전연 무효이고 성립되지 않는다고 주장하였다.[59)] 즉 양측이 합류처 이하에서 두만강을 경계로 함에 합의를 본 것조차 부정하였다. 이것이 일본측에 불리하며, 간도 '중립지대론'이 성립될 수 없기 때문이었다.

5. 맺는말

시노다 지사쿠는 일본이 용정촌에 불법적으로 설치한 통감부간도파출소의 총무과장(1907~1909)이었으며, 식민지 조선의 이왕직차관·장관직을 맡았으며, '고순종실록' 편찬에 참여하였다. 그런 관계로 조선의 역대 실록 자료와 기타 문헌자료 및 간도파출소의 공문서 등을 쉽게

56) 篠田治策, 『白頭山定界碑』, 223쪽.

57) 목극등이 정계비·토석퇴·홍토산수를 경계로 정한 데 대해서는 이화자, 『한중국경사 연구』, 16~44쪽 ; 이화자, 『백두산 답사와 한중국경사』, 90~125쪽 참조.

58) 篠田治策, 『白頭山定界碑』, 222쪽.

59) 篠田治策, 『白頭山定界碑』, 228쪽.

접할 수 있었다. 그는 한일 양측의 풍부한 자료에 기초하여, 『백두산정계비』라는 책을 지었다. 이 책에 인용된 자료가 처음 공개된 자료가 많았으며, 사료적 가치가 높았다. 해방 후 중국학자들이 중한 국경사를 연구할 때, 이 책의 자료를 많이 인용하였으며, 특히 한국학자들에게 큰 영향을 미쳤다. 한국학자의 경우, 이 책의 주장과 논술체계를 비판 없이 그대로 받아들였으며, 그 영향이 지금까지 이어지고 있다.

이 책은 간도 영유권 문제를 논술하였으나 저자가 간도문제 담판에 관한 외무성자료를 참고할 수 없는 까닭으로 담판의 상세한 내막을 알지 못하였으며, 논술도 충분하지 못하였다. 다만 자신이 간도파출소 총무과장이었던 경력 때문에 중일간의 '간도협역' 체결 및 파출소의 철퇴에 대해 불만을 토로하고 실의를 금치 못하였다.

이 책의 주요 관점은 간도가 중립지대라는 것이었다. 즉 간도가 처음에는 무인·무주의 중립지대였으나 광서연간에 조선인이 간도지역을 개간한 후로부터 중립과 무인 상태를 잃고 단지 무주의 땅이 되었으며, 조청간의 간도문제의 분쟁이 여기서 시작되었다는 것이었다. 그 이후, 1907년 일본이 용정촌에 간도파출소를 세운 후, 간도는 여전히 귀속미정의 땅이었으며, 1909년 중일 양국이 '간도협약'을 체결한 후 간도가 최종적으로 중국에 속하게 되었다는 것이었다. 요컨대 간도의 중립지대 국면이 청초로부터 200여 년을 유지했다는 것이었다.

중립지대론을 지탱하기 위하여, 이 책은 아래와 같은 면에서 논술을 폈다.

첫째로, 청조가 두 차례 조선을 공격할 때, 양측이 압록강·두만강 이북지역을 '무인지대'로 할 것을 약속하였는데, 그 근거로 프랑스인 뒤 알드의 『중화제국전지』 중의 당빌지도와 레이지 비망록을 인용하였다. 이 지도에 압록강·두만강 이북에 점선을 그린 것과 레이지가 이를 해석한 내용은 문제가 없지 않았으나, 두만강 이북지역으로의 세력 확장을 도모하고 있던 일본에게 있어서, 중요한 증거로 활용할 수 있었으며, 이를 근거로 조청 양국 국경이 두만강 이북(점선을 가리킴)에 있으며, 그 북쪽에 무인지대가 존재한다고 주장하게 되었다.

둘째로, 1712년 백두산정계에 대하여, 시노다는 그 목적이 정계를 위한 것임에도 불구하고 그 결과가 성립되지 않는다고 주장하였다. 즉 목극등이 두만강을 경계로 정하고자 하였으나 토문강(흑석구를 가리킴) 발원지에 비석을 세움으로써, 법률행위의 요소가 잘못되어 정계가 성립되지 않는다는 것이었다.

이와 동시에 시노다는 조선측이 두만강 수원에 목책을 세운 것을 극력 부정하였고, 사료 분석에 있어서, 단지 흑석구에 토석퇴가 존재함을 인정하고, 그 아래 두만강 수원까지 목책이 설치되었음을 인정하지 않았다. 또한 이중하의 『추후별단』의 두만강 수원에 목책이 이어졌다는 증언도 인정하지 않았다.

이를 통해 볼 때, 시노다의 연구는 공평한 학자의 입장이라기보다는 일본 이익을 두둔한 실용주의에 입각하였으며, 현존하는 국경 표식이 흑석구에만 존재하고 그 아래 두만강 수원까지 목책이 없어진 현실을 충분히 이용하여, 목극등이 두만강을 경계로 정한 사실을 극력 부정하였다.

셋째로, 1885년 제1차 공동감계에 대하여, 시노다는 조선측 대표인 이중하가 토문강(흑석구, 송화강상류로 간주함)을 경계로 할 것을 주장하고 중국측이 두만강을 경계로 할 것을 주장하여, 담판이 실패하였다고 보았다. 그는 1886년 조선측 태도의 변화 즉 2강설을 포기하고 두만강 즉 토문강을 경계로 함을 인정한 사실에 대해서는 전혀 말하지 않았는데, 일본에 불리하기 때문이었다.

1887년 제2차 공동감계에 대하여, 이중하가 두만강을 경계로 하는 것을 인정하고 홍토수로서 경계를 나눌 것을 요구한 것은 중국측의 위압에 못 이겨 양보한 것이라고 주장하였다. 요컨대 제2차 감계에서 양측이 비록 홍토·석을수 합류처 이하에서 두만강을 경계로 하는 데 합의를 보았지만, 합류처 이상에서 합의를 보지 못했기에, 그 이전의 감계에 대해 이의가 생겼으며, 감계 결과가 전연 무효라고 주장하였다.

이 밖에 1909년 중일 '간도협약' 체결에 대하여, 시노다는 간도의 영유권이 중국에 속함을 인정하였을 뿐만 아니라, 조선인 재판권이 중국에 속함을 인정한 것은 일본 외교의 실패라고 주장하였다. 그는 또 일본이 비록 '만주5안건'의 이권으로 간도 영유권을 교환하였지만, 러일간의 '포츠머스조약'에 근거할 경우 5안건의 이권이 당연히 일본에 속해야 한다고 주장하였다. 요컨대 '간도협약'에 중한 양국이 두만강을 경계로 한다고 규정하였으며, 즉 간도가 중국에 속하게 됨으로써, 시노다와 간도파출소가 간도의 영토 귀속이 미정이라는 구실로 이 지역에 대한 세력 확장의 꿈이 깨지게 되었다. 이에 대해 그는 좌절감을 느꼈고 불만을 토로하였다.

또한 시노다는 간도문제의 근본이 백두산정계비에 있다고 보았으며, '간도협약'은 정계비의 비문 해석에 있어서도 중국측 주장대로 도문강(圖們江)이라고 칭하였으며, 즉 2강설을 포기한 데 대해 불만을 토로하였다.

기실 시노다의 비문에 대한 해석은 가장 큰 거짓이며, 자기를 속이고 남도 속이는 격이었다. 비문의 '동위토문'이란 두만강을 가리키며, 그 자신도 목극등이 두만강을 정하려고 하였으나 송화강 상류에 비석을 잘못 세웠다고 하였으므로, 비문의 내용이 잘못 세워진 송화강 상류를 가리킬 리 만무하였다. 그럼에도 불구하고 그는 이에 대해 전혀 개의치 않았으며, 단지 정계비와 토석퇴가 흑석구에만 존재하는 현실을 충분히 이용하여(그 아래 두만강 수원을 잇는 목책이 다 부식됨), 비석이 토문강원에 세워져 있으며, 두만강과 아무런 상관이 없다고 하면서, 2강설을 견지하였다. 이로써 그의 실용주의적인 단면을 엿볼 수 있으며, 그 나쁜 영향이 지금까지 이어지고 있었다.

'간도협약' 부도(附圖)에 대한 고증

머리말

1909년 중일 간에 체결된 '간도협약'은 '도문강중한계무조관(圖們江中韓界務條款)' 또는 '도문강조약'이라고도 한다. 같은 해 9월 4일, 중일 양국이 북경에서 체결한 중한 양국의 국경 및 조선인 관할재판권에 관한 조약이며, 청 외무부 상서(尙書) 양돈언(梁敦彦)과 일본의 주북경 공사 이주인 히코키치(伊集院彦吉) 사이에서 체결되었다. 이로써 중일 간에 2년간 지속되었던 '간도문제'에 관한 담판이 결속되었다.

일본은 사실 앞에서 부득불 중한 양국이 두만강을 경계로 함을 인정하게 되었다. '간도협약' 제1조에 "일중 양국 정부는 피차 성명하며, 두만강을 중한 양국 국경으로 하고, 그 강원(江源) 지방은 정계비로부터 석을수까지 경계로 한다."고 규정함으로써, 간도가 중국에 속함을 인정하였다.

이와 동시에, 두만강 이북에 조선인 잡거구역을 설정하여, "한민(韓民)과 화민(華民)이 잡거하여 토지를 개간하는 것"을 허락하였으며, 네 곳의 상부지를 개방하여, 일본이 영사관과 분관을 개설하도록 하였다. 그럼에도 불구하고 일본은 조선인에 대해 영사권을 행사할 수 없었으며, 조약 제4조에 "두만강 이북 잡거구 안에서 땅을 개간하고 거주하는 한민(韓民)은 중국의 법권에 복종하며, 중국 지방관의 관할재판에 속한다."고 규정하였다. 다만 일본이 조선인에 대한 영사 입회권(立會權)과 중대안건 지조권(知照權)·복심권을 얻었다.

이 밖에 조약은 두만강 이북 잡거구역의 지리범위를 규정하였는데, "그 지계(地界) 사지(四址)는 도설(圖說)을 따로 부록한다"고 규정하였다. 이것이 '간도협약' 부도로서, 필자가 토론하고자 하는 '도문강북잡거구역도(圖們江北雜居區域圖)'이다.[1)]

이 글은 중한일 삼국의 공문서 자료, 예컨대 중국측의『청계외교사료』, 일본측의『일본외교문서』·『간도 판도에 관한 청한 양국 분의(紛議) 일건(一件)』및 한국의『통감부문서』등을 이용하여, '도문강북잡거구역도'(약칭 잡거도라고 함)가 참고로 한 모본(母本), 지도의 형성과정 및 중일 양국의 잡거도를 둘러싼 담판과정 등에 대해 알아보고자 한다.

이를 통하여 일본이 조선 이민을 이용하여 세력범위를 확충하고자 하였던 시도가 중국의 반대로 실패한 점과 일본이 주도한 지도제작 과정에서 중국측이 지명권을 위하여 투쟁한 것과 최종의 타협 등에 대해 알아보고자 한다.

---

1) '간도협약'('도문강중한계무조관')의 정문과 부도는 (대만)고궁박물원 소장, '도문강조약'부도, '近代中外條約及附圖資料庫', 序號 288, 文獻編號 910000288 및 日本外務省外交史料館 소장,『間島に關する協約』, アジア歷史資料センター, REELNo.C33/0617-0629 등 참조.

1. '도문강북잡거구역도'의 지리범위와 외형특징

잡거도(그림 26)는 40만분의 1지도로서, 내부가 격자형을 이루며, 그 안에 산천과 지명을 표기하였다. 지리범위를 살펴보면, 남쪽은 두만강을 경계로 하고, 동쪽은 가야하를 경계로 하며, 서쪽과 북쪽은 빨간 선을 경계로 하였다. 이 빨간 선은 실은 하나의 큰 분수령이며, 두만강 유역과 송화강 유역의 분수령이었다. 그 남쪽 시작점은 백두산정계비로부터 북쪽·동쪽으로 연장되어, 두만강 지류 가야하에 이어졌다.

지도의 아래쪽에는 다음과 같은 제기가 적혀 있었다. "조약의 제3조에서 일컫는 도문강북잡거구역인즉 이 지도에 그린 곳이며, 남쪽으로 도문강, 동쪽으로 가야하, 서쪽과 북쪽은 모두 빨간 선을 경계로 한다. 경계 내에서 한민과 화민이 잡거하여 경작하는 것을 허락하며, 이로써 특별히 성명(聲名)한다." 제기의 위쪽에는 중국측의 '대청국흠명외무부상서회판대신(大淸國欽命外務部尙書會辦大臣)'이란 도장이 찍혀 있었으며, 그 아래쪽에 일본측의 '대일본국특명전권공사'의 도장이 찍혀 있었다.

잡거도의 빨간 선을 다시 살펴보면, 지도의 서쪽과 북쪽에 위치해 있었으며, 서쪽과 북쪽은 이도송화강과 목단강 유역이지만 생략되어 나타나지 않았다. 다만 평정산(平頂山) 부근에 북류하는 작은 물줄기를 그렸는데, 이도송화강 지류인 부이하(富爾河)였다. 이처럼 송화강 지류가 생략됨에도 불구하고 유독 부이하를 그린 것은 백두산정계비와 송화강이 연결되었음을 암시하기 위해서이며, 백두산정계비의 이른바 '동위토문'이 송화강이며, 장차 두만강을 경계로 함을 부정하기 위한 데 있었다. 이점에 대해서는 후술하기로 하자.

여기서 특기할 것은 잡거도의 전체 윤곽과 외형이 나이토 고난이 외무성에 올린 '만문장백산도역본(譯本)'(그림 2)과 유사하다는 것이다. 전술했듯이, 나이토가 '오사카아사히신문' 논설위원을 담당할 때, 1905·1906년에 일본 참모부와 외무성의 촉탁으로, 성경 상봉각(翔鳳閣)에 가서 자료를 수집하였는데, 이때 '만문장백산도'를 발견하였으며, 백두산과 두만강 유역을 떼어내어, 만문을 라틴어로 번역하고 또 한자를 병기하여 '만문장백산도역본'을 만들었다.[2] 이를 『간도문제조사서』(1907)의 부도로 삼아 외무성에 올렸으며, 그 후에 조사서와 함께 조선통감부에 보내졌고,[3] 간도파출소가 '간도도(圖)'를 만드는 참고자료로 이용되었다.

잡거도는 간도파출소가 올린 여러 종류의 '간도도'와도 유사하였다. 예컨대 1907년 4월 파출소가 올린 '동·서간도가정(假定)범위도',[4] 1908년 2월의 '헌병배치도',[5] 1908년 12월의 중일헌병·군경분포도(그림 27),[6] 1909년 6월의 '헌병배치략도',[7] 같은 해 8월의 '헌병급(及)청국군대배치도' 등이다.[8] 이를 통해, 잡거도가 간도파출소의 간도도를 모본으로 삼고 있으며, 동·서간도 중에서 서간도(이도송화강지역)를 삭제하고 동간도(두만강 이북)만 남기고 있으며, 그 경계선이 두만강과

2) 名和悅子, 『內藤湖南の國境領土論再考-20世紀初頭の清韓國境問題'間島問題'の通して』, 23~97쪽 ; 『內藤湖南全集』 제6권, 369~453·693~702쪽 ; 『內藤湖南全集』 제12권, 31~42쪽.

3) 『間島ノ版図ニ關シ清韓兩國紛議一件』 제5권, アジア歷史資料センター, REEL No.1-0353/0572-0581.

4) 『間島ノ版図ニ關シ清韓兩國紛議一件』 參考書 제2권, MT14133, 11014-11017.

5) 『間島ノ版図ニ關シ清韓兩國紛議一件』 제7권, MT14133, 3446.

6) 齋藤季治郎, 『間島ト日韓及ヒ北滿洲トノ關係』(1908) 附圖, 『間島ノ版図ニ關シ清韓兩國紛議一件』 제14권, アジア歷史資料センター, REEL No.1-0360/0122-0125.

7) 1909년 6월 30일, 일본의 간도 헌병 분대장인 사카야(境野竹之進)가 한국 헌병대장 아카시(明石元二郎)에게 올린 보고서의 부도가 『間島ノ版図ニ關シ清韓兩國紛議一件』 제16권, REEL No.1-0362/0106-0109에 수록됨.

8) 『間島ノ版図ニ關シ清韓兩國紛議一件』 제17권, 10204.

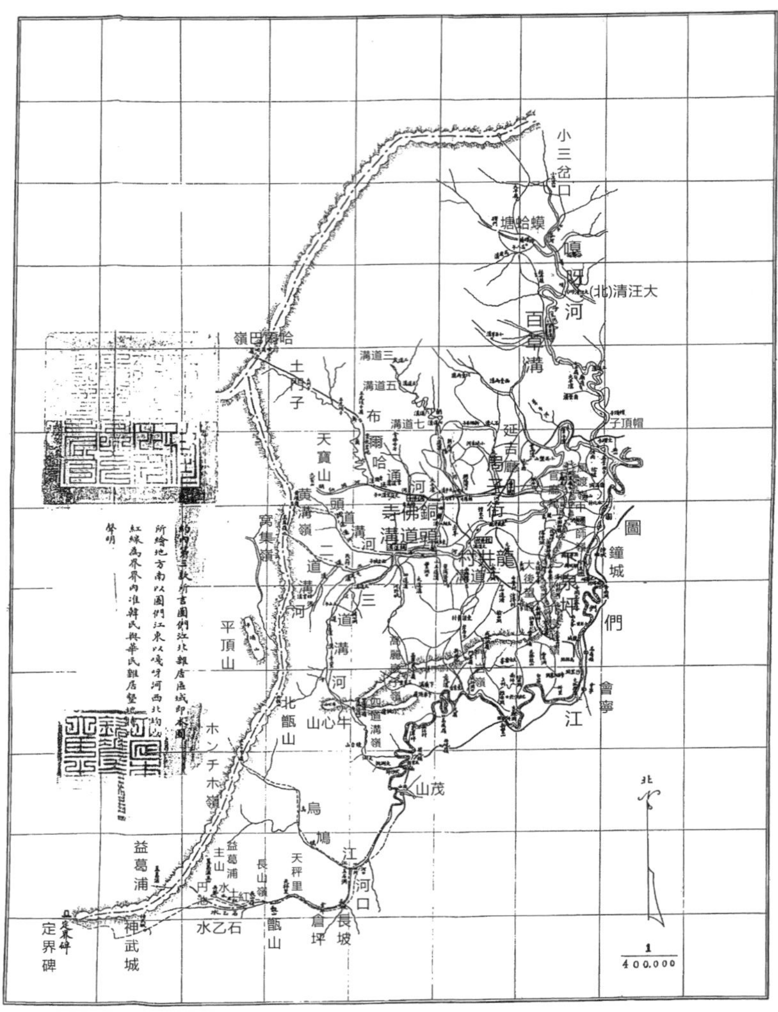

〈그림 26〉 도문강북잡거구역도(日本外務省外交史料館 소장, 『間島に關する協約』, アジア歷史資料センター, 條約C33-0627)

이도송화강의 분수령으로서 즉 잡거도에 표기된 빨간 선임을 알 수 있다.

이 밖에 잡거도의 내부에 또 다른 작은 분수령이 존재하였는데, 두만강과 해란강의 분수령이었다. 〈그림 26〉과 같이, 이 작은 분수령은 두만강 맞은편 중국 경내에 위치하였으며, 북에서 남으로 연장되어 두만강과 거의 평행을 이루었으며, 오랑캐(兀良哈)령에 이르러 서쪽으로 연장되어 우심산(牛心山, 해란강 발원지임)에서 끝났다. 이것이 일본에서 말하는 이른바 '흑산령산맥'이며 흑산산맥이라고도 불렸다. 잡거도의 흑산령산맥에는 많은 산 이름이 표기되어 있었으며, 예컨대 풍도령·관청미(官廳尾)·중국사령·상국사령·형제봉·대후망봉·오랑캐령·서리동령·함림동령(함박동령이라고도 함)·문암령·고려외자령·하차항령·작판령·사도구령·우심산 등이 포함되었다.

흑산령산맥에 대해 가장 먼저 관심을 보인 것이 나이토 고난이다. 그는 '만문성경도'와 '중외일통여도'를 참고하여, 이를 '흑산산맥'이라고 칭하였다.[9] 또한 프랑스인 당빌이 그린 지도에 흑산령산맥을 따라 점선이 표기되어 있으며, 이에 대해 프랑스 선교사 레이지가 해석하기를, 두만강 이북 점선이 조청 국경이며, 점선 이북에 양국이 의정한 '무인지대'가 존재한다고 한 데 대해 주의하였다.[10] 이에 근거하여, 나이토는 두만강 이북에 이른바 '무인중립지'가 존재하며, 그 영유권이 중국에 속하지도 않고 조선에 속하지도 않는다고 주장하였다.[11] 이를 통해

9) 만문성경도에는 해란강과 홍기하 중간의 산맥을 '흑산'이라고 표기하였다. 이 밖에 '중외일통여도'에는 해란강·홍기하·고동하 사이의 산맥을 흑산이라고 표기하였지만, 나이토 고난의 경우, 이를 두만강 서쪽 큰 산계의 명칭으로 확충하여, 두만강 본류와 해란강의 분수령으로 만들어 놓았다(內藤湖南, 『間島問題調査書』(1907), 『間島ノ版図ニ關シ清韓兩國紛議一件』 附屬書, アジア歷史資料センター, REEL No.1-0364/0314-0315 참조).

10) 內藤湖南, 『間島問題調査書』(1907), 『間島ノ版図ニ關シ清韓兩國紛議一件』 附屬書, アジア歷史資料センター, REEL No.1-0364/0314-0315.

11) 內藤湖南, 『間島問題調査書』(1907), 『間島ノ版図ニ關シ清韓兩國紛議一件』 附屬書, アジア歷史資料センター, REEL No.1-0364/0443.

일본 정부가 '간도문제'를 도발하는 학리적 근거를 제공하게 되었다.

그러므로 일본측이 주도하여 제작한 잡거도에 흑산령산맥을 두드러지게 표현한 것은 이상할 바가 아니었다. 비록 일본이 '간도협약'에서 부득불 간도 영유권이 중국에 속함을 인정하였으나, 잡거도에 이를 부정하기 위한 여러 가지 복선을 깔아놓았다.

잡거도에 나타난 하천, 예컨대 가야하·부르하퉁하·해란강·두만강의 외형은 만문장백산도와 비슷하며, 다만 해란강의 흐름이 좀 다를 뿐이었다. 잡거도에서 해란강은 서에서 동으로 흐르나, 만문장백산도에서는 서남에서 동북으로 흐르며, 잡거도와 비슷한 것이 광서감계도[12], 『길림통지』 부도,[13] 및 간도파출소가 제작한 여러 간도도였다. 그 중에서 가장 유사한 것이 파출소의 '동간도동부지형개사도(東間圖東部地形概查圖)'(1908년말)와 '헌병급청국군대배치도'(1909년 8월)였다. 즉 간도파출소에 의해 해란강 흐름이 조절되었으며, 이는 잡거도에 의해 계승되었다.

또한 잡거도에는 도로 정보가 표기되어 있었으며, 검은 선 또는 점선으로 촘촘히 그렸다. 예를 들어, 백두산정계비로부터 두만강 상류의 원지(圓池)·홍토수를 따라 도로가 있으며, 정계비 동쪽 익갈포(흑석구임)로부터 석을수를 따라 도로가 있으며, 홍기하(烏鳩江이라고도 함)을 거슬러 올라가 발원지인 홍기하령까지 도로가 있으며, 무산에서 출발하여 우심산을 넘어 해란강 지류 두도구까지 도로가 있으며, 회령에서 출발하여 흑산령을 넘어 세 갈래 길이 표기되었는데, 각기 해란강

12) 1907년 12월, 일본의 주북경공사가 청 외무부를 통하여, 광서 감계담판 지도를 모사한 후, 외무성에 보냈다(『日本外交文書』 40권 2책, 間島問題一件, 173~175·187~188·190~191쪽).

13) 나이토 고난에 의해 『길림통지』부도가 모사된 후, 그의 『간도문제조사서』에 수록되었다.

·부르하통하·가야하에 이르렀다. 이 같이 잡거도에 도로 정보가 표기된 것은 일본측의 실지답사 결과물로서, 특히 간도파출소의 여러 차례 답사와 관련되었다.[14)]

위에서 보았듯이, 잡거도의 외형은 전체 지도의 윤곽, 서쪽과 북쪽의 분수령(빨간 선)의 모양, 구역내 하천의 흐름과 흑산령의 방향 등에 있어서, 만문장백산도의 외형을 따르고 있는 한편, 파출소의 간도도 특히 동간도도와 유사하였다. 이로써 잡거도는 나이토 고난의 만문장백산도역본을 모본으로 한 기초 위에서 간도파출소로부터 지명정보가 보충되었으며, 외무성에 보내진 후 중국측과의 담판을 거쳐, 정식으로 조약 부도가 되었음을 알 수 있다.

2. '도문강북잡거구역도'의 지명 분석

잡거도의 지명 표기를 보면, 흑산령산맥 양측에 지명이 많이 나타났는데, 조선 이민들이 두만강을 건너 처음 발붙인 곳이기 때문이었다. 이와는 대조적으로 동남과 서북은 공백으로 남아 있었으며, 백두산과

14) 간도파출소에 의해 실지답사가 여러 차례 진행되었으며, 1907년 4월 사이토와 시노다가 답사한 후 『간도시찰보고서』를 통감부에 올렸다. 같은 해 9~10월에 참모부 측량수를 초청하여 두만강과 백두산 지역을 답사한 후, 5만분의 1 흑석구 지도를 그렸다. 1908년말 간도파출소에서 제작한 지도에는 부르하통하·가야하·해란강·조양하·이란하 등에 답사 노선이 표기되어 있었다. 같은 해 5월 간도파출소로부터 이도송화강 지역의 이른바 서간도에 사람을 보내 정보를 수집하였다. 1909년 6월, 간도파출소에서 사람을 파견하여 백두산정계비터를 답사하고 비석이 제 자리에 있는지 여부를 확인함과 동시에 '백두산부근수계답사도'·'백두산정계비부근지형도'를 그렸다(『間島ノ版図ニ關シ清韓兩國紛議一件』 參考書, 제2권·제13권·제15권 및 篠田治策 편, 『統監府臨時間島派出所紀要』, 47~50·81~84·89~94·360~363쪽 참조).

하발령의 산지여서 거주자가 적기 때문으로 생각된다.

지명 특징으로 볼 때, 다음과 같은 종류로 나눌 수 있다. 첫째로, 큰 하천 명칭은 청조의 고유 명칭을 따르고 있었다. 예컨대 가야하(嘎呀河, 艾河라고도 함)·부르하퉁하(布爾哈通河)·해란하·도문강(圖們江, 두만강임) 등이다. 이는 『성경통지』·『청일통지』·『황여전람도』·『중외일통여도』 등에 나타나는 지명이며, 위 한자와는 달리, 갈합리하(噶哈里河)·복이합토하(卜爾哈兎河·布爾哈圖河)·토문강(土門江) 등으로 칭하기도 하였다. 『길림통지』 부도와 '광서감계도'의 경우, 갈아하(噶雅河·戛雅河)·포이합통하(佈爾哈通河·博爾哈通河)·해랑하(駭浪河)·도문강(圖們江) 등으로 표기하였다.[15] 한자 표기가 다를 뿐, 발음은 비슷하였다.

둘째로, 빨간 선(분수령) 위의 일부 산맥 명칭이 청조의 고유 명칭이었다. 예컨대 평정산(平頂山)·합이파령(哈爾巴嶺, 하발령임)·와집령·황구령 등이다. 한편 한국식 명칭도 존재하였는데, '익갈포'·'정계비'이며, 일본측이 새로 만든 듯한 명칭, 예컨대 북증산[16]·홍기하령이다. 이 중에서 평정산은 해란강과 부이하(富爾河)의 분수령으로서, '만문성경도'와 '중외일통여도'에 나타났다. 하발령은 부르하퉁하의 발원지로서, 『길림통지』부도에 나타났다.

또한 '정계비'는 1712년 목극등이 백두산 천지 동남 기슭에 세운 비석이며, 그 이후 중국측은 이를 정계비로 인정하지 않고, '순시비'·'사변비' 또는 '목비(穆碑)'라고 불렀다. 한편 일본이 간도문제를 도발한

15) 나이토 고난이 수집한 지도로는 만문장백산도·만문성경도·『중외일통여도』·『길림통지』부도·『대동여지도』·당빌지도의 두만강유역 등이 포함되었다(內藤湖南, 『間島問題調査書』(1907), 『間島ノ版図ニ關シ清韓兩國紛議一件』 附屬書, アジア歴史資料センター, REEL No.1-0364/0410-0443).

16) 석을수와 두만강 본류 사이에 남증산이 있으며, 조선 경내에 위치해 있었다. 이와는 대조적으로, 잡거도에는 서쪽 분수령에 '북증산'이 표기되어 있는데, 이는 일본측이 만들어낸 새 지명일 것으로 생각된다.

후, 정계비와 그 동쪽에 있는 흑석구를 이용하여, 토문·두만 2강설을 주장하였으며, 두만강 경계를 부정하고자 하였으나 실패하였다. '간도협약'에 근거하여, '정계비'는 중한 양국의 국경 표식임과 동시에 잡거구의 경계 표식으로 남게 되었다.

'익갈포(益葛浦)'란 흑석구를 가리키며,[17] 한국어로 '이깔나무 물가'라는 뜻이었다. 광서감계 때에는 이를 황화송구자라고 불렀다. 간도파출소의 간도도의 경우 이를 '토문강'이라고 표기하여 두만강과 구별하였다. 한편 잡거도에 이르러, 한국식 발음으로 익갈포(益葛浦)라고 표기한 것은 일본측이 그릇된 토문·두만 2강설을 포기했음을 뜻하지만, 평정산 부근에 여전히 북류하는 부이하(이도송화강 지류)를 그린 것은 정계비와 연결된 하천이 두만강이 아니라 송화강임을 암시하고 있었다.

'ホンチホー嶺'(홍기하령)은 잡거도에 나타난 유일한 일본어 표기로서, 홍기하의 발원지를 가리켰다. 『황여전람도』의 경우, 홍기하를 '소토문강'이라고 표기하였고, '광서감계도'에는 한자로 '홍기하(紅旗河)'라고 표기하였으며, 『길림통지』 부도에는 '홍계하(紅溪河)라고 표기하였다. 그러나 중국 문헌에 그 발원지를 홍기하령이라고 표기한 것은 찾아볼 수 없으며, 출개타산(秫稭垜山)(『길림통지』부도)이라고 표기할 따름이었다. 이로써 이른바 '홍기하령'이란 일본측이 만들어낸 지명일 것으로 생각된다. 처음에는 참모본부 측량수가 그린 '장백산부근선로측도'(1907년 9월)에 나타났으며(일본어 가타카나로 표기함), 그 후에 간도파출소에서 제작한 '백두산정계비부근수계답사도'(1909년 6월)에 나타났다(한자로 紅旗河嶺이라고 표기함).

이 밖에 잡거도의 빨간 선에 다른 지명이 보였는데, 즉 황구령(黃溝嶺

---

17) 1908년 류건봉이 정계비 동쪽 골짜기를 흑석구라고 명명한 것이 오늘날까지 이어지고 있다.

·荒溝嶺)·와집령(窩集嶺)·북증산(北甑山, 오늘날 甑峰嶺임)이다. 이는 각각 해란강 지류인 두도구하·이도구하·삼도구하의 발원지에 표기되었다. 이처럼 지명을 발원지와 일일이 대응시킨 것도 일본측의 소행으로 보이며, 이 큰 분수령(빨간선)을 통하여, 잡거구의 경계선을 삼고자 한 것이었다. 그러나 간도파출소의 간도도를 통해 볼 때, 북증산만이 삼도구하 발원지를 가리킬 뿐, 다른 두 지명은 위치가 고정되지 않았다. 예컨대 와집령[18]은 두도구하 발원지이기도 하고 이도구하 발원지이기도 하였으며, 황구령[19]은 홍기하 발원지였다가 두도구하 발원지로 옮겨졌다.[20]

셋째로, 흑산령산맥 양측의 지명이 조선 이민 특색을 나타냈으며, 이른바 무산간도·회령간도·종성간도로 불리던 곳으로서, 조선 이민이 두만강을 건너 중국 경내에서 처음 정착한 곳이었다. 아래와 같은 지명, 즉 걸만동·산동(山洞)·수북촌·화전동·용암·우덕동·북몽기동·하천평·고탑촌·사동(寺洞)·소거리·삼둔미전촌·학성·우적동·사기동·서미동·천불치산·백암·이백물묘동(李百物墓洞)·소리·합전동(蛤田洞)·남평·상촌·사동어구·잡전동·대소동·함박동구·동경대·상무계·소호전·하광포·하차항령·경대산·대연동·복사평 등이 포함되었다. 이 중에서 동(洞)이라고 한 것은 '동네'·'촌락'을 뜻하며, 사동어구라는 '어구(於口)'는 마을 어귀를 뜻하였다.

이 밖에 적지 않은 지명이 중국 이민 특색을 나타냈다. 예컨대 마록구(馬鹿溝)·하마탕(蛤蟆塘)·망팔자(忘八子)·라문(磖門)·소삼차구(小三岔

18) 만문성경도에는 '蹋黑窩集'이라고 칭하였으며, 가야하 발원지에 표기하였다.

19) 1887년 감계도에는 '黃溝' 즉 '荒溝'를 송화가 지류(오도백하)로 표기하고 있으며, 홍기하 지류(外馬鹿溝)와 가까이 하고 있었다.

20) 齋藤季治郎, 『間島ト日韓及ヒ北滿洲トノ關係』(1908) 부도 및 『白頭山定界碑附近水系踏査圖』(1909년 6월) 참조.

口)·백초구(百草溝)·달라자(大磖子)·이도구(二道溝)·오도구(五道溝)·육도구(六道溝)·칠도구(七道溝)·팔도구(八道溝)·대파기구구자(大簸箕溝口子, 簸箕는 키임)·노두구(老頭溝)·동불사(銅佛寺)·오호정자령(五虎頂子嶺) 등이다. 이는 주로 가야하·부르하퉁하 지역에 분포되었는데, 중국 관내 이민들이 두만강 이북지역에 처음 정착한 곳임을 말해준다.

한편 잡거도에는 청조의 관부 명칭도 나타났으며, '연길청'·'광제욕(光霽峪)' 등이다. 비록 청나라가 화룡욕(和龍峪)에 분방경력(分防經歷)을 설치하였지만, 잡거도에는 '달라자(大拉子)'라는 속칭만 보일뿐이었다.

넷째로, 두만강 상류지역에는 조선 특색의 지명과 광서감계 때 새로 생긴 지명이 혼재하였다. 전자의 경우 장파·창평·천평리·증산(남증산임)·익갈포주산(흑석구임)·신무성·정계비이며, 후자의 경우 홍토수·석을수[21]·원지·장산령 등이었다.

다섯째로, 빨간 네모 칸 안에 여섯 개의 지명이 표기되어 있는데, 이 중에 네 곳은 조약에 의해 개방된 상부지로서 용정촌·국자가·두도구·백초구였다. 그러나 일본이 처음에 개방하고자 하여 제기하였지만, 중국의 반대로 개방되지 못한 다른 두 곳 즉 동불사와 하천평도 표기되어 있었다. 이로써 조약 체결 시 중국측이 창졸했음을 엿볼 수 있으며, 일본측 초고에 대해 시정할 겨를이 없었음을 보여준다.

마지막으로 잡거도의 일부 지명이 중국측의 의지를 반영하였다. 예를 들어 잡거도에는 '토문강'과 '두만강'을 구별하는 표기가 없었으며, 중국측 정식 용어인 '도문강(圖們江)'으로 표기하였다. 조약의 정문에도 "일중 양국 정부는 피차 성명하며, 도문강이 중한 양국 국경이다"라고

21) 일본측 '간도협약'의 부도에는 '석을수'가 표기되어 있지만, 중국측(대만고궁박물원소장) '도만강조약' 부도에는 석을수가 표기되어 있지 않다. 그러나 조약 정문에 의하면, 석을수가 두만강 경계를 나누는 국경 하천이었다. 중국측에서 지도를 모사할 때 빠뜨린 듯하다.

기록하였다. 이 밖에 잡거도에는 일본측이 줄곧 사용해 온 '간도(間島)' 명칭도 보이지 않았다. 조약의 정식 명칭에 관해서도 중일 양국은 각기 달랐다. 일본측이 '간도협약'이라고 부른 데 비해, 중국측은 '연길조관(條款)'(음력 7월 20일)[22]·'도문강중한계무조관'(음력 7월 21일)[23]·'도문강조약' 등으로 불렀다.[24]

〈표 1〉 두만강 이북 잡거구역 지명 분류

하천명	지류명칭	지명
가야하	嘎呀河(艾河)·芬河·馬鹿溝·小百草溝·三道溝	廟嶺·大平嶺(南)·牡丹嶺·大平嶺(北)·奥柴溝·大平溝·百草溝·蛤蟆塘·忘八子·磖門·帽頂子·小三岔口·大汪淸(北)·口子·二賈山·大磖子·安山
부르하통하	葦子河·大延吉河·小延吉河·朝陽河·胡仙洞河	葦子溝·壹兩溝·小營盤山·延吉廳·城子山·局子街·河南·帽兒山·石人溝·西壹兩溝·北壹兩溝·新煙居子·朝陽川·朝陽河口·大平溝·二道溝·五道溝·六道溝·七道溝·八道溝·母樓溝·馬鞍山·三山峰·銅佛寺·釣魚臺·金佛寺·大簸箕溝口子·宮道溝·老頭溝·雲秋岩峴·五虎頂子嶺·五虎頂子·天寶山·土門子·哈爾巴嶺
해란강	頭道溝河·二道溝河·三道溝河·四道溝河·小五道溝·六道溝	龍岩·東盛湧街·東古城子·大墟門·長洞·大拉子·沙得村·中營村·楡田洞·下七道溝·小佛禮洞·東梁李村·老房子·中營村·隅德洞·花田坪·申村嶺·背浦江嶺·農洞口·龍井村·河野城·東古城子·頭道溝·西古城子·夾皮溝·三道溝·轉心湖·土山子·蜂蜜溝·茂山村·黃溝嶺·窩集嶺·靑山里
두만강	海蘭河·布爾哈通河·嘎呀河	英葦甸子·河南樆墟·傑滿洞·山洞·水北村·樺田洞·北夢氣洞·湖川街·湖川浦·下泉坪·利野洞·光霽峪·古塔村·寺洞·小巨裏·南大峰·三屯米田村·鶴城·禹跡洞·沙器洞·西米洞·天佛致山·白岩·李百物墓洞·火狐狸溝·所裏·白岩·大水雷峰·蛤田洞·南坪·上村·蛇洞於口·雜田洞·大蘇洞·咸朴洞口·東京臺·上茂溪·所胡田·下廣浦·下車項嶺·鐘臺山·大渕·大渕洞·伏沙坪·烏鳩江(紅旗河임)·下四所·河口·狗岩·新開地·三巨里

22) 王彦威·王亮 편, 『淸季外交史料』8, 淸宣統朝外交史料, 권8, 4131쪽.

23) 王彦威·王亮 편, 『淸季外交史料』8, 淸宣統朝外交史料, 권8, 4134쪽.

24) (대만)고궁박물관 소장, '圖們江條約'附圖, '近代中外條約及附圖資料庫', 서호 288, 문헌편호 910000288.

흑산령산맥		風渡嶺·官廳尾·中國師嶺·上國師嶺·兄弟峰·大後望峰·兀良哈嶺·西裏洞嶺·咸林洞嶺(咸朴洞嶺임)·門岩嶺·高麗崴子嶺·作阪嶺·四道溝嶺(豆滿江嶺)·牛心山
빨간선 (분수령)		哈爾巴嶺·窩集嶺·平頂山·北甑山(甑峰嶺임)·ホンチホー嶺(紅旗河嶺임)·盆葛浦(흑석구임)·定界碑

3. '도문강북잡거구역도'에 관한 중일 교섭과 담판

앞에서 보았듯이, 잡거도의 지리요소에 대한 분석을 통하여, 이 지도가 참고한 모본이 만문장백산도·만문성경도·『길림통지』 부도·광서감계도 및 간도파출소에서 만든 여러 간도도 등임을 알 수 있다. 이 중에서 간도파출소가 제작한 지도, 예컨대 『간도와 일한 및 북만주와의 관계』부도(1908년 12월, 그림 25)·『동간도동부지형개사도』(1908년 12월)·『백두산부근수계답사도』(1909년 6월)·『백두산정계비부근지형도』(1909년 6월) 등이 모본에 가장 가까웠다.

잡거도의 초고가 완성된 후, 외무성은 주북경공사 이주인 히코키치(伊集院彦吉)에게 지도를 우송하였으며, 중국측과의 담판에 대비하였다.

한편 1년 넘게 진행된 중일간의 담판을 통하여, 일본 외무성은 중국측이 영토권 문제에서 절대 타협하지 않을 것임을 인식하게 되었다. 또 다른 한편으로, 나이토 고난 등의 문헌연구를 통하여, 외무성은 1712년에 목극등이 두만강을 경계로 정하였고, 광서 감계담판 때 조청 양국이 무산 아래에서 두만강을 경계로 함에 협의를 보았으나, 무산 위 두만강 상류에서 합의를 보지 못했기에,[25] 이른바 '토문강=송화강

25) 일본의 간도 영유권문제에 대한 조사는 이화자, 『백두산 답사와 한중국경사』, 237~271쪽 참조.

설'로서 간도가 조선에 속한다고 주장하는 것은 "그 논거가 충분하지 못하다"고 판단하였다.[26] 그리하여 간도 영토권이 중국에 속함을 인정하는 대신, 두만강 이북 지역(잡거구) 조선인의 영사재판권을 탈취하고자 하였다.

1909년 2월 고무라 주타로(小村壽太郎) 외상이 이주인 공사에게 다음과 같은 내용의 전보를 보냈다. 즉 중국측과 담판하여 조선인 재판권을 반드시 취득하며, 이는 간도의 영토권이 중국에 속함을 인정하는 조건으로서, 일본측 담판의 최대 한계라고 강조하였다. 이와 동시에 담판을 통하여, "한인(韓人)의 잡거구역을 나타내야 하며, 이 구역은 한인의 밀집 지역에 한하며, 동쪽은 가야하를 경계로 하고, 북쪽은 로야령(老爺嶺)을 따라 내려가며, 서쪽은 노령(老嶺)부터 정계비까지이다."라고 함과 동시에, 잡거구역 내의 조선인 재판권은 전부 일본에 속해야 한다고 강조하였다. 그는 또한 "노령 이서의 서부간도(이도송화강지역임)의 전부와 가야하 동쪽(훈춘임)은 한인의 잡거구역에서 제거한다"고 하였다.[27] 끝으로 그는 잡거구역 지도를 북경에 우송할 것이며, 지도에는 영사관과 분관(여섯 곳) 위치가 표기되어 있음을 알려주었다.[28]

그 이후 이주인 공사와 청 외무부 상서 양돈언 간의 담판이 치열하게 진행되었다. 1909년 3월 1일(음력 2월 10일), '만주현안'에 관한 제7차 회의에서 이주인은 개방할 상부지 여섯 곳 즉 용정촌·국자가·두도구·백초구·하천평·동불사가 포함됨을 중국측에 알려주었으며, 용정촌에 영사관을 설치하고 다른 곳에 분관을 설치할 것을 요구함과 동시에

---

26) 『日本外交文書』 40권 2책, 間島問題一件, 172쪽.

27) 『日本外交文書』 42권 1책, 滿洲ニ關スル日清協約締結一件, 東京, 巖南堂書店, 2001년, 239~240쪽.

28) 『日本外交文書』 42권 1책, 滿洲ニ關スル日清協約締結一件, 239~240쪽.

'간도지도'를 양돈언에게 보여주었다. 이 지도가 고무라 외상이 우송한 지도(잡거도의 초고)일 가능성이 크다. 이주인은 또 일본인은 상부지 내에 거주하고, 한국인도 일정한 구역을 정해서 거주하며, 이것이 이른바 잡거구로서 그 재판권은 일본에 속하며, 그 외의 것은 중국 법권에 속한다고 하였다. 또한 이것은 영토권 면에서 중국에 양보한 조건이라고 하면서, 각서와 간도지도를 중국측 대표에게 보여 주었다.[29)]

그러나 양돈언이 지도를 열람한 후 반대 의견을 표명하였다. 그는 "지도를 검열하니 이른바 동간도라는 명목(名目)이 있으며,[30)] 이는 우리들의 종래의 연길청(延吉廳) 경계와 많이 다르다. 이 일은 말할수록 멀어지니 실로 의논할 수 없다. 재판권에 관해서는 역사를 상고해볼 경우, 한민은 간도 일대에서 월경하여 경작했으며, 한왕(韓王)이 여러 차례 간청하여 경작하도록 동의하여, 서로 간에 오랫동안 편안하게 되었다. 한민은 우리의 관할에 복종하고 우리에게 조세를 납부하며, 토지를 분배 받아 이민이 되었으므로 중국인과 전혀 다를 바가 없다. 오늘날 일본이 오래된 편안한 관례를 전부 변경하려고 하는데, 이에 대해 우리는 절대 승낙할 수 없다."고 하였다.[31)] 이로 보아 양돈언은 일본의 이른바 '동간도' 범위에 대해 반대하였을 뿐만 아니라, 일본이

29) 『日本外交文書』 42권 1책, 滿洲ニ關スル日清協約締結一件, 242쪽.

30) 중국측의 『清季外交史料』와 일본측의 『日本外交文書』의 기록에 차이가 났다. 전자의 경우 "이른바 동간도·서간도라는 명목이 있다"고 한 데 비해, 후자의 경우 "이른바 동간도라는 명목이 있다"라고 하였다. 고무라 외상이 잡거구역에서 서간도와 훈춘을 삭제한다고 한 것을 고려할 때, 외무성이 주북경공사에게 보낸 잡거구역 지도의 초고에 서간도가 포함되지 않았을 것으로 생각된다. 이에 필자는 『日本外交文書』의 기록 즉 "이른바 동간도라는 명목이 있다"를 근거로 분석하였다(王彦威·王亮 편, 『清季外交史料』 8, 清宣統朝外交史料 권1, 3917~3918쪽 ; 『日本外交文書』 42권 1책, 滿洲ニ關スル日清協約締結一件, 242쪽 참조).

31) 王彦威·王亮 편, 『清季外交史料』 8, 3917~3918쪽.

조선 월간민의 지위를 변경하려는 것 즉 중국의 통치에서 일본의 통치로 변경하려는 것을 반대하였다.

이처럼 비록 일본이 영토권을 조건으로 조선인 재판권을 빼앗고자 강요하였지만, 중국측은 이를 견결히 반대하였다. 왜냐하면, 잡거구의 인구 비례를 놓고 볼 때, 조선 월간민이 80% 넘게 차지하였기에,[32] 영토권을 소지하더라도 법권을 상실할 경우, 영토권은 유명무실해지기 때문이었다. 이에 중국측은 '동삼성6안'(5안+간도안)을 헤이그 중재에 넘길 것을 제기하여, 중일 담판이 일시 멈추게 되었다.[33]

1909년 8월 16일 담판이 재개된 후, 일본측은 중국측에 여섯 개의 상부지를 개방할 것을 제기하였다. 중국측은 간도문제를 속히 타결하기 위하여, '길회철도(길림에서 회령까지)'와 '동삼성5안'에 있어서 양보하기로 결정함과 동시에, 상부지를 개방하는 조건으로 일본측의 양보를 유도하고자 하였다. 그럼에도 불구하고 이주인이 제기한 여섯 개의 상부지에 대해 양돈언이 반대하였으며, 수가 너무 많다고 하면서 다시 숙고한 후 답하겠다고 하였다.[34]

상부지의 수에 대해서는 양측이 마지막까지 논쟁을 벌였다. 8월 31일 담판할 때 양돈언은 지방의 독무(督撫, 총독과 순무)가 반대하며, 국자가를 개방하는 것조차 반대한다고 하였다. 즉 연길청 소재지인 국자가를 개방할 수 없다는 뜻이다. 이에 이주인은 부득불 동불사와 하천평 두 곳을 삭제하고 다른 네 곳을 개방할 것을 요구하였다. 같은 날 일본측이 잡거구역안을 내놓은 데 대해, 중국측은 크게 이의를

32) 간도파출소의 1909년 6월 통계에 의하면, 한인과 청인의 인구비례가 8.3:1.7였다(『間島ノ版図ニ關シ清韓兩國紛議一件』 제16권, アジア歷史資料センター, REEL No.1-0362/0129-0137 참조).

33) 『日本外交文書』 42권 1책, 滿洲ニ關スル日淸協約締結一件, 243~245·249~254쪽.

34) 『日本外交文書』 42권 1책, 滿洲ニ關スル日淸協約締結一件, 322쪽.

제기하지 않았으며, 다만 지명이 "청국의 고유 명칭과 다르다"고 하면서, "다시 맞춰본 후 정하겠다."고 답하였다.[35]

이튿날(9월 1일) 이주인과 청 외무부 회판대신 나동(那桐)이 담판할 때, "잡거지역의 조약문에 대해서는 피차의 지명이 다르기에 지도를 부록해야 한다."고 하였다.[36] 그 이후 9월 4일 중일 양국이 정식 조약을 체결하였다. 이 때 두 부의 지도(부도)를 급히 제작하였는데, 적지 않는 착오가 발견되었다. 예컨대 일본어 카타카나 지명 'ホンチホー嶺'(홍기하령)이 있는가 하면, 상부지가 네 곳인 것을 여섯 곳으로 잘못 표기하였으며, 또한 중국측 조약 부도의 경우, 두만강 상류 국경 하천인 석을수를 표기하지 않았으며, 두만강 상류 경계가 정계비로부터 석을수를 연결하는 선인데, 흑석구와 석을수를 잘못 연결해 놓기도 하였다.

기실 중일 담판을 위하여, 중국측은 국경지역에 대한 실지답사를 행하였으며, 지도를 미리 제작하였다. 예를 들어, 1907년 6월(음력) 동삼성 총독인 서세창이 오록정을 파견하여, 소백산과 백두산을 답사한 후, 『길한국계전도(吉韓國界專圖)』를 그렸다.[37] 이듬해 여름, 연길에 세워진 길림변무처가 "측량사를 파견하여, 길림 경내와 중러·중한 접경 지역의 여러 곳을 측량하고, 지도의 표기를 상세히 열거하였으며", 『연길훈춘일대지도』를 그렸다.[38] 또한 1909년 2월(음력), 청 외무부로부터 연길청 소속 지방의 형편을 자세히 조사할 것과 "어떤 곳에 상부지를 개설하는 것이 적당한지"를 조사하도록 하였다. 또한 외무부 총세무사로부터 길림 세무사에 명하여, 『길림변계실측략도』를 그리도록 하

35) 『日本外交文書』 42권 1책, 滿洲ニ關スル日清協約締結一件, 349~351쪽.
36) 『日本外交文書』 42권 1책, 滿洲ニ關スル日清協約締結一件, 352쪽.
37) 鄭毅 주편, 『東三省政略校註』, 58쪽·부도, 吉林文史出版社, 2021년, 2420~2421쪽.
38) 鄭毅 주편, 『東三省政略校註』, 63쪽·부도 2400~2401쪽.

였다.[39)]

이상의 실지답사와 지도제작을 통하여, 중국측은 연길·훈춘 일대의 지형과 중한 국경에 대한 정보를 수집하였으며, 특히 서·북 분수령(잡거도의 빨간 선)에 있어서 일본측과 큰 차이가 없었기에, 일본측의 '잡거구역범위도'를 받아들였다. 예컨대 청 외무부가 서세창에게 보낸 편지에서, "한민 잡거구역의 사지(四址) 범위에 대하여, 일본은 동쪽은 가야하, 북쪽은 로야령, 서쪽은 로야령에서 정계비까지 경계를 한다고 하였는데, 이는 배(裵)세무사가 조사한 경계선과 같다. 다만 서북에 로야령(老爺嶺)이라는 명칭이 없으며, 이 명칭이 명확하지 못하기에 도설(圖說)을 따로 부록하며, 지도에서 서북은 빨간 선을 경계로 하도록 하라."고 명하였다.[40)] 같은 해 9월 4일 체결된 중일 조약의 부도(잡거도)를 보면, '로야령(老爺嶺)'이라는 지명이 없었다. 중국측 요구대로 삭제되고, 빨간 선으로 대체된 것이다.

이상에서 보았듯이, 잡거도는 일본이 조선 이민을 이용하여 세력범위를 점거하며, 영사재판권을 두만강 이북지역으로 확장하고자 한 시도의 산물이다. 그러나 중국측의 반대와 투쟁으로 인하여 일본의 시도가 실패하고 말았다. 일본은 두만강 이북지역의 영토권이 중국에 속함을 인정했을 뿐만 아니라, 조선인 재판권이 중국에 속함도 인정하였다. 그러나 이를 위해 중국측도 일부 권리를 양보하지 않을 수 없었다. '동삼성5안'의 이권을 양보하였을 뿐만 아니라, 일본이 '길회철도'를 수축하는 데 동의하였으며, 네 곳의 상부지를 개방하여 일본이 영사관과 분관을 설치하도록 하였다. 이와 동시에 일본이 조선인의 민형사안건에 대한 입회권과 중대안건 지조권(知照權)·복심권을 갖도록 하여,

39) 王彦威·王亮 편, 『淸季外交史料』 8, 4053쪽.

40) 王彦威·王亮 편, 『淸季外交史料』 8, 4145쪽.

일본이 조선인의 재판권을 간섭하는 문을 열어놓게 되었다. 중일간의 조선인 재판권을 둘러싼 투쟁이 시작된 것이다.

4. 맺는말

'간도협약'의 부도인 '도문강북잡거구역도'(약칭 잡거도)는 일본이 조선 이민 밀집지역을 세력범위로 점거하여 이권을 확장하고자 한 산물이다. 이 지도는 일본측이 주도하여 제작하였으며, 참고한 모본으로는 중국측 만문장백산도·만문성경도·『길림통지』 부도·광서감계도 등이었다. 이 밖에 간도파출소가 제작한 여러 종류의 간도도, 예컨대 간도가정범위도·지형도·수계도·호구조사도·중일군경분포도 역시 참고하였다.

잡거도의 외형은 분수령의 방향 또는 하천의 모양에 있어서, 나이토 고난이 모사한 '만문장백산도번역본'과 유사하며, 특히 파출소가 제작한 동간도와 비슷하였다. 실은 이도송화강 유역의 서간도를 삭제하고 두만강 이북 동간도만 남긴 것이다.

잡거도의 지명정보가 매우 풍부하며, 청조의 고유명칭뿐만 아니라, 중국 이민 특식을 띤 지명 예컨대 삼차구(三岔口)·오호정자령(五虎頂子嶺)·두도구·이도구·육도구 등이 포함되며, 주로 부르하통하·가야하 지역에 분포되었다. 이 밖에 조선 이민 특색을 띤 지명, 예컨대 용정촌·신흥평·걸만동·우적동·하천평 등이 포함되며, 주로 두만강 맞은편 흑산령산맥의 양측에 분포되었다. 이곳이 조선 이민이 최초로 정착한 곳임을 말해주며, 다른 한편으로 일본이 조선인을 이용하여 지명권을 주장하려는 의도가 깔려 있었다.

잡거도의 지명 표시를 통하여 중국측 의지를 엿볼 수 있었다. 예컨대 일본측이 줄곧 강조한 간도 명칭이 삭제되었으며, 흑석구를 '토문강'으로 표기하여 '두만강'과 구별하던 2강설이 사라졌으며, 중국의 정식 명칭인 '도문강(圖們江)'으로 대체되었다. 이와 동시에 일부 지명을 중한 두 가지 칭호로 병기하였는데, 예컨대 육도구(중)와 용정촌(한), 광제욕(중)과 하천평(한), 연길청(중)과 국자가(한)가 그러하다.

요컨대 잡거도는 중일 양국의 타협의 산물로서, 일본의 최초 의도는 조선인 밀집구역을 특수구역으로 만들어, 조선인에 대한 영사재판권을 행사하고자 하였다. 그러나 중국측의 반대로 일본의 시도가 좌절되고 말았다. 일본은 잡거구 조선인에 대한 재판권을 얻지 못하였으며, 다만 영사 입회권과 중대안건 지조권·복심권을 얻을 따름이었다. 또한 중국측의 반대로 처음에 개방하고자 하였던 여섯 곳의 상부지를 네 곳으로 줄이기도 하였다.

그럼에도 불구하고 잡거도에는 일본의 실현하지 못한 음모가 숨겨져 있었다. 첫째로 흑석구를 한국식 발음으로 '익갈포'라고 표기하여 정계비와 연결시켜 놓고, 평정산 근처에 북류하는 송화강 지류를 그려놓은 것은 비문의 '동위토문'에 근거하여 토문강이 송화강 상류임을 암시한 것으로서 장차 두만강 경계를 부정하기 위한 음모에서였다. 둘째로, 잡거도에 두만강 맞은편의 흑산령산맥을 두드러지게 표현함과 동시에 그 위에 많은 지명을 표기한 것도 당빌지도의 두만강 이북 점선을 이용하여 장차 두만강 경계를 부정하기 위한 음모가 숨어 있었다.

한변외(韓邊外) 및 '간도문제'와의 관계에 대하여

머리말

한변외(韓邊外)란 청말 송화강 상류지역에 나타난 산동 이민의 집거지로서, 가경·도광대에 생기기 시작하여 함풍대에 이르러 형성되었다. 이는 채금하는 유민 무리였는데, 그 두목이 한헌종(韓憲宗, 또는 韓現宗임)이었으며, 유조변(柳條邊) 밖에 산다고 하여 '한변외'라고 불리게 되었다. 이들 유민들은 주로 산동성 등주·래주·청주 지역에서 왔으며, 채금을 통하여 재력을 축적하고 사병(團練이라고 부름)을 조직하여 마적의 침입을 막았다. 청조의 지방관부와도 맞서 싸워 청조의 봉금지역에 새로운 생활 터전을 마련하게 되었으며, 유민들의 자치구역을 형성하였다. 1908년에 이르러 청조가 휘발하 하류의 관가(寬街)에 화전현(樺甸縣)을 설치하기까지 줄곧 자치구역으로 존속하였다.

이 글은 한변외와 간도문제의 상호 관계에 대해 알아보고자 한다. 한변외의 지리범위에 대해 알아보며, 일본 신문매체에서 간도와 한변외를 혼동한 데 대한 중국측 인사들의 반격, 1907년 간도파출소가 설정한 동·서간도 중에서 서간도와 한변외의 관계에 대해 알아봄과 동시에, 중일 양국이 북경에서 진행하였던 간도문제 담판에서 한변외가 포함되었는지 여부에 대해서도 알아보고자 한다. 이를 통하여 일본의 간도 확장정책의 중점 및 조선 이민과의 관계, 일본이 조선인을 이용하여 만주지역에 대한 침투·확장의 시도와 그 속셈에 대해 살필 수 있다.

1. 한변외의 자치 관할과 지리범위

한변외는 산동 이민의 집거구역이자 유민들의 불법 채금 구역이었으며, 반세기 동안 청조의 행정 관할 밖에서 존속하면서 자치구역을 형성하였다. 이는 청조의 만주지역에 대한 봉금(封禁)정책 및 3장군의 군정체제와도 관련이 있었다.

한변외의 관할구역은 백두산 북록(麓)에 자리하고 있었으며, 산림이 울창하고 교통이 불편한 관계로 청조의 지방관부가 이른바 채금하는 '금비(金匪, 채금하는 도적)'를 축출하기 어려웠다. 게다가 지방관부가 마적을 토벌하기 위해 금비의 힘을 빌리지 않을 수 없었으며, 금비의 경우 많은 뇌물을 관부에 바쳐서 그 묵인을 받아 생존하였다. 즉 다시 말하여, 유민들은 관부의 억압과 묵인의 틈 사이에서 살아남았다. 그리하여 한변외가 채금업을 주로 하고 농업도 겸하는 유민들의 경제구역으로 성장하게 되었다.[1)]

1880년 청나라 변경 요원이었던 오대징(吳大澂)이 협피구(夾皮溝)에 왔을 때, 한변외가 이미 형성되었으며, 한헌종(한효충이라고 개명함)

1) 楊餘練·王佩環, 「韓邊外初探」, 『社會科學輯刊』, 1984년 6기, 100쪽.

을 두목으로 하여, 채금·채삼·농경 등 경제 활동을 행하였으며, 부세·형사·호위 등 면에 있어서 자주적으로 운영하였다. 오대징은 그들에 대해 회유책을 실시하였으며, 한효충을 길림 장군부(府)에 데리고 가서 납세하도록 하였으며, 이로써 한변외가 합법화되었다.

또한 한효충이 마적을 토벌한 공이 인정되어, 길림장군으로부터 '남산련총(南山練總)'에 임명되었으며, 청 조정에서 5품 정대(頂戴)를 하사하였다. 오대징은 그에게 손수 '분수를 지키고 농업에 종사하라(安分務農)'는 편액을 써주기도 하였다.[2] 그리하여 한등거(韓登擧)가 한씨의 제3대 주인이 되기까지 청조는 그 곳에 행정기구를 설치하지 않았으며, 그들로 하여금 반(半)자치 상태에 있게 하였다.

한변외의 지리범위에 대해서는 일본 육군중좌인 모리타 리엔(守田利遠)이 쓴 『만주지지(滿洲地志)』에 상세한 내용이 있다. 이 책은 1906년에 편찬되었으며, 모리타가 실지답사를 통하여 얻은 정보를 근거로 쓴 책이었다. 그 내용을 보면, 중국 만주지역의 산천지리·인문풍속·공농상업 및 청조의 행정시설 등이 포함되었다.

『만주지지』는 총 8편으로 나뉘었으며, 제7편에서 '화외(化外)구역' 즉 청의 통치가 미치지 못한 구역을 기록하였는데, '한변외'와 간도가 포함되었다. 그 내용을 보면, "백두산 동·서 양쪽에 대치하고 있으며, 마치 나라를 형성하고 있듯이 청조의 교화가 미치지 못한 구역으로서 한변외와 한국의 행수권(行收圈) 밖에 속한 간도가 있다."고 하였다.[3] 즉 간도와 한변외를 청조의 통치권 밖에 있는 '화외구역'으로 보았으며, 한변외의 경우 '독립국'과 비슷하며, 간도의 경우 한국이 마땅히 걷어들여야 하는 땅이라고 하여, 일본 정부로 하여금 이 두 지역에 대한

2) 『韓邊外』, 李澍田 주편, 『長白叢書』 初集, 吉林文史出版社, 1987년, 67~70쪽.
3) 守田利遠, 『滿洲地志』 下, 丸善株式會社, 1906년, 427~428쪽.

침투·확장을 진행하도록 부추겼다.

이 밖에 『만주지지』에는 한변외의 지리위치·범위·인구·주민의 상황·종사하고 있는 업종 등에 대해 상세히 기록하였다. 예컨대, "백두산 북록에 있으며, 송화강 동안을 걸쳐 있으며, 점차 휘발하 유역으로 확장해 갔다."라고 하였다.[4] 또 한변외 범위에 대해서는 "동쪽은 고동하에서 시작하여, 서쪽은 대응구의 관가(寬街)에 이르며, 북쪽은 목단령 목금하에서 시작하여, 남쪽은 화립자(花砬子)·나이굉(那爾轟)에 이르며, 동서로 40여 리(160㎞),[5] 남북으로 30여 리(120㎞)에 이르는 광활한 면적을 차지하고 있다."고 기록하였다.

인구와 주민 상황에 대해서는 "영내(領內) 주민에 관한 정확한 수치가 없지만, 그곳에 사는 주민들의 말에 의하면, 호수가 5천여호, 인구가 2.5만이라고 하며, 대부분 한인(漢人)으로서 산동 사람이 10분의 8·9이며, 나머지가 한(韓)씨 제2고향과 다른 지역 사람이라고 한다. 산동 사람은 주로 등주·래주·청주 3부(府) 및 기주(沂州)부 소속이다. 직업은 채금·채삼·수렵·농경·상업 등에 종사한다."고 하였다.[6]

또 지세에 대하여, "백두산 여맥을 받고 있으며, 송화강·목단강 상류의 지류가 여러 곳에서 물줄기를 나누어 흐르며, 가로 세로 관통하여 산이 아니면 계곡을 형성하며, 넓고 낮음이 매우 심하다. 단지 이도점자(二道店子, 二道甸子임)·화수림자(樺樹林子)·지음자(地音子, 地窨子임) 등에 평원이 있으며, 그 외는 평원이 거의 없다."고 하였다.[7] 여기서 이도전자·화수림자·지음자 등은 한변외의 중심구역으로서, 한씨 일가

---

4) 守田利遠, 『滿洲地志』 下, 434쪽.

5) 일본의 1리가 3.927㎞이며 약 4㎞이다. 일본의 인터넷 '야후'사전 참조.

6) 守田利遠, 『滿洲地志』 下, 435~436쪽.

7) 守田利遠, 『滿洲地志』 下, 437쪽.

가 그 중의 두 곳에 저택을 갖고 있었다.

이 밖에 1908년 송교인(宋教仁)이 지은 『한변외지략(志略)』(『간도문제』에 수록됨)에서도 한변외의 지리범위·인구·단련회소(會所) 등에 대해 기록하였는데, 그 상세한 내용은 다음과 같았다.

> 강역이 동서로 200리, 남북으로 백리 되었다. 동쪽은 고동하(돈화현을 경계로 한다)를 경계로 하고, 남쪽은 두도강 남산을 경계로 하며, 서쪽은 나이굉 대응구를 경계로 하며, 북쪽은 목단령을 경계로 한다. 면적은 2만여 방리(方里)이고 , 인구가 5만여이다. 처음에는 치소가 목기구(木旗溝, 金城이라고도 하며 또 지음자라고도 한다. 명대에 穆城衛에 속했다)였으며, 송화강 동안(東岸)의 목기하 남쪽에 있으며, 북쪽으로 길림성성(省城)과 220리이다. 그 후에 치소가 화수림자(화수전자라고도 함)로 옮겼으며, 여전히 송화강 동안에 있으며, 남쪽으로 목기구까지 30리이다. 화수림자를 통령하였고 그 아래에 총리·관사(管事) 등이 속해 있었다. 영내의 단련회(團練會)가 아홉 개 구역으로 나뉘며, 회수(會首) 1명이 있으며, 지방의 민정·재판·부세·군비 등을 관할하였다(협피구회·금은별회·고동하회·모아산회·여자구(黎子溝)회·봉퇴구(棒槌溝)회·나이굉회·두도류하회·대사하회라고 부른다). 하나의 단련회에 군사 10여 명 내지 50명이 있으며, 화수림자·목기구를 합칠 경우 600여 명에 이른다. 그 곳은 백두산 북쪽 비탈에 있으며, 송화강 지류 두도강·이도강 등이 관통하며, 여러 산맥이 가로 세로 지나가 하나의 큰 계곡을 이루는 고원지대이다. … 주민은 모두 한인(漢人, 산동인이 가장 많다)이며 풍속 습관도 산동성과 같다.[8)]

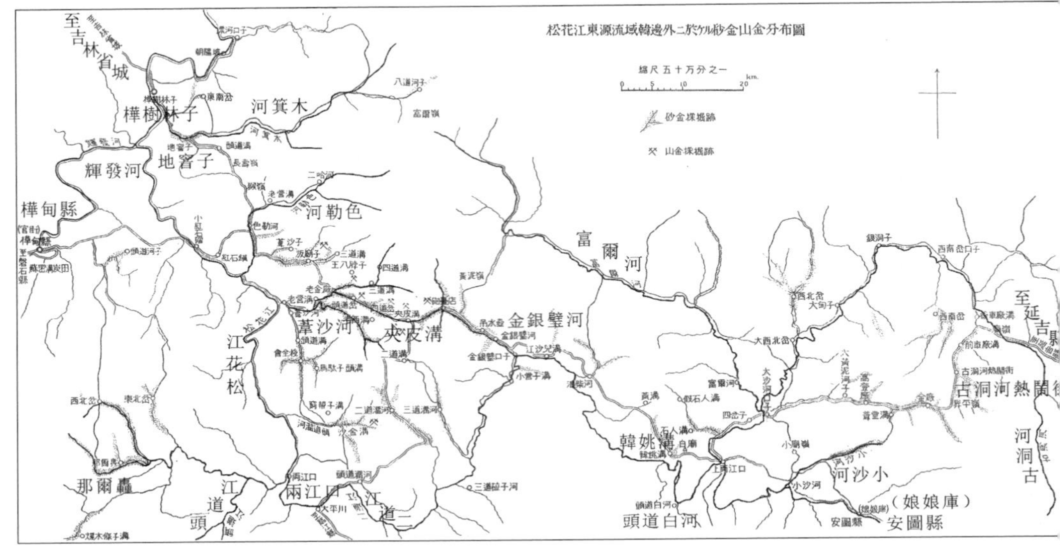

〈그림 27〉 한변외 산금(山金)·사금(沙金) 분포도(門倉三能, 『北滿金礦資源』)

이 밖에 청말·민국 시기 저명한 지리학자인 장상문(張相文)이 『한변외지』(1929년 출판된 『南園叢稿』에 수록됨)를 썼는데, 모리타의 『만주지지』를 참고하여 한변외의 지리범위·인구·거주민의 구성 등에 대해 다음과 같이 기술하였다.

> 한변외의 영토 경계는 동쪽으로 고동하에 이르고, 서쪽은 대응구를 넘어 관가에 이르며, 북쪽은 목단령을 넘으며, 남쪽은 화라자서쪽·나이핑에 이르며, 동서가 비스듬히 길고 남북이 약 4분의 1이 부족하다. 경내 주민의 확실한 수를 알 수 없으나 토착민의 말에 의하면, 호수가 6000여 호이고 인구가 3만 이상이며 모두 한인(漢人)이라고 한다.

8) 宋教仁, 『間島問題』, 陳旭麓 주편, 『宋教仁集』 上, 中華書局, 2001년 제2판, 123~124쪽.

산동 사람이 10분의 8·9를 점하는데, 간혹 복주(復州) 사람 또는 그 외의 지방 사람이 있으나 10분의 1에 불과하다. 산동 사람 중에서 등주·래주·청주 사람이 가장 많으며, 기(沂)주 사람이 다음 간다. 채금·채삼·수렵을 주로 하고 농경·상업을 겸하여 한다.9)

1936년 일본인 가도쿠라 미쓰요시(門倉三能)가 중국 만주지역의 금광자원에 대한 정보를 수집하고, 『북만(北滿)금광자원』이라는 책을 썼는데, 제3편에 한변외의 지리범위·연혁·금광분포 등에 대해 기술하였다. 그 내용 중에 화전현·안도현·몽강현·무송현이 보이는 것은 청조가 러시아와 일본의 확장을 막기 위해 1907~1909년에 만주지역에 성과 현을 설치한 것과 관계되며, 한변외의 자치 관리가 끝을 보게 되었음을 말해 준다. 그 상세한 내용은 다음과 같았다.

한변외는 주로 휘발하 합류처 위에 있는 송화강 본류 지역을 가리키며, 즉 화전현·안도현·몽강현·무송현으로서, 넓은 의미의 서부 간도를 가리킨다. 이 중에서 화전현이 4분의 3을 점하고, 안도현·몽강현은 한씨(韓氏)의 제1대 주인 한헌종으로부터 제2대 한수문(韓受紋)을 거쳐, 제3대 한등거(韓登擧)에 이르러 한씨의 영역이 되었으며, 속칭 한변외라고 한다. 사방 둘레가 동서로 약 400화리(華里)이고 남북으로 200~400화리이며, 그 영역 내에 있는 크고 작은 하천이 모두 금을 산출하며, … 한헌종의 만년에 한씨의 최성 시대였다. 그 세력이 미친 곳은 목단령 서쪽에서 시작하여, 송화강 동원의 상류 및 휘발하 양안에 이르렀다. 동에서 서까지 수 백리 안에 크고 작은 금광 20여

9) 張相文, 『南園叢稿』 권5, 中國地學會, 1929년, 5~6쪽.

곳이 분포되었으며, 광산의 권리와 토지·산림이 모두 개인에 속하였다. … 등거(登擧)의 시대에 이르러 관부의 압박을 받고 있으며, 한씨의 영역 내에 화전·몽강·안도·무송 현을 설치하여 한씨 세력이 점차 쇠퇴하여, 단지 송화강 동쪽의 화전현 7·8구(區)의 사병 천 여 명만이 남아 있었다.[10)]

이상, 모리타·송교인·장상문·가도쿠라 미쓰요시의 기록을 통하여, 한변외의 지리범위가 동쪽은 고동하·대사하(大沙河)에 이르고, 서쪽은 송화강 대응구(大鷹溝, 吉林省城에서 180리임)에 이르며,[11)] 남쪽은 나이굉·몽강에 이르며, 동북은 목단령(목단강 발원지임)에 이르며, 훗날의 화전현 대부분을 포함하여 안도현·무송현·정우현·돈화현의 일부가 망라됨을 알 수 있다. 그 중심지역이 화전현의 화수림자(省城에서 210리임)·지음자·협피구(省城에서 430리임)[12)] 등이다. 남쪽의 몽강(靖宇縣 옛 성)과 동쪽의 양양고(孃孃庫, 안도현 송강진)의 경우, 한변외와 느슨한 관계를 유지하였으며, 직접 한변외의 통치지역에 속하지 않았다. 모리타는 이를 한변외의 '번속'이라고 칭하였다. 예컨대 마적의 공격을 받거나 할 때 사람을 파견하여 한변외에 구원을 요청하는 일이 있었다.[13)]

한변외의 인구에 대하여 주장이 각기 다르며, 모리타의 경우 2~3만명이라 하였고, 장상문은 3만 이상, 송교인은 5만여 명, 오대징은 "유민 4~5만 명"이라고 하였다.[14)] 한편 한씨 영역에는 보갑(保甲)과 비슷한

10) 文倉三能, 『北滿金鑛資源』, 丸善株式會社, 1936년, 279·284쪽.
11) 鄭毅 주편, 『東三省政略校註』 상권, 권1, 邊務, 夾皮溝편, 376쪽.
12) 鄭毅 주편, 『東三省政略校註』 상권, 권1, 邊務, 夾皮溝편, 附王崇文自吉林至夾皮溝紀程, 381쪽.
13) 守田利遠, 『滿洲地志』 下, 451~452쪽.

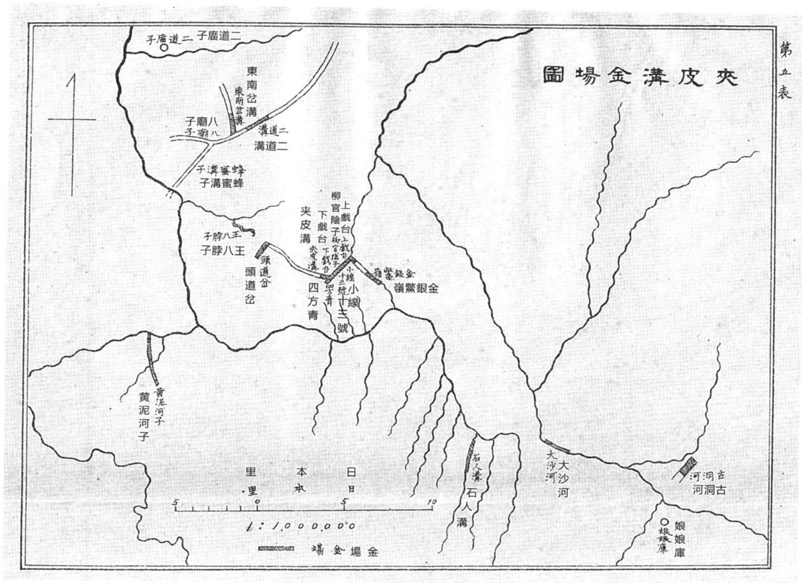

〈그림 28〉 '협피구(夾皮溝)금광도'(守田利遠, 『滿洲地志』)

제도가 존재하였으며, 15~16호마다 1십장(什長, '十家長'이라고도 함)을 설치하고, 15~16십장마다 1패두(牌頭)를 설치하여, 총 18패두 약 4600여 호가 있었다.[15] 1호를 5구로 계산할 경우 약 2.3만 명이다. 이로써 한변외의 총 인구가 2~3만명 또는 4~5만명에 이를 것으로 추정되며, 주민 중에 10분의 8·9가 한족이며, 산동 이민 즉 등주·래주·청주·기주 사람이 위주였다.

한변외 주민들의 경제 활동으로는 채금·채삼·수렵·농경·상업 등이 었으며, 그 중에서 채금업이 차지하는 비중이 매우 컸다. 예를 들어 송화강 상류의 목기하·협피구·금은벽하·고동하·대사하 등은 채금업

14) 『清史稿』 권450, 吳大澂傳, 中華書局, 1977년, 1251~1252쪽.
15) 政協吉林市文史資料委員會 편, 『吉林市文史資料』 제1집, 1983년, 101쪽.

으로 한때 번화하였으며, 고동하·대사하에는 '번화가(熱鬧街)'가 생기기도 하였다.[16] 채금업은 도광 초년에 시작되어, 동치 중기에 가장 번성하였으며, 하루에 황금 1.5만여 냥을 채취할 수 있었고 노동자 수가 4만 명에 이르렀다고 한다. 그러나 동치·광서 교체기에 이르러, 황금 산량이 점점 적어져, 광서 26년(1900) 러시아군이 만주지역을 점거할 때는 채금업이 쇠퇴하여, 협피구만이 채금업의 중심 요지로서, 여전히 번성을 누렸다.[17]

2. 일본 신문매체의 한변외·간도에 대한 혼동 및 중국측 인사들의 반격

한변외와 간도는 청말 만주지역에 형성된 두 개의 이민구역으로서, 유사한 점도 있지만 다른 점도 많았다. 전술했듯이 한변외는 산동 이민구역으로서 송화강 상류에 위치해 있었으며, 주민은 주로 채금과 관련된 경제 활동에 종사하였다. 그러나 간도는 동치·광서대에 형성된 조선인 월경 개간 구역으로서, 두만강 이북에 위치하였으며, 주민은 주로 농업에 종사하였다. 1905년 러일전쟁이 끝난 후 일본은 청조의 통치력이 약한 이 두 지역에 대해 관심을 보였으며, 확장 야심을 드러냄으로써 청조 조야의 경계심과 주의를 불러일으켰다.

한변외에 대해서는 러일전쟁 이전에 러시아 세력이 이미 침투하기 시작하였다. 1896년 체결된 『중러밀약』 및 1902년에 체결된 『화아합판신구광무장정(華俄合辦新舊鑛務章程)』에 근거하여, 러시아가 협피구에

16) 文倉三能, 『北滿金鑛資源』, 282·355쪽.
17) 文倉三能, 『北滿金鑛資源』, 277~278쪽.

사무소를 설립하였으며, 대비자정(大鼻子井)을 채굴하기 시작하였다. 그러나 얼마 후 러일전쟁이 터졌다. 전쟁 중에 일본의 하나다(花田) 소좌와 가야노(萱野長知) 등이 이끄는 이른바 '만주의군(義軍)'이 이곳에 와서 러시아인을 쫓아내고 건물을 헐어버렸다.[18)]

전쟁이 끝난 후 일본인들이 줄줄이 협피구에 나타났으며, 그 중에는 모리타도 포함되었다. 한변외 제3대 주인인 한등거가 길림장군에게 보고한 내용을 보면 다음과 같았다. "올해(1907) 3월 미즈타니 사부로(水谷三郞)라는 자가 일본인 3명을 데리고 화수림·목기하 등 회(會)의 골짜기에 들어가 유람하였으며, 4월 6일에 돌아와서 협약을 맺을 것을 핍박하였는데, 일본 사람만이 채금할 수 있고 다른 사람은 관리할 수 없다고 하였습니다. 매우 교활하고 간사하여 도리로써 설명할 수 없었습니다. 이날 봉천성(奉天省) 일보를 보았더니, 협피구를 '비밀국'·'독립국'이라 칭하고 또 간도 탐험자로서 히라야마(平山)씨라는 자가 이미 효과를 보았다고 하였으며, 시바 시로(柴四郎)라는 자의 경우 간도 원정대를 조직하여 나카이 긴조(中井錦城)와 연락할 계획이라고 하였습니다. 도야마 미쓰루(頭山滿) 등 십여 명은 3만여 원을 준비하여 원정비로 충당하여 힘써 경영하려 한다고 하였습니다."고 하였다.[19)]

여기서 한등거가 말하는 시바 시로는 육군소좌이고, 나카이 긴조는 나카이 기타로(中井喜太郞)라고도 하며,[20)] 신문사 기자로서 간도에 관한 정보를 수집하였으며, 조선통감부에 보고서를 올리는 등, 일본의 간도 확장정책을 돕고 있었다.[21)] 또한 도야마 미쓰루는 일본의 극우

---

18) 文倉三能, 『北滿金鑛資源』, 277~278·326쪽.

19) 「外務部咨査日人在夾皮溝採鑛札飭韓登擧査明速復文」, 『韓邊外』, 李澍田 주편, 『長白叢書』初集, 158쪽.

20) 名和悅子, 『內藤湖南の國境領土論再考-20世紀初頭の淸韓國境問題'間島問題'の通して』, 37쪽.

단체 흑룡회의 창시자로서 일본의 대륙 침략정책에 앞장섰다.

위와 같이, 일본의 군인·신문기자·극우단체의 활동에 가세하여, 일본의 신문매체도 간도와 한변외에 대한 기사를 통하여 침략 야욕을 드러냈다. 예컨대 1906년 5월 일본의 『상업계』 잡지에 "압록강 원(源)의 독립국"이라는 글이 실렸는데, 다음과 같이 보도하였다. "만주와 한국 사이에 압록강·토문강·송화강 발원지가 있는데, 하나의 독립국으로서 간도가 있으며, 그곳은 일본의 규슈와 비슷하다. 그 왕이 한등거이며, 산동 사람으로서 10여 년간 그 곳을 차지하여 청나라 군대가 와서 공격하였으나 이기지 못하였으며, 해마다 20여만 금을 청나라 성경 관리에게 내기로 약정하였는데, 광물·산림·인삼이 많이 산출되었다."는 것이었다.[22)]

같은 해 9월 4일, 『요리우미신문』에 '간도독립국사(事)'라는 기사가 실렸는데 그 내용을 보면, "협피구(간도 내 금광이 있는 곳) 일대는 동서로 약 300중리(中里)이고 남북으로 약 600중리이며, 주위가 온통 산으로 둘러있어 마치 독립국의 형세를 갖추고 있다. 그 통령이 한등거라고 하는데 조상은 산동 사람이며, 금광 채굴을 통하여 무리를 지어 두목이 되었다. 마침 청·러 두 나라가 싸우게 되었는데, 그들 조상이 무리를 이끌고 러시아군과 싸워 패하게 하였으며, 청 조정이 후하게 상을 주었으나 받지 않고, 협피구를 자신들의 영지로 삼을 것을 청하여 청조가 이를 허락하였다. 그리하여 그 일대 지방의 행정·조세권을 모두 장악하였으며, 등거에 이르러 세가 더 강해졌다. … 그 아래에 600명의 군사가 있다(余按(송교인임): 6만이 맞을 것이며, 군사가 이것

---

21) 나카이 기타로(中井喜太郎)의 『간도문제연혁』(1907)에 대한 연구는 이화자, 『백두산 답사와 한중국경사』, 250~259쪽 참조.

22) 『宋教仁日記』, 167~168쪽.

뿐만이 아닐 것이다). 등거는 인민을 사랑하고 사방에서 오는 유람객들을 후하게 대하였으며, 치내에 법도가 있고 인민들은 조세를 내지 않았으며, 다만 자신들의 생산물을 조금 낼 뿐이었다. 그리하여 경내가 조용하고 도적이 없으며, 마적도 감히 그 경내를 침범하지 못하여, 사방에서 오는 자가 점점 많아졌다. 그 땅에서 금·은·철·석탄·인삼·대황·약초·짐승 가죽 등이 산출되며, 특히 목재가 풍부하여 독립국이 될 수 있는 자격을 구비한지 오래다. 등거는 올해 36세밖에 되지 않았다."고 하였다.[23)]

같은 해 9월 15일, 또 다른 일본 신문이 보도하기를 "간도의 병사가 총 5만명이다. 초왕(草王) 한등거가 올해 43세이며, 그 군대가 모두 훈련되어 용감하며, 큰 대포 여러 개를 마련하였으며, 식량을 산더미처럼 쌓아놓고 있다. 그 도성은 화수림자로서 길림부의 남쪽 30여 리에 있다(120㎞)."는 것이었다.[24)]

이 밖에 이듬해 2월 봉천의 일본 신문 『성경시보』에 간도를 개발한 인물을 소개하면서 이르기를, "간도 통령 한등거가 송화강 기슭의 대목기구(溝)와 화송림자 두 곳에 사저를 지은 것이 웅장하여 궁궐과 같다. 그 인물에 대해서는 잘 알지 못하지만, 그의 아버지 한변외가 간도의 개발자로서 보통 사람이 아니다. 50~60년 전에 한등거의 조상이 금광을 좇아 거주하였는데, 처음에는 마적과 같은 부류였다. 그의 조상의 경력을 거슬러 올라가 보면, 산동 등주부의 작은 행상으로서 바다를 건너 성경에 왔으며, 복주에서 정착하여 목축업에 종사하였지만 뜻을 이루지 못하다가 동쪽 산지에 들어가서 소와 말을 근처의 농민들에게 팔아 큰 이득을 취하였다."라고 하였다.[25)]

---

23) 『宋教仁日記』, 215~216쪽.
24) 『宋教仁日記』, 227~228쪽.

위와 같이, 일본의 신문 기록은 과장 또는 부실한 내용이 적지 않았으나 동일한 점은 한변외와 간도를 혼동하고 있는 것이며, 한변외를 '독립국'이라고 칭함과 동시에 그곳의 풍부한 자연자원에 대한 탐욕을 금치 못하고 있었다.

이와는 달리 『만주지지』의 편찬자 모리타의 경우, 한변외와 간도를 구별하고 있었다. 일본에서 반청 활동을 진행하고 있던 중국의 혁명파 인사 송교인은 일본의 신문 기사와 모리타의 『만주지지』를 읽은 후, 간도와 한변외의 관계를 알기 위하여, 모리타에게 편지를 써서 그 사실을 물은 적이 있었다.

이에 대해 모리타의 부하였던 오카노(岡野增次郎)가 다음과 같은 답신을 보내왔다. "모리타씨가 다수 중국인의 말을 근거로 하고 또 몸소 만주를 여행한 일기를 기술한 관계로 보통 신문 잡지와 다르지만, 믿을 만한 사실을 근거로 집필하였으며, 다음과 같이 답신합니다. 첫째로, 간도와 한변외 영역은 차이를 두고 구획하였지만 땅이 서로 이어져 있으며, 초택(草澤)이 가득한 몽매 지역으로서 단지 다른 한쪽에서 병탄하는 것을 방지할 따름입니다. 둘째로, 한변외는 러시아인에 의해 소왕자라고 불리지만 보통 중국인들은 한변외라고 부르며, 길림장군에 의해 통치되고 있지 않습니다."라고 하였다.[26]

한등거 자신도 일본 신문의 보도와 선동성 발언으로 인하여 압력을 느꼈으며, 일본인들의 무리한 요구를 거절함과 동시에 길림장군에게 글을 올려 일본측을 반박하였다. 1907년 6월 그가 길림장군에 올린 글을 보면, "일본인들이 말하는 이른바 간도란 길림의 동쪽 연길청 일대에 있지만, 협피구는 길림 남쪽에 있으며 연길과의 거리가 600여 리입니

25) 「盛京時報」, 『韓邊外』, 李澍田 주편, 『長白叢書』初集, 163쪽.

26) 『宋教仁日記』, 269~270쪽.

다.”라고 하여, 한변외와 간도의 지리위치가 구별됨을 강조하였다.[27]

이 밖에 동삼성총독인 서세창과 길림변무방판 오록정의 경우, 저서를 통하여 일본인들의 간도와 협피구에 대한 논설을 반박하고 그들의 침략 야욕을 폭로하였다. 1907년 오록정이 쓴 『연길변무보고(延吉邊務報告)』의 내용은 다음과 같았다.

> 해란강이 부르하퉁하에 흘러들어가고 또 가야하에 흘러들어가며 모두 두만강 북쪽 지류로서 국초(國初)에 봉금지역이었다. 일본 사람들이 해란강 이남과 두만강 이북을 간도라고 칭하지만 그 말은 틀렸다. 협피구 지역은 비록 자치단체를 구성하고 있지만, 단련(團練)의 책임자 한등거의 경우 해마다 세금 수천을 길림부에 납부하며, 누차 중국 관직을 받고 있기에, 독립국으로 보는 것은 헛소문일 뿐이다. 하물며 그 땅이 길림부 관할에 속하며, 두만강 북안에 있는 광제욕과는 연길·돈화 두 현(縣)을 사이에 두고 800여 리나 떨어져 있으며, 실로 아무런 관계가 없다. 또한 일본인들이 두만강 이북 송화강 이남의 협피구를 간도라고 칭하는데 그 근거가 어디에 있는가? … 연길에서 서쪽으로 백두산 북록을 지나 양양고·부이하(富爾河)·고동하가 있는데, 송화강 목재가 가장 많이 나는 곳이며, 협피구·대사하 등은 길림에서 금광이 가장 풍부한 곳이다. 일본인들이 백두산 북쪽을 간도라고 하고 또 협피구와 연길청을 동일한 구역으로 혼동하는 것은 그 곳의 금광과 산림자원이 탐나서 득농망촉(得隴望蜀)의 계를 꾸미는 것이다.[28]

---

27) 「光緒三十三年六月韓登擧等稟文」, 『韓邊外』, 李澍田 주편, 『長白叢書』初集, 174쪽.
28) 吳祿貞, 『延吉邊務報告』, 127~128·143쪽.

위와 같이, 오록정은 일본인들의 이른바 해란강 이남·두만강 이북지역을 간도라고 하는 발언을 반박하였을 뿐만 아니라, 협피구가 비록 자치단체를 형성하지만 길림부 관할에 속하며, 이른바 독립국이 아니며, 일본인들이 협피구와 간도를 혼동하는 것은 전자의 풍부한 금광·산림자원을 탐낸 데 있다고 폭로하였다.

이 밖에 1909~1911년 서세창이 주편한 『동삼성정략(東三省政略)』도 일본인들이 협피구와 간도를 혼동하고 있음을 반박함과 동시에 이 두 지역에 대한 일본의 침략 야욕을 폭로하였다. 그 상세한 내용은 다음과 같았다.

> 일본인이 새로 지은 『만주지지』에 한등거가 살고 있는 협피구를 아세아 동쪽의 독립국, 세계의 비밀 창고라고 하여 간도에 포함시키고자 하였다. 협피구는 길림성성(省城)에서 200여 리에 불과하지만, 두만강 이북 화룡욕 등과 약 800리 떨어져 있기에 협피구와 간도는 실로 아무런 관계가 없다. 일본인들은 화룡욕 등을 마음대로 조선 경내에 그려 넣을 뿐만 아니라, 협피구와 간도를 혼칭하고 있는 것은 협피구도 조선 경내에 포함시켜 일본인들의 소유로 만들기 위해서이다.[29]

위와 같이, 1906~1907년 일본의 신문매체가 간도와 한변외(협피구)를 혼동하여 후자를 '독립국'·'비밀창고'라고 하는가 하면, 일부 일본인의 경우 협피구에 직접 가서 한등거를 핍박하여 계약을 맺고자 하였으며, 육군중좌 모리타의 경우 저서를 통하여 한변외가 '독립국'이며,

---

29) 鄭毅 주편, 『東三省政略校註』 상권, 권1, 邊務, 延吉편, 紀交涉, 28쪽.

간도와 마찬가지로 "주인이 없는 땅"이라고 하였다.[30] 그 내면에는 한변외의 풍부한 자원을 탐내고 또 한중러 접경지역에 있으며 전략적으로 중요한 간도를 차지하고자 시도하여, 청조의 행정기구가 미비한 점을 이용하여, 이 두 지역을 중국에서 떼어내어 일본의 대륙정책의 목표로 삼고자 한 것이었다. 이에 대해 동삼성총독 서세창과 길림변무방판 오록정 등은 저서를 통하여, 일본의 간도·협피구의 망론을 반박함과 동시에, 그들의 침략 야심을 폭로하였다.

이 때문에 일부 학자의 경우, 일본이 "성공적으로 협피구 지역을 간도문제에 포함시켰다"고 보지만,[31] 실은 일본 신문매체의 선동에 불과하며, 중일 양국의 간도문제의 교섭안에 한변외 또는 협피구 금광은 포함되지 않았다. 이는 일본의 간도 확장정책의 중점과 책략에 관계되는 문제로서 이에 대해서는 후술하기로 하자.

3. 일본정부의 간도 확장정책과 한변외

1907년 일본은 간도문제를 도발하였으며, 한중 양국간 두만강을 둘러싼 국경분쟁이 존재함을 이용하였다. 이에 앞서 1885·1887년에 비록 한중 양국이 두 차례에 걸쳐 대표를 파견하여 공동감계를 진행하였지만, 두만강 상류에서 여전히 합의를 보지 못하였으며, 국경조약을 맺지 못하였다. 러일전쟁 이후 일본은 이 점을 이용하여, 이른바 간도의 영토귀속이 미정이라고 주장함과 동시에 조선인들을 마적이나 무뢰배

30) 守田利遠, 『滿洲地志』 下, 490쪽.

31) 李政, 「韓邊外與夾皮溝金鑛變遷(1820~1945)」, 廣西師範大學校 석사학위논문, 2017년, 44쪽.

들로부터 '보호'한다는 구실로 조선인들이 집거하고 있는 두만강 이북지역에 '통감부간도파출소'를 세우게 되었다.

이를 위해 1907년 4월 현역 육군중좌인 사이토 스에지로(齋藤季治郎)와 국제법에 숙달하였던 시노다(篠田治策)를 두만강 이북지역에 파견하여 정보를 수집함과 동시에 파출소를 세울 지점을 물색하였다. 그들이 완수해야 할 한 가지 중요한 임무는 조선인을 관할 통치하고자 하는 범위 즉 간도의 가정 지리범위를 설정하는 것이었다.

이 조사를 근거로 하여 쓴 『간도시찰보고서』를 보면, '간도도'(그림 24)가 부록되었는데, 전에 모호하던 간도 지리범위를 명확히 설정하였다.[32] 〈그림 24〉와 같이, 간도를 동·서로 나누었으며, 동간도가 두만강 이북지역을 가리키며, 청조의 연길청 관할지역으로서 두만강 지류인 해란강·부르하통하·가야하가 흘러지나갔다. 서간도가 그 서쪽에 위치하였으며, 양양고(송강진)·고동하·대사하·소사하·부이하(富爾河) 등 지역이 포함되었으며, 한변외 관할구역과 거의 일치하였다.

구체적으로 말하면, 서간도는 백두산정계비로부터 오도백하~이도송화강을 따라 내려갔으며, 두도·이도송화강의 합수목에 이른 후, 동북으로 하발령·로야령을 잇는 선을 경계로 하였다. 그 안의 작은 삼각형이 서간도였다. 이로써 알 수 있는바, 이른바 서간도란 그릇된 토문·두만 2강설에 근거하여 설정하였으며, 즉 토문강이 송화강 상류라는 그릇된 인식에 근거하여, 토문강·두만강 사이가 간도라고 하여, 이를 중국에서 떼어내고자 시도하였다.

다시 〈그림 24〉를 통해 볼 때, 서간도에 '협피구(夾皮溝)'가 표기되어

32) 篠田治策, 『間島問題の回顧』, 4~12쪽 ; 篠田治策, 『統監府臨時間島派出所紀要』, 47쪽 ; 齋藤季治郎, 『間島視察報告書』 附圖 第一, 『間島ノ版図ニ關シ清韓兩國紛議一件』, 參考書 제2권, MT14133/11014-11015.

있음이 발견된다. 즉 이는 일본측이 협피구 금광에 대해 주의하고 있음을 말해준다. 그러나 그 위치를 잘못 표기하여, 양강구(兩江口, 두도송화강·이도송화강 합류처) 위에 표기하였지만, 실은 그 아래에 있었다.

한편 조사에 따르면, 한변외 관할 구역에 조선인이 그다지 많지 않았다. 1904년의 경우 두도·이도송화강 지역에 월경 개간한 조선인이 1000여 명 되었다.[33] 1908년 5월 간도파출소의 조사에 의하면, 조선인들이 양양고·한요구(漢窯溝)·고동하 및 한변외 지역에 흩어져 살았으며, 가장 많은 것이 한요구로서 56호이며, 가장 적은 것이 대사하로서 1호, 부이하에는 1호도 없었으며, 한변외는 조사하지 않아서 알 수 없다고 하였다.[34]

여하튼 간도파출소가 존속하는 기간, 동·서간도를 중국에서 떼어내고자 계획하였을 뿐만 아니라, 이를 행동에 옮겼다. 이를 위해, 동간도(두만강 이북)에 14개의 헌병분견소(分遣所)를 세웠을 뿐만 아니라, 서간도에 헌병분견소를 설치하고자 계획하여, 동·서간도를 모두 장악하고자 시도하였다. 1908년 5월, 간도파출소에서 스즈키 사무관·하타기사(技師)·최서기관·히라타 헌병중위 등 10여 명을 서간도에 파견하여 헌병분견소를 세우고자 하였으나 중국의 강한 반발로 실패하고 말았다.

이에 앞서 중국측 변무공서가 1907년 11월에 한요구에 파판처(派辦處)를 설치하여, 이곳 주민들을 관리하였다. 이뿐만 아니라, 산동 이민들이 회방(會房)을 세우고 단련을 조직하여, 한변외와 서로 호응하였다. 또한 일본측에 조선인을 '보호'한다는 구실을 주지 않기 위하여, 조선인으로 하여금, "변발을 하고 복장을 갈아입으며, 귀화입적할 것'

33) 「光緒三十年八月初三日張祖榮稟文」, 『韓邊外』, 李澍田 주편, 『長白叢書』初集, 117쪽.
34) 篠田治策, 『統監府臨時間島派出所紀要』, 366~367쪽.

을 요구하였다. 일부 조선인들은 이를 따랐지만, 따르지 않은 40여 호가 서간도에서 추방되었다.[35]

이로 인하여, 간도파출소는 부득불 서간도에서 철수하였으며, 헌병 분견소를 세우려던 계획이 수포로 돌아갔다. 그 이후 북경에서 진행된 '간도문제' 담판에서, 일본측은 조선인잡거구역을 설정할 때, 부득불 서간도를 제외시켰다. 즉 서간도(한변외)가 일본이 조선인을 '보호'한다는 구실로 특권을 행사하고자 하였던 범위에서 제외되었다.

1909년 2월 일본 외무성에서 주북경공사 이주인에게 간도의 조선인 잡거구역에 대한 훈령을 내렸는데, 그 범위가 조선인 밀집지역에 한하였으며, 동쪽은 가야하를 경계로 하고, 북쪽은 로야령을 따라 내려가며, 서쪽은 로야령에서 정계비에 이른다고 하였다.[36] 즉 동간도(두만강 이북)만을 포함하고 서간도가 포함되지 않았다.

같은 해 3월 1일, 이주인 공사와 청조의 외무부 상서 양돈언 사이에 진행된 '간도문제' 및 '동삼성5안'에 관한 제7차 담판에서, 일본측이 양돈언에게 보여준 '조선인잡거구(區)'의 지도를 통해서도 동간도만 있고, 서간도(한변외)가 없음을 알 수 있다. 최종 담판 결과는 중국측이 동간도를 조선인잡거구역으로 정하는 데 동의하였으며, 이는 양측이 체결한 『간도협약』의 부도(附圖)를 통해서도 확인된다.

요컨대 일본의 신문매체가 비록 간도와 한변외를 혼동하였으며, 또한 간도파출소가 간도 범위를 한변외로 확장하고자 시도하였지만, 중일 양국의 '간도문제' 담판에는 한변외가 포함되지 않았다.[37] 그러므

35) 『日本外交文書』, 41권 1책, 間島問題一件, 巖南堂書店, 2002년 3판, 443쪽.

36) 『日本外交文書』, 42권 1책, 滿洲に關する日淸協約締結一件, 巖南堂書店, 2001년, 239쪽.

37) 1908년 4월 7일, 일본 외무성이 주북경 공사 하야시(林權助)에게 내린 '간도문제내훈(內訓)'에는 다음과 같은 내용이 포함되었다. 즉 한국측 주장의 근거가

로 '간도문제'란 궁극적으로 한중 양국이 두만강을 경계로 하는지 여부 및 두만강 이북 조선인 관할권에 관한 문제라고 할 수 있다.

이처럼 일본측이 한변외를 '간도문제'에서 제외시킨 이유를 따져보면, 전술했듯이, 한변외 경내에 조선 이민이 많지 않을뿐더러, 간도파출소가 침투 확장에서 실패한 것과 관련되었다. 이 밖에 이른바 서간도란 그릇된 토문·두만 2강설에 근거하여 설정되었으며, 일본이 정식 조약에서 한중 양국이 두만강을 경계로 함을 인정한 이상, 2강설을 포기하지 않을 수 없었다.

여하튼 간도 개념이든 '간도안'이든, 두만강 이북 조선인과 관계되는 문제이며, 조선인을 보호한다는 구실로 침투·확장을 시도한 일본의 간도정책의 방향과 책략을 엿볼 수 있다.

4. 맺는말

한변외와 간도는 청말에 중한 양국의 가난한 농민들이 청조의 봉금정책을 돌파하고 만주지역에 개척한 새로운 이민 지역이었다. 간도는 주로 두만강 이북 조선인의 월경 개간지역으로서 훗날의 연길현·화룡

약하므로 부득불 두만강을 경계로 함을 인정해야 하며, 중국측에 다음과 같은 요구를 제기한다. (1) 日·韓인이 이곳에서 잡거한다. (2) 국자가에 영사관을 설치하고 기타 중요한 지점에 분관 또는 출장소를 설치하여, 조선인의 재판권을 영사관에서 행사한다. (3) '길장(吉長)철도'를 조선 회령에 연장하며, 즉 '길회철도'를 건설할 것. (4) 천보산 광산 및 기타 사업에 대한 권리를 승인한다. (5) 중한 양국이 두만강을 경계로 함을 인정하며, 홍토·석을수에 대해서는 일·청 양국이 사람을 파견하여 함께 조사한다. 같은 해 12월, 일본은 중국측에 동삼성 5안건과 '간도안'을 함께 담판할 것을 제기하였다. 그러나 동삼성 6안에는 한변외와 협피구가 들어 있지 않았다(『日本外交文書』, 41권 1책, 間島問題一件, 437~439쪽).

현·왕청현 등이 포함되었으며, 한변외는 송화강 상류에 위치한 산동 이민지역으로서 훗날의 화전현의 대부분과 안도·돈화·무송·정우현의 일부가 포함되었다.

러일전쟁 이후 일본이 이 두 지역에 대해 관심을 돌렸으며, 침략 야욕을 드러내기 시작하였다. 일본의 신문매체의 경우 한변외와 간도를 혼칭하는가 하면, 한변외를 '독립국'이라고 하였는데, 이른바 국제법의 '중립지대'론을 적용시켜, 이를 중국에서 떼어내고자 시도한 것이었다. 이에 대해 중국측 인사들이 강하게 반발하였으며, 그들의 저서를 통해 반박하였다.

간도 명칭은 처음에 조선 이민들에 의해 만들어진 것으로서 그 범위가 명확하지 않았다. 일본이 '간도문제'에 개입한 후, 조선인이 이주한 모든 곳을 간도라고 불렀다. 이뿐만 아니라, 간도파출소의 경우 조선인이 밀집한 두만강 이북지역을 동간도로 설정함과 동시에, 토문·두만 2강설을 이용하여 이도송화강 지역(한변외)을 서간도로 설정하였으며, 서간도 지역에 대한 침투 확장을 행동에 옮기기도 하였다. 그러나 조선 이민의 수가 워낙 적었고 또한 중국측의 강한 반발을 못 이겨, 서간도(한변외) 지역에서 철수하지 않을 수 없었다. 이로 인하여, 북경에서 진행되었던 '간도안' 담판에서 한변외가 제외되었다. 즉 다시 말하여, 한변외가 일본이 조선인을 보호한다는 구실로 특권을 실시하고자 한 범위에서 제외되었다.

요컨대 중일 양국의 '간도안'에 관한 담판은 주로 한중 양국이 두만강을 경계로 하는지 여부 및 두만강 이북 조선인 재판권에 관한 문제이며, 산동 이민이 주가 된 한변외와는 관계가 없었다. 이로써 일본의 간도정책의 착안점과 책략이 조선인을 이용하여 침투·확장을 시도했음을 알 수 있다.

참고문헌

1. 기본사료

1) 중국사료

『嘉慶重修一統志』(『四部叢刊續編』史部, 中華書局, 1986년 영인본).

『勘明圖們江界址圖』, 1885년(楊昭全·孫玉梅, 『中朝邊界史』, 吉林文史出版社, 1993년, 삽도 ; 日本外務省外交史料館 소장, 141336).

『康熙內府分省分府圖』(하버드대학교 연경도서관 인터넷웹문서).

『古今圖書集成』(中華書局·巴蜀書社, 1985년 영인본).

『古今圖書集成』(巴蜀書社, 1985년).

『內府地圖』(北平民社, 1934년 영인본).

『大淸一統輿圖』, 건륭 25년 동판 인쇄(全國圖書館文獻縮微複製中心, 2003년 영인본).

『覆勘圖們界址談錄公文節略』(石光明 등 편, 『淸代邊疆史料抄稿本彙編』 제8책, 線裝書局, 2003년 영인본 ; 中央研究院近代史研究所 편, 『淸季中日韓關係史料』 제5권, 1972년 ; 中國國家圖書館 소장 淸抄本).

『覆勘圖們談錄』(서울대학교 규장각 소장, 21035).

『盛京通志』, 董秉忠 편, 강희 23년 32권본 ; 王河·呂耀曾 등 편, 옹정 12년, 33권本 ; 王河·呂耀曾 등 편, 건륭 1년 48권본(文海出版社, 1965년 영인본) ; 阿桂 등 편, 건륭 49년 139권본(遼海出版社, 1997년 영인본).

『宋教仁日記』, 中華書局, 2014년.

『朝鮮隣邊勘界文略』(中國國家圖書館 소장).
『中韓勘界地圖』, 1887년(楊昭全·孫玉梅, 『中朝邊界史』, 삽도 ; 日本外務省外交史料館 소장, 141336).
『中華人民共和國邊界地圖集』, 1959년.
『淸史稿』(中華書局, 1977년).
『淸聖祖實錄』(中華書局, 1986년 영인본).
『淸一統志』, 건륭 8년, 356권본 ; 건륭 49년, 424권본(『景印文淵閣四庫全書』, 臺灣商務印書館, 1986년 영인본).
『淸廷三大實測全圖集·康熙皇輿全覽圖』(外文出版社, 2007년 영인본).
『淸廷三大實測全圖集·乾隆十三排圖』(外文出版社, 2007년 영인본).
『淸廷三大實測全圖集·雍正十排圖』(外文出版社, 2007년 영인본).
『韓邊外』(李澍田 주편, 『長白叢書』 初集, 吉林文史出版社, 1987년).
『咸豊同治兩朝上諭檔』(廣西師範大學出版社 1996년 영인본).
『琿春副都統衙門檔案選編』(李澍田 주편, 『長白叢書』 五集, 吉林文史出版社, 1991년).
『欽定大淸會典圖(嘉慶朝)』(文海出版社, 1992년 영인본).
『欽定八旗通志』(『景印文淵閣四庫全書』, 臺灣商務印書館, 1986년).
(宋)叶隆禮, 『契丹國志』(中華書局, 2014년).
康熙 『皇輿全覽圖』(1943년 福克斯 영인본).
故宮博物館 편, 『淸光緖朝中日交涉史料』, 1932년.
故宮博物館 편, 『淸宣統朝中日交涉史料』(文海出版社, 1971년 영인본).
吉林省延吉市地方志編纂委員會 편, 『延吉市志』, 新華出版社, 1994년.
董祐誠 편, 『皇淸地理圖』(서울대학교 규장각 소장, 규중2957).
劉建封, 『長白山江崗志略』(李澍田 주편, 『長白叢書』 初集, 吉林文史出版社, 1987년 ; 중국국가도서관 소장, 1909년).
李廷玉, 『長白設治兼勘分奉吉界線書』(李澍田 주편, 『長白叢書』 初集, 吉林文史出版社, 1987년).
徐世昌 등 편, 『東三省政略』(李澍田 주편, 『長白叢書』 3집, 吉林文史出版社, 1986년).
宋教仁, 『間島問題』(李澍田 주편, 『長白叢書』 初集, 吉林文史出版社, 1986년).

楊賓, 『柳邊紀略』(『中國邊疆文庫』 권8, 黑龍江教育出版社, 2014년).
楊昭全·孫玉梅 편, 『中朝邊界沿革及界務交涉史料匯編』, 吉林文史出版社, 1994년.
吳祿貞, 『延吉邊務報告』(李澍田 주편, 『長白叢書』 初集, 吉林文史出版社, 1986년).
王士禛, 『池北偶談』(中華書局, 2006년).
王瑞祥·劉建封 등, 『長白山靈蹟全影』, 1909년(北京大學圖書館 소장본).
王彦威·王亮 편, 『淸季外交史料』(湖南師範大學出版社, 2015년).
王芸生, 『六十年來中國與日本』, 1932년(生活·讀書·新知三聯書店, 1979~1982년).
六承如 등 편, 『皇朝輿地略』(1863년 廣州 寶華坊 간본).
李兆洛 편, 『李氏五種合刊』(1871년 인쇄).
張鳳臺, 『長白彙征錄』(李澍田 주편, 『長白叢書』 初集, 吉林文史出版社, 1987년).
張相文, 『南園叢稿』, 中國地學會, 1929년.
長順 등 편, 『吉林通志』(『續修四庫全書』 648, 史部·地理類, 上海古籍出版社, 2000년, 제2책).
鄭毅 주편, 『東三省政略校註』, 吉林文史出版社, 2021년.
政協吉林市文史資料委員會 편, 『吉林市文史資料』 제1집, 1983년.
齊召南, 『水道提綱』(『景印文淵閣四庫全書』, 臺灣商務印書館, 1986년 영인본).
中國第一歷史檔案館 소장, 『天下輿圖總折』, 필사본.
中國第一歷史檔案館 편, 『康熙朝滿文朱批奏摺全譯』, 中國社會科學出版社, 1986년.
中央硏究院近代史硏究所 편, 『淸季中日韓關係史料』, 1972년.
總理衙門 편, 『吉朝分界案』(全國圖書館文獻縮微複製中心 편, 『國家圖書館藏淸代孤本外交檔案續編』 제5책, 2005년).
胡林翼·嚴樹森 편, 『大淸壹統輿圖』(서울대학교 규장각 소장, 규중2855).
胡林翼·嚴樹森 편, 『皇朝中外一統輿圖』(규장각 소장, 규중2853).

2) 한일사료

『朝鮮王朝實錄』.
『備邊司謄錄』.
『承政院日記』.

『新增東國輿地勝覽』.
『輿地圖書』(국사편찬위원회 1973년 영인본).
『輿圖備志』(한국인문과학원 1991년 영인본).
『天下諸國圖』(콜레주 드 프랑스 소장, 국립중앙도서관 인터넷 웹문서).
『輿地圖』(규장각 소장, 규4709-1).
『增補文獻備考』(동국문화사 1959년 영인본)
『同文彙考』(국사편찬위원회 1978년 영인본)
『通文館志』(세종대왕기념사업회 1998년 영인본)
『間島ニ關スル調査概要』, 1906년(日本外務省外交史料館 소장, 『間島ノ版図ニ關シ清韓兩國紛議一件』 제1권).
『間島境界調査材料』, 1905년(日本防衛省防衛研究所 소장, 陸軍省-日露戰役-M37-6-127, 1424-1431).
『勘界使交涉報告書』, 1887년(규장각 소장 11514의 2).
『勘界使問答』, 1885년(규장각 소장, 규 21038).
『경흥부읍지』(규장각 소장, 규10993).
『奎章閣所藏朝鮮全圖』(규장각 2004년 영인본).
『內藤湖南全集』, 東京, 筑摩書房, 1972년.
『圖們界卞晰考證八條』(규장각 소장, 『土門勘界』, 21036).
『東輿』(국립중앙박물관 2006년 영인본).
『復勘圖們談錄』, 1887년(규장각 소장, 규 21035).
『北界地圖』, 19세기 후기(이찬 편, 『한국의 고지도』, 범우사, 1991년에 수록).
『北關長坡地圖』, 1785년(이찬 편, 『한국의 고지도』에 수록).
『西北彼我兩界萬里之圖』, 18세기 중기(이찬 편, 『한국의 고지도』에 수록).
『輿地圖』 함경도(18세기말, 이찬 편, 『한국의 고지도』에 수록).
『輿地圖』(규장각 소장, 고 4709-1).
『外邦測量沿革史』(日本防衛省防衛研究所 소장, 支那-兵要地志-129).
『日本外交文書』 40권 2책, 間島問題一件, 巖南堂書店, 2001년 3판.
『日本外交文書』 41권 1책, 間島問題一件, 巖南堂書店, 2002년 3판.
『日本外交文書』 42권 1책, 滿洲に關する日清協約締結一件, 巖南堂書店, 2002년 3판.

『鄭尙驥의 東國地圖-原本系統의 筆寫本-』(규장각, 2006년 영인본).
『丁亥勘界圖』, 1887년(규장각 소장, 규 26675 ; 『中韓勘界地圖』, 1887년, 中國國家圖書館 소장).
『朝鮮後期地方地圖』(강원도·함경도 편, 서울대학교 규장각 2002년 영인본).
『總理各國衙門奏議謄本』(규장각 소장, 『土門勘界』, 21036).
『海東地圖』(서울대학교 규장각 1995년 영인본).

고려대학교 아세아문제연구소 편, 『구한국외교관계부속문서』, 고려대학교출판부, 1974년.
고려대학교 아세아문제연구소 편, 『구한국외교문서』, 고려대학교출판부, 1970년.
국사편찬위원회 편, 『통감부문서』, 1998년.
金魯奎, 『北輿要選』(양태진, 『한국국경사연구』, 법경출판사, 1992년 부록).
金正浩, 『大東地志』(충남대학교 백제연구소 1982년 활자본).
金正浩, 『東輿圖』(서울대학교 규장각 2003년 영인본).
金指南, 『北征錄』(동북아역사재단 편, 『백두산정계비자료집』 6, 2006년 ; 국사편찬위원회 필사본).
內藤湖南, 『間島問題調査書』, 1906年(『間島ノ版図ニ關シ清韓兩國紛議一件』附屬書(內藤虎次郎囑託及調査報告)).
內藤湖南, 『間島問題調査書』, 1907年(『間島ノ版図ニ關シ清韓兩國紛議一件』附屬書(內藤虎次郎囑託及調査報告)).
內藤虎次郎, 『滿洲寫眞帖』, 東京, 東陽堂, 1908년.
內藤虎次郎, 『增補滿洲寫眞帖』, 小林寫眞製版所出版部, 1935년.
文倉三能, 『北滿金鑛資源』, 丸善株式會社, 1936년.
朴琮, 『白頭山遊錄』(이상태 등 역, 『조선시대 선비들의 백두산 답사기』, 혜안, 1998년)
朴權, 『北征日記』(동북아역사재단 편, 『백두산정계비자료집』 6, 2006년).
徐命膺, 『白頭山詩』, 『保晩齋集』(민족문화추진회 편, 『(영인표점)한국문집총간』 233책, 1999년).
徐命膺, 『遊白頭山記』(『保晩齋文集』 2, 경인문화사 영인본, 1999년).
徐命膺, 『遊白頭山記』, 『保晩齋集』(민족문화추진회 편, 『(영인표점)한국문집총간』 233책, 1999년).
서울대학교 규장각 편,『조선후기 지방 지도』, 강원도·함경도 편, 2000년 영인본.
篠田治策,『間島問題の回顧』, 谷岡商店印刷部, 1930년.
篠田治策,『白頭山定界碑』, 樂浪書院, 1938년.
篠田治策,『統監府臨時間島派出所紀要』, 大藏省纂現行法規集出版所, 1910년 (史芸研究所, 2000년 영인본).
守田利遠,『滿洲地志』, 丸善株式會社, 1906년.
申景濬 편,『朝鮮地圖』(서울대학교 규장각 2005년 영인본).
申景濬,『旅菴全書』(경인문화사 1976년 영인본)
李宜哲,『白頭山記』(이상태 등 역,『조선시대 선비들의 백두산 답사기』, 혜안, 1998년).
李重夏,『光緒十一年十一月初八日照復』, 1885년(『백두산정계비관계서류』, 규장각 소장, 규26302).
李重夏,『乙酉別單』, 1885년(『土門勘界』, 규장각 소장, 규21036).
李重夏,『乙酉狀啓』, 1885년(『土門勘界』, 규장각 소장, 규21036).
李重夏,『二雅堂集』(1975년).
李重夏,『丁亥別單草』, 1887년(『土門勘界』, 규장각 소장, 규21036)).
李重夏,『丁亥狀啓』, 1887년(『土門勘界』, 규장각 소장, 규21036).
李重夏,『牒呈』, 1885년(통리교섭통상사무아문 편,『土門地界審勘謄報書』, 규장각 소장, 규26677).
李重夏,『追後別單』, 1885년(『土門勘界』, 규장각 소장, 규21036).
張志淵,『大韓疆域考』, 조선연구회, 1915년.
張志淵,『大韓新地誌』, 漢陽書館, 1907년.
齋藤季治郞,『間島ト日韓及ヒ北滿洲トノ關係』, 1908년(『間島ノ版図ニ關シ清韓兩國紛議一件』 제14권).
齋藤季治郞,『間島問題之顚末並意見書』, 1908년(『間島ノ版図ニ關シ清韓兩國紛議一件』, 參考書 제2권).
齋藤季治郞,『間島視察報告書』, 1907년(『間島ノ版図ニ關シ清韓兩國紛議一件』, 參考書 제2권).
鄭尙驥,『東國地圖』, 1740년대(이찬 편,『한국의 고지도』에 수록).

조선외부 편, 『韓淸議約公牘』(서울대학교 규장각 소장, 규15302).
中井喜太郎, 『間島問題ノ沿革』, 1907년(『間島ノ版図ニ關シ淸韓兩國紛議一件』 제3권).
통리교섭상무사무아문 편, 『문답기』, 1885년(규장각 소장, 규21041).
한진서, 『해동역사』(경인문화사 1989년 영인본).
洪世泰, 『白頭山記』(동북아역사재단 편, 『백두산정계비자료집』 6, 2006년).
黃胤錫, 『八道地圖』(이찬 편, 『한국의 고지도』에 수록).

2. 논문과 저서

1) 중국 논문과 저서

『吉林省地圖冊』, 中國地圖出版社, 2007년.
『遼寧省地圖冊』, 中國地圖出版社, 2008년.
『中國測繪史』편집위원회 편, 『中國測繪史』, 2002년.
『黑龍江地圖冊』, 中國地圖出版社, 2006년.
姜宏衛, 「論1907~1909年中日關於'間島問題'交涉」, 東北師範大學 석사논문, 2013년.
姜龍範, 『近代中朝日三國對間島朝鮮人的政策硏究』, 黑龍江朝鮮民族出版社, 2000년.
康學耕, 「甑峰山苔藓植物的地理分布」, 『吉林農業大學學報』, 1986년 제3기.
뒤 알드 저·葛劍雄 역, 「測繪中國地圖紀事」, 『歷史地理』 제2집, 上海人民出版社, 1982년.
遼宁省檔案館 편, 『滿洲實錄: 滿文·漢文』, 遼宁教育出版社, 2012년.
李孝聰, 『中國古代輿圖調査与硏究』, 中國水利水電出版社, 2019년.
馬孟龍, 「穆克登查邊與'皇輿全覽圖'編繪-兼對穆克登'審視碑'初立位置的考辨」, 『中國邊疆史地硏究』 2009년 3기.
白桂梅, 『國際法』, 北京大學出版社, 2010년 제2판.
白鴻叶·李孝聰, 『康熙朝〈皇輿全覽圖〉』, 國家圖書館出版社, 2014년.
徐德源, 「穆克登碑的性質及其鑿立地點與位移述考-近世中朝邊界爭議的焦點」,

『中國邊疆史地研究』 1997년 1기.
徐德源, 「長白山東南地區石堆土堆築設的眞相」, 『中國邊疆史地研究』, 1996년 2기.
石銘鼎, 「關於長江正源的確定問題」, 『地理研究』 제2권 1기, 1983년.
孫果淸, 「中國第一部經緯度實測地圖－淸康熙皇輿全覽圖」, 『地圖』 2009년 5기.
孫衛國, 『大明旗號與小中華意識：朝鮮王朝尊周思明思想研究(1637~1800)』, 商務印書館, 2007년.
孫衛國, 『從‘尊明’到‘奉淸’：朝鮮王朝對淸意識嬗變(1627~1910)』, 臺大出版中心, 2018년.
孫春日, 『中國朝鮮族移民史』, 中華書局, 2009년.
宋念申, 「發明‘無人地帶’：篠田治策的間島定義」, 『區域輯刊』 7집, 社科文獻出版社, 2018년.
承志, 「〈皇輿全覽圖〉東北大地測繪考－以滿文檔案爲中心」, 沈衛榮 주편, 『西域歷史語言研究集刊』 제10집, 科學出版社, 2018년.
沈志華, 「‘중·북 국경문제 해결’에 대한 역사적 고찰(1950~1964)」, 『아태연구』 제19권 1호, 2012년.
楊光浴 주편, 『中華人民共和國地名辭典』, 商務印書館, 1994년.
楊軍·李東彤, 「長白山考－兼論穆克登查邊以前的朝鮮北界」, 『中國邊疆史地研究』 2018년 4기.
楊昭全·孫玉梅, 『中朝邊界史』, 吉林文史出版社, 1993년.
楊餘練·王佩環, 「韓邊外初探」, 『社會科學輯刊』, 1984년 6기.
翁文灝, 「淸初測繪地圖考」, 『地學雜志』 18권 3기, 1930년.
王建朗, 『中日關係史話』, 社會科學文獻出版社, 2015년 제2차 인쇄.
王德朋, 「篠田治策與‘白頭山定界碑’」, 『中國邊疆史地研究』, 2006년 1기.
汪前進, 『淸廷三大實測全圖集』序, 外文出版社, 2007년.
李少鵬, 「康熙時期穆克登碑初立位置新證」, 『中國邊疆史地研究』 2019년 4기.
李政, 「韓邊外與夾皮溝金鑛變遷(1820~1945)」, 廣西師範大學校 석사학위논문, 2017년.
李洪錫, 『日本駐中國東北地區領事館警察機構研究－以對東北地區朝鮮民族統治爲中心』, 延邊大學出版社, 2008년.
李花子, 『淸朝與朝鮮關係史研究-以越境交涉爲中心』, 延邊大學出版社, 2006년.

李花子,「穆克登錯定圖們江源及朝鮮移柵位置考」, 複旦大學韓國研究中心 편,『韓國研究論叢』 제18집, 2008년.
李花子,『조청국경문제연구』, 집문당, 2008년.
李花子,「대한제국기 영토관과 간도정책의 실시」,『전북사학』, 35호, 2009년.
李花子,『한중국경사 연구』, 혜안, 2011년.
李花子,『明淸時期中朝邊界史研究』, 知識産權出版社, 2011년.
李花子,「康熙年間穆克登立碑位置再探」,『社會科學輯刊』, 2011년 6기.
李花子,「중국·북한 국경 답사기 : 백두산 토퇴군(土堆群)의 새로운 발견」,『문화역사지리』 제24권 3호, 2012년.
李花子,「康熙年間長白山定界與圖們江上流堆柵的走向」,『朝鮮·韓國歷史研究』 제13집, 延邊大學出版社, 2013년.
李花子,「백두산정계의 표식물: 흑석구(黑石溝)의 토석퇴에 대한 새로운 고찰」,『동방학지』 162집, 2013년.
李花子,「圖們江正源形成考」, 北京大學韓國學研究中心 편,『韓國學論文集』 22집, 中山大學出版社, 2014년.
李花子,「1905~1909年日本調查'間島'歸屬問題的內幕」,『近代史研究』 2015년 2기.
李花子,「中日'間島問題'和東三省'五案'的談判詳析」,『史學集刊』 2016년 5기.
李花子,「試析1907~1909年日本界定的'間島'地理範圍」,『近代史研究』 2017년 3기.
李花子,『백두산 답사와 한중국경사』, 혜안, 2019년.
李花子,『淸代中朝邊界史探研－結合實地踏査的研究』, 中山大學出版社, 2019년.
李花子,「韓邊外與'間島問題'關係考」,『淸史論叢』 2020년 1기.
李花子,「朝鮮譯官金指南的'北征錄'與穆克登定界」,『延邊大學學報』 2024년 1기.
張存武,「淸代中韓邊務問題探源」,『中央研究院近代史研究所集刊』 제2기, 1971년.
張存武,「淸韓陸防政策及其實施－淸季中韓界務糾紛的再解釋」, 中央研究院近代史研究所 편,『中央研究院近代史研究所集刊』 제3기, 1972년.
刁書仁·王崇時,『古代中朝宗藩關係與中朝疆界歷史研究』, 北京大學出版社, 2021년.
刁書仁,「康熙年間穆克登査邊定界考辨」,『中國邊疆史地研究』, 2003년 3기.

朱士嘉 편, 『中國地方志綜錄』, 商務印書館, 1958년.
秦國經, 「18世紀西洋人在測繪淸朝輿圖中的活動与貢獻」, 『淸史硏究』, 1997년 1기.
陳慧, 『穆克登碑問題硏究-淸代中朝圖們江界務考證』, 中央編譯出版社, 2011년.
馮宝琳, 「康熙〈皇輿全覽圖〉的測繪考略」, 『故宮博物院院刊』, 1985년 1기.
韓昭慶, 「康熙〈皇輿全覽圖〉 空間範圍考」, 『歷史地理』 2015년 1기
黃瑤, 『國際法關鍵詞』, 法律出版社, 2004년.

2) 한미일의 논문과 저서

강석화, 『조선후기 함경도와 북방영토의식』, 경세원, 2000년.
김정배·이서행 등 편, 『백두산-현재와 미래를 말한다』, 한국학중앙연구원출판부, 2010년.
김춘선, 「1880~1890년대 청조의 '移民實邊' 정책과 한인 이주민 실태 연구-북간도 지역을 중심으로-」, 『한국근현대사연구』 제8집, 1998년.
김춘선, 「조선인의 동북이주와 중·조(한) 국경문제 연구동향-중국학계의 연구성과를 중심으로-」, 『한중관계사 연구의 성과와 과제』, 국사편찬위원회·한국사학회, 2003년.
김춘선, 「조선후기 한인의 만주로의 '범월'과 정착과정」, 『백산학보』 제51호, 1987년.
류병호, 『재만한인의 국적문제 연구(1881~1911)』, 중앙대학교 박사학위논문, 2001년.
박용옥, 「백두산정계비 건립의 재검토와 간도영유권」, 『백산학보』 제30·31합집, 1998년.
박장근, 「간도의 중국 관할-篠田治策의 간도론에 대한 비판적인 분석」, 『일본근대학연구』 49집, 2015년.
배성준, 「한·중의 간도문제 인식과 갈등구조」, 단국대학교 동양학연구소 편, 『동양학』 43기, 2008년.
배우성, 『조선후기 국토관과 천하관의 변화』, 일지사, 1998년.
서길수, 『백두산국경연구』, 여유당출판사, 2009년.
서정철, 『서양 고지도와 한국』, 대원사, 1991년.

신기석, 「간도귀속문제」, 『중앙대학교30주년기념논문집』, 1955년.
쑹넨선 저, 이지영·이원준 옮김, 『두만강 국경 쟁탈전 1881~1919』, 너머북스, 2022년.
양보경, 「군현지도의 발달과 '해동지도'」, 『해동지도해설·색인』, 서울대학교 규장각, 1995년.
양보경, 「우리 민족의 전통적 산지관과 백두대간」, 『백두대간의 자연과 인간』, 산악문화, 2002년.
양보경, 「조선시대 '백두대간' 개념의 형성」, 『진단학보』 83호, 1997년.
양보경 등 편, 『백두산 고지도집-한국 고지도 속의 백두산』, 동북아역사재단, 2016년.
양태진, 『한국국경사연구』, 법경출판사, 1992년.
양태진, 『한국의 국경연구』, 동화출판공사, 1981년.
원경열, 『대동여지도연구』, 성지문화사, 1991년.
유병화, 「국제법상 영토의 개념과 권한」, 『영토문제연구』 창간호, 1983년.
육낙현, 『백두산정계비와 간도영유권』, 백산자료원, 2000년.
은정태, 「대한제국기 간도 정책 추진의 조건과 내·외부의 갈등」, 동북아역사재단 편, 『근대 변경의 형성과 변경민의 삶』, 2009년.
은정태, 「대한제국기 간도문제의 추이와 '식민화'」, 『역사문제연구』 17호, 2007년.
이강원, 「임진정계시 두만강 상류 수계 인식과 경계표지물의 종점」, 『대한지리학회지』 2017년 6권.
이종봉, 「조선후기 도량형제 연구」, 『역사와 경계』 53, 2004년.
이종석, 『북한-중국관계 1945~2000』, 도서출판 중심, 2004년.
이한기, 『한국의 영토』, 서울대학교출판부, 1969년.
정대영, 「콜레주 드 프랑스(Collège de France) 소장 天下諸國圖 연구」, 『한국고지도연구』 제5권 제2호, 2013년.
정대영, 「콜레주 드 프랑스(Collège de France)의 고지도를 찾아서」, 『문헌과 해석』 71호, 2015년.
정옥자, 『조선후기 조선중화사상 연구』, 일지사, 1998년.
최장근, 『한중국경문제연구-일본의 영토정책사적 고찰』, 백산자료원, 1998년.
하원호, 「개화기 조선의 간도인식과 정책의 변화」, 『동북아역사논총』 14호,

2006년.
한규철 등,『한중관계사 연구의 성과와 과제』, 국사편찬위원회·한국사학회, 2003년.
九州大學韓國硏究センター專門委員會 編,「篠田治策文書」,『韓國硏究センター年報』 vol.8.
今西春秋,「內藤湖南編增補滿洲寫眞帖－特に堂子と長白山圖との寫眞に就いて」, 京都大學『東洋史硏究』, 1935년1(1).
名和悅子,『內藤湖南の國境領土論再考－20世紀初頭の淸韓國境問題'間島問題'を通じて』, 汲古書院, 2012년.
白榮勛,『東アジア政治·外交史研究－'間島協約'と裁判管轄權』, 大阪經濟法科大學出版部, 2005년.
李盛煥,『近代東アジアの政治力學－間島をめぐる日中朝關係の史的展開－』, 錦正社, 1991년.
Duhalde, The general history of China, London, 1741.
MARK C. ELLIOTT, The Limits of Tart ary: Manchuria in Imperial and National Geographies, The Journal of Asian Studies 59, no.3 (August 2000): 619~621, 2000 by the Association for Asian Studies, Inc.
Nianshen Song,『Making Bordersin Modern East Asia: The Tumen River Demarcation, 1881~1919』, CAMBRIDGE UNIVERSITY PRESS, 2018.

찾아보기

ㄱ

_ ㄴ

ㄷ

ㄹ

_ ㅁ

_ ㅂ

_ ㅅ

_ㅇ

ㅈ

_ ㅊ

_ ㅌ

_ ㅍ

_ ㅎ

이화자(李花子, LI HUAZI)

北京大學 역사학과 졸업(1990)
延邊大學 역사학과 교수(1992)
延邊大學 역사학과 석사(1996)
서울대학교 인문대학 대학원 박사(2003)
현재 中國社會科學院 고대사연구소 교수

주요 논저
『清朝與朝鮮關係史研究-以越境交涉爲中心』, 延邊大學出版社, 2006년(중국어판)
『明清時期中朝邊界史研究』 知識産權出版社, 2011년(중국어판)
『清代中朝邊界史探研-結合實地踏査的研究』, 中山大學出版社, 2019년(중국어판)
『조청국경문제연구』, 집문당, 2008년
『한중국경사 연구』, 혜안, 2011년(2012년 대한민국학술원 역사류 우수도서상)
『백두산 답사와 한중국경사』, 혜안, 2019년

백두산정계와 간도문제 연구

이 화 자 지음

초판 1쇄 발행 2024년 7월 30일

펴낸이 오일주
펴낸곳 도서출판 혜안

등록번호 제22-471호
등록일자 1993년 7월 30일

주소 (우) 04052 서울시 마포구 와우산로 35길 3(서교동) 102호
전화 3141-3711~2 / **팩스** 3141-3710
E-Mail hyeanpub@daum.net

ISBN 978-89-8494-719-1 93910

값 30,000 원